4

1991

1991 15 12

LUFTFRACHT

Internationale Poesie

1940 bis 1990

DIE
ANDERE
BIBLIOTHEK

Herausgegeben
von
Hans Magnus
Enzensberger

L·U·F·T·F·R·A·C·H·T
Internationale Poesie 1940 bis 1990

Ausgewählt
von
Harald Hartung

Eichborn Verlag
Frankfurt am Main
1991

Die Luftfracht der Poesie
Ein Prospekt

TITEL. »Ein Titel muß kein Küchenzettel sein. Je weniger er von dem Inhalt verrät, desto besser ist er.« Lessing sagt das im einundzwanzigsten Stück seiner Hamburgischen Dramaturgie. »Was ist das für ein Titel? Was denkt man dabei?«, hat Lessing vorher gefragt, ehe er uns mit einer Auskunft bescheidet, die uns Mut machen soll. Andererseits soll das Kind einen Namen haben — und wie immer bei Kindern denkt man zuviel oder zuwenig.

VERSCHWÖRUNG. »You send me your poems, / I'll send you mine«, schreibt der Amerikaner Robert Creeley und meint den Austausch unter Poeten: »Du schickst mir deine Gedichte, / ich schick dir meine« — par avion, per Luftpost vermutlich. Der Titel des Gedichts ist *The Conspiracy* (Die Verschwörung).

Gibt es eine Verschwörung, die heiterer wäre als der Austausch unter Dichtern und die Übersetzung von Gedichten? Poesie scheint die luftigste Sache der Welt, ein Produkt, das die geringsten Transportkapazitäten benötigt: keine Großraumflugzeuge, sondern Briefe, Bücher, Zeitschriften, Anthologien. Doch Vorsicht: sie hat zugleich ein beträchtliches spezifisches Gewicht, das sich den üblichen Messungen entzieht. Sagen wir also (ohne die Metapher pressen zu wollen), das Gedicht sei eine Sache für *Luftfracht*.

BEFÖRDERUNGSBEDINGUNGEN. 1. *Luftfracht* befördert internationale Poesie der letzten fünfzig Jahre — Gedichte der wichtigsten Lyriker samt ihren Begleitpapieren, das heißt samt Paratexten, Kontrafakturen, Kommentaren, Biographien. Ihr Bestimmungsort ist Deutschland, genauer: die deutsche Sprache. Die Gedichte in ihren deutschen Versionen sind mehr als bloße Inhaltsparaphrasen, sie sollten als Gedichte standhalten. Deshalb stammen die meisten Übertragungen von Lyrikern. Etliche Gedichte figurieren zusätzlich im Original, um zu Vergleichen anzuregen. Gedichte von deutschen Autoren geben Resonanzen und setzen Kontrapunkte.

2. *Luftfracht* enthält, nach Jahrzehnten gegliedert, fünf Magazine. Im Mit- und Gegeneinander bewahren die Gedichte den Geist der Epoche, ohne an Genießbarkeit und Lebendigkeit einzubüßen. Der Leser mag entscheiden, ob die Zeit-Gedichte oder die Beispiele der reinen Lyrik die genaueren Indikatoren sind.

3. In den Magazinen von *Luftfracht* stehen Gedichte aus verschiedenen Weltgegenden, Ländern und Sprachen nebeneinander. Es geht dabei nicht um eine Aneinanderreihung von nationalen Anthologien, um eine lyrische Olympiade. Das einzelne Gedicht, der einzelne Autor beanspruchen Aufmerksamkeit — nicht seine Nationalität. So gehört der Dichter Jossif Brodskij (oder Joseph Brodsky, wie er jetzt zeichnet) weder der Sowjetunion noch den USA, vielmehr einer Internationale der Poesie. Sie drückt sich auch darin aus, daß die Dichter sich immer mehr von den Formen und Themen anderer Länder anregen lassen. Es gibt tatsächlich so etwas wie eine *Weltsprache der Poesie:* artifiziell, aber nicht künstlich; international, aber erwachsen aus dem Besonderen des Ortes und der Region.

4. Die Begleitpapiere von *Luftfracht* sollen anregen, Zusammenhängen nachzugehen. Sie geben Auskunft über die poetologischen Ansichten der Autoren, über Entstehungshintergründe der Gedichte und belegen, wie Poesie aus Poesie entsteht: durch produktive Auseinandersetzung, sei es mit den großen Toten oder den mitstrebenden Kollegen. So ist Kunst nicht bloß Antwort, sondern auch Agon, Wettstreit. Das gilt auch für die Übersetzung von Poesie. In einigen Fällen erscheinen mehrere deutsche Versionen mitsamt dem Original, um den Wettstreit der Übersetzer zu bezeugen.

5. *Luftfracht* enthält natürlich nur eine Auswahl- oder Probesendung, einen illustrierten Prospekt auf die internationale Poesie. Ausführliche bibliographische Nachweise, vor allem aber die biographischen Kurzporträts der Autoren möchten den Leser zu weiterer Lektüre animieren.

EINGESTÄNDNIS. Soweit der Prospekt — sagen wir ruhig: die Werbung für die Sache.

Keinem kundigen oder bloß aufmerksamen Leser wird entgehen, daß diese Anthologie nicht den Anspruch erhebt, die schönsten oder bloß die wichtigsten Gedichte der Weltlyrik der letzten fünfzig Jahre zu präsentieren. Die Fülle des Buchenswerten ist enorm und übersteigt die Fassungskraft der Experten wie die Leselust der Laien. Vieles ist immer noch nicht übersetzt; und unter der Menge des Übersetzten kann oft nur der kleinere Teil poetisch befriedigen: die gelungenen Übertragungen sind fast noch rarer als gute Gedichte. Auch gibt es leider immer noch bedeutende Dichter, deren Rezeption durch unzulängliche Übersetzungen erschwert oder verdunkelt wird. Soweit es um das bloße Informationsbedürfnis geht, existieren genügend Länder- und Nationalanthologien, mit deren Materialfülle meine Sammlung nicht konkurrieren kann. Man muß sie nicht aneinanderreihen, um einzusehen, daß *Luftfracht* keine globale Vollständigkeit und Repräsentanz beabsichtigt.

Ich habe die Gedichte für *Luftfracht* gesammelt, weil ich — als Autor, Kritiker und Leser — immer wieder auf bestimmte Gedichte zurückkomme und weil sich nach und nach so etwas wie ein Netz der Bezüge, eine Textur, ja eine Komposition hergestellt hat — auch und gerade in Sprüngen und Widersprüchen. Ich könnte das im einzelnen begründen; aber ich vertraue auf den Genuß, der von den Gedichten, und auf die Belehrung, die von den Zeugnissen der Poeten ausgeht. Zuletzt müßte ich ohnehin zugeben, wie subjektiv Auswahl und Gliederung sind. So sage ich: es ist meine Auswahl, ich finde alle diese Gedichte interessant und viele schön; etliche bewundere ich, und manche liebe ich einfach.

Poesie im Prozeß

Notizen zur modernen Lyrik 1940–1990

Nach dem Museum. 1960 erschien die wichtigste und folgenreichste Lyrikanthologie der deutschen Nachkriegsära: H. M. Enzensbergers *Museum der modernen Poesie.* Sie nutzte eine einmalige Chance und versammelte die wichtigsten lyrischen Autoren der Moderne. Ihr Herausgeber operierte mit dem Begriff einer »Weltsprache« der modernen Poesie, ohne dogmatisch zu werden. Diese Sammlung hat vielen jungen Lyrikern vor Augen geführt, was seit der großen Literaturrevolution um 1910 geleistet worden war, und sie inspiriert, ihre eigene Arbeit zu tun. In der DDR z.B. wurde die Anthologie als lyrische Konterbande von Hand zu Hand weitergereicht. Sie vermittelte den jungen Lyrikern von damals die Techniken und Freiheiten, mit denen nach und nach die ästhetischen Dogmen des Sozialistischen Realismus überwunden wurden. Auch für die in Restauration und Provinzialismus befangene westdeutsche Lyrik der Adenauer-Zeit ist die befreiende Wirkung kaum zu überschätzen. Enzensbergers Leistung ist einmalig, unwiederholbar und — historisch.

Inzwischen ist alles leichter — und schwerer zugleich. Die Informationen quellen über, doch der Fundus ist nicht sicherer geworden; alles ist verfügbar, alles scheint möglich, aber was ist wirklich zwingend? Enzensbergers Sammlung ist das »Museum« geworden, das es nicht war, nicht sein wollte. Ein bestimmter Stand der Moderne ist darin konserviert und womöglich neutralisiert. Der Titel lag eigentlich schon damals quer zur eigentlichen Intention der Sammlung. Ihr Herausgeber wußte, daß man die Zeit nur scheinbar anhalten kann: »Poesie ist ein Prozeß. Kein Museum, auch kein imaginäres, kann ihn sistieren. Wer's versucht, verdinglicht die poetische Produktion zum Fetisch. Er sieht das Werk als zeitlos transportablen Kunstschatz, in dem sich das vermeintlich Unvergängliche als mündelsicherer Wert verkörpert.«

Gerade weil es keinen »ewigen Vorrat« bieten wollte, ist das *Museum* interessant geblieben. Der *Prozeß* der modernen Poesie ist in den inzwischen abgelaufenen drei Jahrzehnten weitergegangen; die Impulse sind nicht erlahmt, sondern haben sich erweitert, wohl auch verstreut: neue Autoren, neue Literaturen sind in den poetischen Diskurs eingetreten; und natürlich fragt es sich, wie er zu resümieren und bilanzieren wäre.

Avantgarde. Durch diese Jahrzehnte seit 1940 — und vor allem seit den fünfziger Jahren — geisterte das Phantom der *Avantgarde:* die Vorstellung, in der Kunst gebe es (wie im materiellen Bereich) den *Fortschritt,* und sei es den Fortschritt der Materialbeherrschung. Daß schon Baudelaire die militärische Metapher von der künstlerischen Vorhut mit jenen Geistern zusammengebracht hatte, »die der Disziplin, das heißt der Anpassung zuneigen«, wurde eben von jenen verdrängt, die in der Unterwerfung unters Kollektiv das Heil erblickten.

Theodor W. Adorno sprach seinerzeit vom »Altern der modernen Musik« und meinte, die »Errungenschaften des Materials« kämen kaum der Qualität der Werke zugute, die sie verwerteten. Seine Diagnose, die das Scheitern der musikalischen Avantgarde formulierte, ließ sich sehr wohl auf die literarische Avantgarde übertragen. Auch sie zeigte Ermüdungs- und Verfallssymptome, die durch dogmatische Theorien verdeckt werden sollten: die Experimente der Gründergeneration wurden als Rezepte kanonisiert, nach denen sich die »avancierten« Produkte herstellen ließen. Vieles, was sich dann Tachismus, Art informel, serielle und elektronische Musik, konkrete oder experimentelle Literatur nannte, zeigt eher die Züge der Auswertung und Systematisierung als die des Neuen und Unerhörten. Wer sich durch den Anspruch auf Avanciertheit und Zeitadäquatheit nicht verblüffen ließ, wurde kurzerhand als Reaktionär abgetan. Er konnte sich nur durch besondere Schärfe verwahren. Das erklärt die Rigorosität von Enzensbergers Satz (aus dem Essay *Aporien der Avantgarde*): »Jede heutige Avantgarde ist Wiederholung, Betrug oder Selbstbetrug.«

Wie aber? Soll denn Stillstand sein in Kunst und Poesie? Auch der Stillstand hat seine Apologeten.

POSTHISTOIRE. Haben wir die Geschichte schon hinter uns? Ist der Impuls der Moderne erschöpft? *Welcher Moderne?* möchte man fragen und daran erinnern, daß das Wort *modern* aus dem sechsten nachchristlichen Jahrhundert stammt.

Wenn freilich zu unserer Kunst-Moderne die immer schneller rotierende Folge der Ismen gehört, dann ist die Erschöpfung unverkennbar. Man kann das auch per Dekret formulieren. Arnold Gehlen hat das schon Anfang der sechziger Jahre getan: »Von jetzt an gibt es *keine kunstimmanente Entwicklung mehr!* Mit einer irgendwie sinnlogischen Kunstgeschichte ist es vorbei, selbst mit der Konsequenz der Absurditäten vorbei, die Entwicklung ist abgewickelt, und was nun kommt, ist bereits vorhanden: der Synkretismus des Durcheinanders aller Stile und Möglichkeiten, das Posthistoire.«

Wird da nicht das eine Phantom durch ein anderes vertauscht? »Avantgarde« wird verdrängt durch das philosophische Gespenst »sinnlogische Kunstgeschichte«, als deren Priester und Verwalter die Ästhetiker oder Historiker fungieren. Die Künstler werden zu deren Subjekten und befinden sich zwischen Scylla und Charybdis, zwischen einer diskreditierten Avantgarde und den Relikten einer ehemals »sinnlogischen Kunstgeschichte«.

In dieser Situation mochte es verführerisch sein, im *Bastler* die aktuelle Inkarnation des Künstlers zu sehen und die *bricolage* als ultima ratio der ästhetischen Programme. Vom Bastler sagt Lévi-Strauss, daß die Regel seines Spiels darin bestehe, »jederzeit mit dem, was ihm zur Hand ist, auszukommen, d.h. mit einer stets begrenzten Auswahl an Werkzeugen und Materialien, die überdies noch heterogen sind, weil ihre Zusammensetzung in keinem Zusammenhang zu dem augenblicklichen Projekt steht, wie überhaupt zu keinem besonderen Projekt, sondern das zufällige Ergebnis aller sich bietenden Gelegenheiten ist, den Vorrat zu erneuern oder zu bereichern oder ihn mit den Überbleibseln von früheren Konstruktionen oder Destruktionen zu versorgen«.

Dies liest sich wie eine Beschreibung von Produkten, wie sie uns gegenwärtig massenhaft in Kunst und Literatur begegnen: als Hobby-Produktion oder geschickt kalkuliertes postmodernes Design. Die Kurzformeln für die Einstellung zum Machen (auch sie längst gängige Münze) lauten: *Anything goes* und *All is pretty.* In dieser Situation kann ein Rekurs auf die diversen Impulse der Moderne nur nützlich sein: auf ihr Widerspiel, ihre Dialektik.

Apologie. Die beste Verteidigung der Poesie ist immer noch die Poesie. Der Dichter allein verfügt über das Gedicht — soweit das Gedicht überhaupt über sich verfügen läßt. »Gebt ihr euch einmal für Poeten, dann kommandiert die Poesie«, so Goethe. In der Moderne muß das skeptischer, vorsichtiger formuliert werden. Da schreibt der Dichter das »Gedicht vom Geist auf der Suche«, wie es Wallace Stevens in seinem Poem *Von moderner Dichtung* formuliert; und er beschreibt auch, wie diese Suche zu geschehen hat:

Er muß lebendig bleiben, muß lernen, wie gesprochen wird.
Er muß sich den Männern der Zeit stellen
und den Frauen der Zeit. Er muß über den Krieg nachdenken
und muß etwas finden, das zufriedenstellt. Er muß
eine neue Bühne bauen. Er muß auf der Bühne sein
und, wie ein unersättlicher Schauspieler, langsam
und sinnend Worte ins Ohr sprechen,
in das zarteste Ohr des Geistes (...)

Das ist gesprochen wie als Präambel zu einer Poetik der Moderne, die den komplexen Problemen der Epoche gerecht werden könnte — eine Überwindung der sterilen Gegensätze von Artistik und Engagement, hermetischer und offener Poesie oder wie die Gegensatzpaare sonst heißen.

Pluralität. Die Lyrik der letzten Jahrzehnte verlief nicht nach vorgegebenen Denk- und Entwicklungsmustern. Sie war nicht monokausal bestimmt, sie trug ihre Dialektik aus und hielt sich, um zu überleben, ihre Optionen offen. Der Romanist Hugo Friedrich hatte seinerzeit in der vielgelesenen Studie *Die Struktur der modernen Lyrik* (1956) die Entwicklung auf eine einzige Linie beschränken wollen: auf die Tendenz zur reinen, absoluten und hermetischen Lyrik. Die Konsequenz des Gedichts wäre das Verstummen gewesen; und über dies mögliche Verstummen wurde auch genug geredet. Dagegen hat Michael Hamburger, als Dichter, Kritiker und Übersetzer von Lyrik, in *Truth and Poetry* (1969) darauf verwiesen, daß schon Baudelaire nicht bloß Ästhet, sondern auch Moralist war und daß in den späteren Entwicklungsschüben der modernen Poesie ein beständiges Wechselspiel von Artistik und Moralistik zu beobachten ist. Auf die Tendenz zu Realitätsaufhebung und Entpersönlichung antwortete jeweils ein neuer lyrischer Empirismus und ein starkes persönliches Engagement. Wie sonst wäre — um nur zwei Namen zu nennen — die Lyrik Audens und Brechts zur modernen Lyrik zu zählen? Wie wären die Résistance-Gedichte der französischen Surrealisten und Symbolisten zu erklären? Wie Celans *Todesfuge?* Und wie die Neigung mancher Dichter zu einer neuen »Enthaltsamkeit«, zum Herunterspielen des Kunstprogramms, etwa in Pablo Nerudas *poesía sin pureza* oder der späteren Anti-Poesie?

Michael Hamburger hat die neue Anti-Poesie als ein Produkt des Zweiten Weltkriegs bezeichnet, als erwachsen aus dem »akuten Mißtrauen gegen all die Mittel, mithilfe derer sich die Lyrik ihre Autonomie bewahrt hatte.« Ein Argument dafür, daß sich ohne den Bezug auf Krieg und Faschismus die Lyrik seit den dreißiger Jahren gar nicht begreifen läßt. Man muß sich dabei nicht einmal auf Audens Spanien-Engagement und Brechts antifaschistische Emigrationslyrik beziehen; auch Lyriker, deren politische Haltung nicht so dezidiert scheint, wenden sich vom Kunstglauben ab und beginnen, der hermetisch-artistischen Poesie zu mißtrauen. Marianne Moore hatte schon 1936 in ihrem Gedicht *Poetry* geschrieben »I, too, dislike it« — die Poesie nämlich, die gängige poetische Poesie — und auf die Dichter als »Prosaiker der Phantasie« gesetzt. Der Chilene Nicanor Parra nannte seine zwischen 1938 und 1953 geschriebenen Verse *Poemas y antipoemas.* Tadeusz Różewicz, Teilnehmer an der polnischen Widerstandsbewegung, bekannte sich gar zum »Haß gegen die Poesie« und erklärte, er betrachte seine eigenen Gedichte mit schärfstem Mißtrauen: »Ich habe sie aus dem Rest der übriggebliebenen, geretteten Worte gefügt, aus uninteressanten Worten, aus Worten vom großen Müllhaufen, vom großen Friedhof.«

Diese wenigen Nennungen machen deutlich, daß die Anti-Poesie, die Lyrik einer neuen Enthaltsamkeit, ein internationales Phänomen ist; eine produktive Antwort auch auf Theodor W. Adornos bekanntes Verdikt, nach Auschwitz Gedichte schreiben zu wollen sei barbarisch. Zbigniew Herbert, im Kommentar zu seinem Gedicht *Warum Klassiker,* sagt nüchterner, entspannter: »Lyrik als Kunst des Worts langweilte mich« und plädiert für ein »Gefühl der Verantwortung für den Zustand der menschlichen Gewissen«. Und Franco Fortini resümiert das Problem — nicht zufällig in einem Gedicht mit dem Titel *Traducendo Brecht* (Beim Übersetzen Brechts) — in den Zeilen: »Die Dichtung / ändert nichts. Nichts ist sicher. Schreibe dennoch.«

Poesie, Antipoesie. Die vierziger Jahre. Die meisten Anthologien mit Gegenwartslyrik setzen nach dem Krieg ein. Man muß sie nicht verdächtigen, das entscheidende, das scheinbar inkommensurable Ereignis zu verdrängen; aber sie setzen eine Stunde Null voraus, die es nicht gegeben hat. Etliche Dichter sahen schon vorher, was kam; sie warnten, klagten oder konstatierten. »Elle se signale« — »Er kündigt sich an«, der Krieg nämlich. So lautet der ursprüngliche Titel von René Chars *Der Pirol,* mit dem unsere Anthologie beginnt. Der lakonische Dreizeiler scheint schon alles zu enthalten: Zerstörung und Hoffnung, das Ende als Bedingung eines neuen Anfangs.

»Niemand, der aus Spanien zurückkehrte, wenn er nicht gerade ein in der Wolle gefärbter Stalinist war, konnte unverändert weiterleben wie bisher«, hat W.H. Auden bekannt. Für ihn zumindest war das politische Engagement, das noch *Spain 1937* (Spanien 1937) bestimmt hatte, nicht fortsetzbar. Er vergewisserte sich vor der kommenden Zerstörung der Motive, die ihn lebendig halten konnten: der Alten Meister, die über das Leiden »gut Bescheid« wußten: etwa Breughel oder William Butler Yeats. Die Dichtung »bewirkt nichts«, doch »sie überdauert, eine Art Zufall, einen Mund«, heißt es in *Zum Andenken an W.B. Yeats.* Und wenn sie bloß, drei Jahrzehnte später, einen politischen Gefangenen zu Hoffnung und eigenem Dichten inspiriert: Jossif Brodskij nämlich, der 1965 seinerseits eine Huldigung nach dem Muster von Audens Yeats-Gedicht schreibt: die *Verse auf den Tod T. S. Eliots* (wovon es leider keine befriedigende deutsche Übersetzung gibt). Und was das Ikarus-Motiv aus Breughels Brüsseler Bild angeht, so hat es nach Audens *Musée des Beaux Arts* noch eine beträchtliche Karriere vor sich. Günter

Kunerts *Ikarus 64* versucht noch einmal den »Anlauf für das Unmögliche« und mag für das Utopie-Verlangen der nachfolgenden DDR-Lyriker stehen.

Daß unter den Waffen die Musen schweigen (Abwandlung von Ciceros »Inter arma silent leges«), dieser Satz wird durch die großen Zeitgedichte der vierziger Jahre gründlich widerlegt. Die besten von ihnen stammen von Dichtern, die sich nach der Rolle des Zeitenrichters nicht eben gedrängt hatten. So William Empson in seinem *Taglied,* dessen Originaltitel *Aubade* auf die provençalische Tradition des erotischen Liedes zurückverweist. Und wiederum gibt es ein wichtiges Gedicht, das ihm antwortet: Philip Larkins *Aubade* gibt dreißig Jahre später einen grimmig-pessimistischen Abgesang.

Auch Eugenio Montale sah sich genötigt, aus der Reserve seiner Symbole und Verschlüsselungen herauszutreten. Sein 1944 geschriebener *Hitlerfrühling,* der sich auf die Farce des Treffens der beiden »Führer« in Florenz bezieht, geht von einer tatsächlichen Beobachtung (einem Regen weißer Schmetterlinge) aus. Naturphänomen und Dante-Bezug rücken die politische Farce in den (an Jaspers erinnernden) Kontext der Schuldfrage: »Und keiner mehr ist schuldlos«. — Dem »Höllenboten« Montales korrespondiert Robinson Jeffers' »Hauch vom Höllenschlund«, den er in einer Hitlerrede *(9. September 1939)* wahrnimmt.

Mit Gottfried Benn und Ezra Pound sind wir bei jenen Dichtern, die sich selber in politische Schuld verstrickten. Pound büßte für seine törichten Pro-Mussolini-Tiraden über Radio Roma im »Gorilla-Käfig« des amerikanischen Straflagers in Pisa und im St. Elizabeth's Hospital for the Criminally Insane. »Es ist schwer, ein ›Paradiso‹ zu schreiben, wenn alle äußeren Anzeichen auf eine Apokalypse verweisen«, gestand Pound 1959. Und so berührt uns mehr als das Riesenprojekt selbst das Scheitern des Dichters und Menschen, jene Passagen der *Cantos,* die Scheitern und Verschulden eingestehen: »Laß die, die ich liebe, mir nachsehn, was ich hervorgebracht.«

Gottfried Benn, der 1933 die Aufgabe der Geistesfreiheit (»für wen aufzugeben? Antwort: für den Staat!«) gefordert hatte und Ende 1934, durch die Röhm-Morde erschüttert, von seiner Verblendung befreit wurde, widerrief nicht bloß seine hirnrissigen Züchtungs-Theorien, er schrieb auch mit *Monolog* eine wahrhaft enragierte Abrechnung mit dem Hitlerismus. Bertolt Brecht, hellsichtiger, hatte seine Warnungen und Abrechnungen schon lange vor dem Krieg geschrieben. Er erlebte nun die Bitternis des Exils in der Aufforderung: »Spell your name«. Brechts Prognose von 1939, nun breche eine »schlechte Zeit für Lyrik« an, wird durch ihn selbst und durch andere Dichter widerlegt.

Bedürfen die Gedichte aus Gefangenschaft und Résistance eines Kommentars? Sie demonstrieren zumindest, daß politisches Engagement und Poesie nicht inkompatibel sind — wofern nämlich die Poesie sich nicht an dic Parolc verliert.

Ob auch Gedichte über die nationalsozialistischen Menschenvernichtungen in den Konzentrationslagern von Auschwitz oder Treblinka möglich sind, ist immer wieder diskutiert worden. Daß Dichter, die diesem Tod nur eben entgangen sind, über Auschwitz geschrieben haben, ist eine zureichende und gültige Antwort. Zwar hat Paul Celan seine *Todesfuge* in späteren Jahren nicht mehr öffentlich vorgelesen; vermutlich weil er sie nicht zum Alibi der Verdrängung durch eine schwärmerisch-ästhetisierende Rezeption machen wollte. Aber er hat sie nie widerrufen; sein nachfolgendes Werk ist die rigorose Engführung eines Themas, das ihn im Leben und Tod bestimmte. So darf, meine ich, das wichtigste und folgenreichste deutsche Gedicht der Epoche in der Anthologie nicht fehlen. Man wird seiner Einzigkeit gewahr, wenn man es mit thematisch verwandten Texten (Nelly Sachs, Immanuel Weißglas) zusammen liest. Als Nebenbemerkung: Daß die Anspielung auf Musik und musikalische Formen keineswegs verharmlosende Ästhetisierung meint, zeigen auch Wallace Stevens' *Kadenzen im Krieg.*

Nicht bloß Celans Œuvre widerlegt T.W. Adornos (von ihm selbst übrigens später relativierten) Satz. Auch andere Dichter haben gezeigt, daß man nicht bloß *nach,* sondern auch *über* Auschwitz Gedichte schreiben kann. So Tadeusz Różewicz in seinem »Museum — Auschwitz 1948« datierten Gedicht *Kleiner Zopf.* »Die Lyrik«, hat Różewicz gesagt, »muß, um wiederauferstehen zu können, sterben.« Das war die »Engführung« jedweder Lyrik, ob metaphorisch-musikalisch oder prosahaft anti-poetisch. Welcher Art dieser Durchgang sein kann, zeigen die tonlos-bitteren Gedichte Samuel Becketts ebenso wie das *Finale* Ungarettis: »Morto è anche, vedi, il mare, / Il mare«. Ingeborg Bachmann und Paul Celan haben es übertragen; und der Vergleich ist bei der Knappheit und Strenge des Originals besonders lohnend. Auch die Übersetzung von Gedichten ist ein Durchgang, in dem die Poesie stirbt, um in einer anderen Sprache wiederaufzuerstehen.

WELTSPRACHE. DIE FÜNFZIGER JAHRE. »Der Krieg wird nicht mehr erklärt, / sondern fortgesetzt«, dieser Vers Ingeborg Bachmanns könnte über einem

Jahrzehnt stehen, das den kalten Krieg perfektionierte und vorübergehend (in Korea) in den »heißen« überführte. Und wirklich wurde zur »Uniform des Tages« die Geduld. Selbst Brecht, der doch die Natur ohne Geduld hatte sehen wollen, mußte sich in ihr einüben; wie es *Der Radwechsel* und *Beim Lesen des Horaz* aus seinen 1953 geschriebenen *Buckower Elegien* zeigen. — *Warum Klassiker* fragt (ohne Fragezeichen) Zbigniew Herberts Gedicht und gibt uns — mit einem Blick auf die Antike — Einblick in eine dunkle Epoche: die unsere. Die Sinngebungen der Historie verfangen nicht mehr. Das Vergangene tönt an unser Ohr wie das Geräusch einer defekten 78er Schallplatte: »Die antike Platte kreist, wir müssen ihr weghelfen / über die Sackgassenrillen wo sie verharrt und vor sich hinkreist« — Maxime eines neuen Horaz (Gunnar Ekelöf) für seinen *Posthumus*. Eine neue Scheibe scheint es nicht zu geben. Nur andere Bilder für den alten Sachverhalt: die sinnlos kreisende Geschichte, die uns mit Prüfungen versorgt.

Es wurden vor allem die Dichter Osteuropas »in Menschheitsgeschichte geprüft«; und für die polnische Lyrikerin Wisława Szymborska findet diese »Reifeprüfung« vor den *Zwei Affen von Breughel* statt: der eine hört ironisch zu, der andere, der sich schlafend stellt, sagt der Kandidatin vor »mit leisem Klirren der Kette«. Wir müssen nicht mehr fragen, was. Die Parabel ist ebenso deutlich wie unausschöpfbar. Sie erhält ihre Tiefe durch den schmalen Ausblick, der der Geprüften gestattet scheint: »hinter dem Fenster segelt der Himmel / und badet das Meer«. Es ist ein Traum von Freiheit — *Der Traum des Gefangenen,* wie ihn Eugenio Montale beschreibt: »welch langes Warten, / und auch mein Traum von dir ist nicht zu Ende.«

Wenn also Desillusionierung, Gefaßtheit und ironische List die Kennzeichen vieler Gedichte sein sollten — so bezeugt doch ihre poetische Qualität, ja ihr bloßes Vorhandensein die Existenz von Kräften, die dann in den Emanzipationsprozessen der folgenden Jahrzehnte zur Wirkung kamen. Dabei müssen die Texte (anders als die eben erwähnten) gar nicht auf Historie und Aktualität anspielen. Gedichte sind nicht lediglich Belegstücke zur Epoche; sie sind Indikatoren. Sie halten sich, wenn man so will, an Artur Lundkvists Devise und träumen nicht, »Zahn oder Messer zu sein«, sondern leben »wie Gras«.

Im übrigen wird mit den fünfziger Jahren deutlich, daß die abendländisch- eurozentrische Perspektive immer weniger geeignet ist, das Ganze zur Darstellung zu bringen. Auch in der Poesie wird das unübersehbar. Neue Idiome treten in ihre Weltsprache ein. So ist auch begreiflich, daß die Lyrik auf Dauer nicht bei der auf europäischen Erfahrungen beruhenden moralistisch-asketischen Haltung der Anti-Poesie verharren konnte. Poesie kann Nüchternheit nicht in Permanenz erklären, ohne zu verdorren und abzusterben. Sie ist immer auch Glücksversprechen, wenn sie zwischen dem sozial gedachten »Prinzip Hoffnung« und dem »paradis artificiel« für den einzelnen changiert. Sie sucht nach neuen Erregungen, neuen Euphorien; und sei es in dem großen Supermarkt, wie ihn die USA damals schon repräsentieren.

Dort, innerhalb der amerikanischen Massenzivilisation, gelang den Dichtern der Ausbruch aus der traditionellen Isolation, der Umschlag aus der Vereinzelung in eine enorme (wenn auch vorübergehende) Resonanz. Sie befreiten die Lyrik vom Diktat des Akademischen. Man wollte nicht mehr englisch schreiben sondern amerikanisch. Das hieß den durch Whitman eingeschlagenen Weg fortsetzen. Von Ezra Pound (aber auch vom Jazz) kam das Postulat, nicht nach dem Metronom, sondern nach dem Ohr zu komponieren; von W.C. Williams die Reduktion aufs Lokale, Konkrete, Alltägliche, die gesprochene Idiomatik.

In kleinen Freundeszirkeln bereitete sich vor, was man dann *Beat-Generation* und später *Pop art* nennen sollte. Die poetologischen Diskussionen wurden in Briefen und kleinen Magazinen geführt. Aus Briefen war Charles Olsons Essay über den Projektiven Vers zusammengesetzt, der 1950 in der Zeitschrift *Poetry* erschien. Er wurde für eine ganze Generation richtungweisend. Zunächst für die *Black-Mountain-School* selbst: Olson, der am Black-Mountain-College lehrte, holte Creeley als Lehrer, und beide beeinflußten Lyriker wie Robert Duncan, Paul Blackburn und Denise Levertov. »Für jede Beschreibung des literarischen Klimas von 1958 ist Charles Olson die Zentralfigur«, behauptete Creeley; und der Übersetzer Klaus Reichert ergänzt: »Olsons Einfluß arbeitete wie Holz: unter der Oberfläche. Plötzlich zeigten sich Wellen, Risse, Verwerfungen — woher waren sie gekommen?«

Der Durchbruch geschah in San Francisco. Zentrum mit wachsender Ausstrahlung war Lawrence Ferlinghettis *Bookshop* und seine *City Lights Press.* Von hier ging die Poetry Renaissance, die San Francisco Renaissance aus. Sie begann mit Lesungen von Michael McClure, Gary Snyder, Philip Whalen und Allen Ginsbergs Vortrag von *The Howl* (Das Geheul). Die Buchausgabe von *The Howl* erschien 1956 und machte ungeheuer Furore; sie wurde bis 1960 über 500000mal verkauft und in 25 Sprachen übersetzt. Nicht minder groß war die Resonanz von Ferlinghettis eigenem Band *A Coney Island of the Mind* (1958). Die Massenlesungen von Lyrik (bis in die siebziger Jahre hinein) lösten die Dichtung vom Papier. Der Dichter schien seine Stimme wiedergewonnen zu haben in der Kommunion mit dem Publikum. »Whitman Ginsberg guru«, heißt es bei Ferlinghetti. Freilich sank bei manchen Poeten, die in den sechziger Jahren zu Gurus wurden, die poetische Qualität doch besorgniserregend. Poesie, als Massenphänomen, hat ihren Preis. Das zeigt sich auch in Japan.

In der Lyrik Japans kam es nicht auf die Rückgewinnung an, sondern auf die Loslösung von der eigenen Tradition. Der Eintritt Japans in den Prozeß der modernen Poesie geschah unter dem Schock der Niederlage und der totalen Kapitulation. Dieser Schock war enorm. Er klingt noch bis in die achtziger Jahre nach; so in Tanikawa Shuntarōs Gedicht *15. August.* Aber er setzte auch Kräfte frei. Er bewirkte die endgültige Modernisierung des Landes; auch die der Lyrik. Neben die weiter existierende Tanka- und Haiku-Poesie trat *Gendaishi,* die moderne Lyrik, als Produkt der späten Modernisierung Japans. Denn erst seit Hagiwara Sakutaros Gedichtband *Den Mond anbellen* (1917) ist die Umgangssprache auch Dichtersprache.

Nach 1945 haben die Gruppen *Arechi* und *Rettō* die modernistischen Tendenzen der zwanziger Jahre weitergeführt und zu breiter Resonanz gebracht. Für die Arechi-Gruppe waren Auden und vor allem Eliot vorbildhaft. Eliot wurde gleichsam zum Paten der Gruppe, denn »Arechi« heißt »Das wüste Land«. Das Manifest der ersten *Arechi-Anthologie* (1951) formuliert: »Keinen Frieden kennen, Fragen stellen, die Ohren als Instrument der Aufmerksamkeit spitzen, das intellektuelle Forschen geduldig fortführen, um so die Erkenntnis des eigenen Lebens zu vertiefen — nur durch solche echten geistigen Anstrengungen können wir der Wüste unserer Gegenwart entgegentreten.«

Die linksgerichtete Gruppe *Rettō* (Inselkette) entstammt der sogenannten Zirkel-Poesie, einer kulturellen Bewegung von Arbeitern, Bauern und Angestellten. In der Zeitschrift *Rettō* heißt es 1952: »Wir sind in einer Zeit, da Dichtung ganz Japan zu überziehen beginnt. Wohin man heute auch in Japan kommt, es gibt keinen Ort, wo nicht Poesie-Zeitschriften, Gedichthefte und -sammlungen oder lose Gedichtblätter die Runde machen ... Jetzt, da den Japanern die Krise ihres Landes deutlich geworden ist, da sie dafür kämpfen, alle Schwierigkeiten, Zwänge und Nöte zu überwinden und die Unabhängigkeit Japans herzustellen, jetzt ist ihnen zum Bewußtsein gekommen, daß dazu gerade auch die Dichtung notwendig ist.«

Auch wenn beide Gruppen nicht mehr bestehen: die Lyrik hat in Japan immer noch eine beträchtliche Resonanz; und selbst der Wirtschaftsboom hat ihr keinen Abbruch tun können.

POP UND POLITIK. DIE SECHZIGER JAHRE. Während die Action-Painting zur Pop art mutierte, veränderte sich der meist aggressive synkopierte Sound der Beat-Generation zu den raffiniert simplizistischen Techniken der Underground- und Pop-Lyrik. Die Literaturwissenschaftler — etwa Northope Frye in *Anatomy of Criticism* (1957) — hatten den Begriff des *low mimetic* zur Hand, das heißt einer Darstellung und Wiedergabe des Alltäglichen, Niederen, Häßlichen in einer direkten, konkreten und nüchternen Weise. Wieder konnte W. C. Williams als Pionier solchen Schreibens gelten und wurde so zum Ziehvater auch der nächsten und übernächsten Generation amerikanischer (und nicht bloß amerikanischer) Lyriker: zunächst der *New York School* (Ashbery, Koch, O'Hara u.a.), dann eines ganzen Schwarms von Pop-Lyrikern, wie sie durch R. D. Brinkmanns Anthologien *Acid* und *Silverscreen* (beide 1969) auch bei uns bekannt wurden.

Einer dieser Pop-Lyriker, Harold Norse, bekannte: »Pop-art fängt an mit W.C. Williams' Nur damit du Bescheid weißt: Ich habe die Pflaumen / gegessen / die im Eisschrank / waren.« Als aktuelles Vorbild wird immer wieder Frank O'Hara (1926-1966) mit seinen Ich-tue-dies-ich-tue-das-Gedichten genannt. Der Kurator am New Yorker Museum of Modern Art war zum Vermittler von literarischer und bildnerischer Pop art prädestiniert. Man wird ihn und seine Nachfolger nicht überschätzen: aber neben Pop-art und Pop-music gab es eine Welle von Pop-Lyrik, die auch nach Europa und Japan überschwappte. Umgekehrt strömten, im Gefolge von Vietnam-Protest und Flower-Power-Bewegung, auch ostasiatische Meditationstechniken und Lyrikformen in die angloamerikanische Szene. Gary Snyder und andere begannen, Haikus und Tankas zu schreiben, und versuchten, ostasiatische Gedanken und Meditationstechniken zu rezipieren.

Kein Zweifel, es war ein Jahrzehnt, in dem die Revolution erwartet wurde — die wirkliche, die Revolution des einzelnen wie der Gesellschaft. Noch einmal hatte es ästhetische Revolten gegeben (Happenings, Environments). In West- und Mitteleuropa wurde nach allen Kunstrevolutionen die politische Revolution erwartet. Die Literatur wurde totgesagt; sie flüchtete sich vorübergehend in die Politik. 1968 wurde der Begriff der Revolution zur Metapher: durch den Versuch, eine Metapher in Praxis zu überführen. Der Pariser Mai wollte die »Phantasie an die Macht« bringen, brachte es aber bloß zu einem politischen Happening. Es war ein Philosoph, der das ästhetische Arrangement für einen Akt des Weltgeists hielt. Herbert Marcuse schwärmte in seinem *Versuch über die Befreiung:* »Das Piano mit dem Jazz-Spieler stand trefflich zwischen den Barrikaden; schicklich zierte die rote Fahne die Statue des Autors von *Les misérables;* und streikende Studenten forderten in Toulouse die Neubelebung der Sprache der Albigenser. Die neue Sensibilität ist zur politischen Kraft geworden.« Es waren, wie sich bald zeigte, lauter Ausstattungsstücke eines Revolutionstheaters, Freiluftdramatik.

Unter mitteleuropäischen, vor allem bundesrepublikanischen Auspizien schien es eine Zeitlang, als sei die Poesie selber anachronistisch geworden. Das Gedicht erhielt, als politischer Text, Bewährungsfrist. Es hatte den Nachweis seiner Nützlichkeit zu führen und mußte naturgemäß versagen. Die Flucht ins Agitationsgedicht war die Flucht in die Sackgasse. Die Enttäuschten schlugen zu: nach dem Ausbleiben der erhofften Revolution hätten sie die Lyrik am liebsten abgeschafft.

In Lateinamerika und Osteuropa bewies und erneuerte die Poesie ihre Lebenskraft. Sie tat es unter den schwierigsten Umständen. Andrej Wosnessenskij schrieb: »Ich denke, die Menschen fühlen sich heute zur Poesie hingezogen, so wie man bei Skorbut zu Vitaminen sich hingezogen fühlt.« Das erklärt die Resonanz, die hohen Auflagen von Gedichtbänden in den östlichen Ländern. Das erklärt auch die Repressionswut des totalitären Staats. Da waren Liquidationsdrohungen keine Angelegenheiten des Feuilletons. — Heberto Padilla, dessen Manuskript *Außerhalb des Spiels* 1968 den Lyrikpreis des Verbandes der kubanischen

Schriftsteller und Künstler erhalten hatte, wurde monatelang als »Provokateur«, »Faschist« und »CIA-Agent« gejagt — sein Buch erschien erst gar nicht im Buchhandel. Der Dichter, von Castros Staatssicherheitsdienst vernommen, wurde zur »Selbstkritik« gezwungen, zur Selbstbezichtigung, seine Gedichte bewirkten den defaitistischen Geist der Konterrevolution.

Ein anderes Beispiel. Der junge, von Anna Achmatova geförderte Dichter Jossif Brodskij wurde 1963 beschuldigt, ein »Parasit« zu sein und keine gesellschaftlich nützliche Arbeit zu verrichten. Eine Leningrader Zeitung hatte ihn als »Quasiliteraten-Drohne« bezeichnet und behauptet, er habe versucht, ein Flugzeug zu entführen, um ins Ausland zu gelangen. Obwohl Brodskij nachweisen konnte, daß er seinen Lebensunterhalt durch Übersetzungen verdiente, wurde er zu fünf Jahren Verbannung verurteilt. Anderthalb Jahre leistete der Dichter Zwangsarbeit im äußersten Norden, bei Archangelsk, ehe er nach Leningrad zurückkehren durfte. Er konnte einige Übersetzungen aus dem Englischen und vier (4!) eigene Gedichte veröffentlichen. 1972 legten ihm die sowjetischen Behörden die Ausreise nahe. »Ich habe gearbeitet, ich schrieb Gedichte«, dieser Satz kehrt in den Vernehmungsprotokollen mehrfach wieder.

REVISIONEN. DIE SIEBZIGER JAHRE. Revisionen können Antworten sein auf verbrauchte oder pervertierte Visionen. Sie konnten nicht ausbleiben. Es war, wie in Wisława Szymborskas Gedicht *Eindrücke aus dem Theater,* der sechste Aufzug einer Tragödie: »Die Auferstehung vom Schlachtfeld der Bühne«. Aber anders als im Gedicht wurden die Dolche nicht aus der Brust gezogen, die Schlingen nicht vom Hals gelöst, blickte post festum das Opfer nicht selig dem Henker ins Auge. Eine neue Epoche also der Ernüchterung. In ihr begann der Glaube an den Weltgeist, an den Fortschritt oder zumindest den Sinn der Geschichte sich allmählich aus den Verlautbarungen der Zeitgeistberichterstatter zurückzuziehen. Die Dichter sagten es schon früher — auch unter Bedingungen, die Klartext nur zwischendurch zuließen: »Man lebt mit dem Wissen um die Dinge«, so der Rumäne Marin Sorescu. Und der Pole Adam Zagajewski läßt Kierkegaard sich über Hegel mokieren. Statt der vesprochenen herrlichen Staaten gibt es die Gefängniszelle, »mit dem Lied des Häftlings«. Aber hat es diesen Hegel überhaupt gegeben? Sorescu behauptet, listig: »Ich habe noch nie ein Bild von Hegel gesehen.« Doch erkennbar wird die von Hegel beschworene »Furie des Verschwindens«, ein »rächender Geist, der schon bei den ältesten Dichtern vorkommt«. Und nun in H.M. Enzensbergers Gedicht.

Und während John Ashbery fragt *Was ist das Eine, das Amerika retten kann*? und uns eine verwendbare Antwort vorenthält, sieht Lars Gustafsson in unseren Revisionen lediglich den Fortschritt unserer Ratlosigkeit. Die am Ende des Zugs angekommene, klüger gewordene Fliege entdeckt, daß das Fliegen »hervorragend geht« — freilich in einem Zug, der immer schneller in die Nacht hinein fährt.

In Osteuropa genügten solch subtile Relativierungen nicht; hier konnte Hoffnung nur aus einer tieferen Depression kommen. »Wirklich leben können wir nur in der Niederlage«, heißt es bei Zagajewski. Der Geist ist immer ein Wühler, aber seine Aufwürfe zeigen sich erst später auf dem grünen oder dem planierten Terrain. Und falls das Stichwort *Revisionismus* für die siebziger Jahre überhaupt einen Sinn hergibt, dann in einer eigentümlich mehrdeutigen Weise; Revisionen der Revision eingeschlossen. Revisionen gab es nicht nur auf ideologischem und politischem Felde (mit Konsequenzen für die Poesie), sondern auch auf dem Sektor Ästhetik (mit kaum kalkulierbaren Langzeitwirkungen auf die Kultur). Man kommt dem vielleicht am ehesten mit dem Begriff der Entlastung bei — Entlastung von Zwängen, wie sie Weltbilder, Dogmen, Programme mit sich bringen. Der Kaiser war wieder einmal nackt, das war blitzartig allen klar. Und schon begann man an einem neuen, noch verführerischeren Kleid zu schneidern: am Modell *Postmoderne.* Es hat den Vorzug, daß es zugleich vorhanden und illusionär scheint. Die Rühmenden zwinkern einander zu. Einzuschüchtern sind eigentlich nur die Dummen. Und doch kann der Begriff Postmoderne eher als freundliche Aufhebung begrifflicher Anstrengung gelten. Für einen Moment scheint die Sensibilität wahrhaft befreit und zu neuer Initiative mächtig. Peter Handke hat diesen Moment 1976 so formuliert: »Was es, für mich, vor zehn Jahren noch für Einschüchterungen gab: Die konkrete Poesie, Andy Warhol, und dann Marx und Freud und der Strukturalismus, und jetzt sind all diese Universal-Pictures verflogen, und nichts soll *irgendeinen* mehr bedrücken als das Gewicht der Welt.«

Ist es ein Zufall, daß es in den siebziger Jahren bei den älteren, erfahrenen Dichtern die schönsten Zeugnisse einer neuen und wahrhaften Mühelosigkeit gibt — aber auch das Gehör für das Rauschen der Sprache, die Störung im System, für die *Ballade vom defekten Kabel* (Oskar Pastior)? Philippe Jaccottet rühmt sich seiner »Unwissenheit«, er spornt sich an, Buch und Gedicht rasch zu vollenden, ehe Zweifel und Unsicherheit ihn einholen; er möchte in die Luft schreiben, »mit zaudernden, huschenden Fledermaus-Zeichen«. Und Andrea Zanzotto fragt, in seinem *Sonett über was?:* »Zu wem, zu welchem Schneider kann ich noch gehen / mit der Logik, die mich zerreißt« — gewiß nicht zu jenem, der für des Kaisers neue Kleider sorgt.

Karte einer neuen Welt. Die achtziger Jahre. Aber wo sind die Rimbauds? Gibt es ihn noch, den Aufbruch ins Neue, ins Unbekannte? Wer entwirft uns die lyrische *Karte einer neuen Welt?* Der Mann heißt Derek Walcott, ist nicht mehr ganz jung, will sagen: er hat die Sechzig überschritten. Er stammt aus der Karibik und stellt sich mit souveräner Ironie so vor:

I'm just a red nigger who love the sea,
I had a sound colonial education,
I have Dutch, nigger, and English in me,
and either I'm nobody, or I'm a nation.

Ein roter Nigger, der lieben das Meer,
bin ich, mit echt kolonialem Diplom;
hab Holländisch, Nigger und Englisch in mir,
bin entweder niemand oder eine Nation

Joseph Brodsky, im Vorwort für eine Walcott-Auswahl, schreibt dazu einen sehr schönen und erhellenden Kommentar: »Dieser flotte Vierzeiler gibt Auskunft über seinen Autor so gewiß wie das Lied eines Vogels — und erspart dabei einen Blick aus dem Fenster. Daß er meint, was er sagt, wenn er sich einen ›red nigger‹ nennt, spricht das dialektale ›love‹ aus. ›Sound colonial education‹ kann durchaus für die University of the West Indies stehen, wo Walcott 1953 seinen akademischen Grad erlangte, doch steckt in dieser Zeile noch viel mehr (. . .) Auf jeden Fall aber vernehmen wir darin die Verachtung für genau jene Ausdrucksweise, die für die Herrenrasse typisch ist, und den Stolz des Eingeborenen auf diese Ausbildung. ›Dutch‹ kommt vor, weil Walcott in der Tat teils holländisches und teils englisches Blut in seinen Adern hat. Angesichts der Zusammensetzung der Region denkt man jedoch weniger an Blut als an Sprachen. Statt Holländisch — oder gleichzeitig damit — hätten es Französisch, Hindi, Kreolenpatois, Suaheli, Japanisch, ein Spanisch lateinamerikanischer Prägung usw. sein können — was auch immer zu hören war in der Wiege oder auf den Straßen. Die Hauptsache aber bleibt, daß es Englisch war. — Die Art und Weise, wie die dritte Zeile bei ›English in me‹ anlangt, zeugt von bemerkenswerter Raffinesse. Nach ›I have Dutch‹ wirft Walcott beiläufig ›nigger‹ ein und läßt damit jazzig die Zeile abtrudeln, so daß, wenn sie mit ›and English in me‹ wieder aufschwingt, sich uns ein großartiges Gefühl des Stolzes, ja der Größe mitteilt (. . .). Und auf dieser Höhe des ›having English‹, zu der seine Stimme mit der Zögerlichkeit des Bescheidenen und der Gewißheit des Rhythmus aufsteigt, läßt der Dichter mit ›either I'm nobody, or I'm a nation‹ seiner machtvollen Rede freien Lauf. Die Würde und die erstaunliche Stimmkraft dieser Aussage verhalten sich genau proportional zu der Region, in deren Namen er spricht, und der ozeanischen Unendlichkeit, die sie umgibt. Wenn man eine solche Stimme hört, weiß man Bescheid: die Welt franst aus.«

Derek Walcott, das zeigt Brodskys Beschreibung, ist ein exemplarischer Dichter, ein großes Beispiel für die

Weltsprache der modernen Poesie. Er schreibt und veröffentlicht seit gut dreißig Jahren. Daß er hier mit Gedichten aus den achtziger Jahren figuriert, hängt natürlich mit der Verzögerung seiner internationalen Resonanz zusammen, vor allem mit den Etikettierungen Walcotts als eines »westindischen Dichters« oder als eines »schwarzen Dichters aus der Karibik«. Mehr: es ist ein Symptom für die geographisch und kulturell bedingten Retardierungen. Walcotts Gedichtfolge *Karte einer neuen Welt* muß hier nach Thema und Intention das Gesamtwerk repräsentieren. Daß diese lyrische Topographie entworfen werden konnte, hängt mit vielem zusammen, von vielem ab, vor allem, wie Brodsky betont, von dem, was der Dichter in sich aufgenommen, in sich verarbeitet hat: »Einflüsse sind dies nicht — es sind die Zellen im Strom seines Blutes, nicht weniger als Shakespeare oder Edward Thomas, denn Lyrik ist die Essenz der Kultur der Welt.«

Eine große, eine scheinbar anachronistische These: »Lyrik — die Essenz der Kultur der Welt.« Eine These, zu der nur ein großer Dichter, ein Mann wie Brodsky, legitimiert sein dürfte. Bei einem minderen Poeten wär's nicht einmal Hybris, bloß Eitelkeit. Ein Satz natürlich nach dem Geschmack des Anthologisten. Er beginnt Magazin 5 mit Walcott und endet mit Brodsky, mit seinen grandiosen, pathetisch-ironischen *Versen von der Winterkampagne des Jahres 1980.* Aber er weiß auch, daß die »Essenz der Kultur der Welt« uns auch in leichterer und flüchtigerer Weise anwehen und anmuten kann. »Die Welt franst aus« — das meint ja auch, daß die Zentren sich ausdünnen, die Konzentrationen wechseln können. Daß aus alten Kulturen neue Elemente hinzutreten, in Mischungen, die den Reiz einer zweiten Unschuld haben können. Ich denke an die

Gedichte der jungen Chinesen Gu Cheng und Bei Dao. Gu Cheng, als »obskurer Lyriker« verfemt, rehabilitiert die vom System inkriminierten »falschen Gefühle« durch seine Gedichte. Bei Dao schreibt trotz oder mit der melancholischen Einsicht: »Viele Sprachen / sind in der Welt unterwegs / Ihre Produkte / machen das stille Leid der Menschheit / weder leichter noch schwerer«.

Die alten Metropolen, andererseits, sind nicht am Ende. Auch in ihnen sind die vielen Sprachen unterwegs. Und während die jungen Leute ungeniert Gebrauch von einer postmodernen, in jedem Fall aber modernen Welt machen und die Fazilitäten der Kommunikation nutzen, keck, mit frechen Schnitten, oberflächig, aber nicht oberflächlich, und nicht mehr Horaz befragen, ob denn alles »aere perennius« sei, gelingt auch vielen älteren und erfahrenen Poeten eine neue Leichtigkeit: nach oder in allen *Paradoxa und Oymora* wird das Spiel für Ashbery »einmal mehr« durchgespielt: »Und das Gedicht / hat mich sanft zu dir hinab gesetzt. Das Gedicht bist du.«

Eine andere Beobachtung: neben allen interkontinentalen Bezügen gibt es auch Entwicklungen und Verwandlungen im Mikrobereich. Die poetische Weltsprache konstituiert sich nicht bloß in den großen konkurrierenden und kommunizierenden Nationalsprachen, sie dringt auch in die Binnenstrukturen der Sprachen ein, in die Dialekte. Selbst der literarische Austausch, das Übersetzen, kann sich über Dialekte vermitteln: Andrea Zanzotto aus Treviso schreibt sehr moderne Gedichte im Dialekt des Veneto, und seine deutschen Übersetzer wählten für ihre Übertragungen die Variante des Bergdorfes Stilfs. Verzicht auf Kommunikation? Hermetismus? Durchaus nicht.

Das Element der Modernität verteilt sich in kleinste Spurenelemente und hält doch Bezug zur ältesten Tradition. Die alte Tante in *Onde éli* (Wou saintze) hatte in ihren eigenen Versen »parole in latin« — »Prokkn as Latain«: große Tradition. »Ausfransung der Welt« — das kann als Regionalität auch Konzentration von Welt und Sprache sein. Der Übergänge und Vermittlungen sind viele. Dazu ein anderes Beispiel. »Babylonwald gibt verschiedenen Sinn«, bemerkt Sarah Kirsch zu den deutsch geschriebenen Gedichten Jiří Grušas und zielt nicht bloß auf die Sprachverwirrung, sondern auch auf die »Errettung des Dichters am Ufer der anderen Sprache«.

So enden die achtziger Jahre — und mit ihnen die Anthologie — zwar mit Gedichten des Widerrufs, der Selbstkritik oder der trotzigen Selbstbehauptung. Aber die Strukturen und Bilder bleiben offen. Das Licht im Osten — wie kann es gelesen werden: als Morgenrot oder als Katastrophe? Die politischen Naturmetaphern sind endgültig verschlissen. Dort wo der *Trauermantel,* wie bei dem Schweden Sonnevi, nicht mehr ideologisch-politisch unterfüttert ist, rührt uns eine eigentümlich gefaßte Trauer an. Man könnte auch sagen, sie sei von gefaßter Heiterkeit. Die Hoffnung liegt in solchen Übergängen und Nuancen. Sie lassen sich nicht im Räsonnement, aber in der Lektüre der Texte erfassen. Zuletzt entzieht sich das Gedicht all unseren Versuchen, es zu fassen, es zu instrumentalisieren, wie der Hase seinen Verfolgern:

> Schwarz bleibt allein die Schrift im Heft:
> Lebensspur eines Hasen, wundersame Schneise.

Magazin I

DIE VIERZIGER JAHRE

René Char

LE LORIOT

3 septembre 1939

Le loriot entra dans la capitale de l'aube.
L'épée de son chant ferma le lit triste.
Tout à jamais prit fin.

Im Manuskript trägt das Gedicht den Titel »Elle se signale« — »Er kündigt sich an«: der Krieg nämlich.

René Char

DER PIROL

3. September 1939

Der Pirol flog ein in die Hauptstadt der Morgen-
dämmerung.
Das Schwert seines Liedes schloß das traurige Bett.
Alles war aus für immer.

Wystan Hugh Auden
MUSÉE DES BEAUX ARTS

Über das Leiden wußten sie gut Bescheid,
die Alten Meister: wie kannten sie gut
seine menschliche Rolle; daß es geschieht,
während einige essen, ein andrer ein Fenster öffnet
oder gelangweilt hingeht;
daß, während die Alten ehrfürchtig und gespannt
die wunderbare Geburt erwarten, Kinder immer
dabei sind,
denen nicht viel daran liegt, und die
Schlittschuh auf einem Teich am Waldrande laufen;
sie vergaßen auch nie,
daß selbst die Mysterien stattfinden müssen
irgendwo abseits, an unsauberem Ort,
wo die Hunde sich hündisch benehmen und des
Folterers Pferd
sein Hinterteil unschuldig an einem Baum kratzt.

Begegnung mit Auden. Für einen Dichter bedeutet die Erwähnung seiner Erfahrungen im Gefängnis — überhaupt jede Art von Mühsal — soviel wie für den Durchschnittsbürger das Angeben mit berühmten Namen. Trotzdem muß ich erwähnen, daß sich meine nächste Gelegenheit, einen genaueren Blick auf Auden zu werfen, zu einer Zeit ergab, als ich gerade in den Norden verbracht worden war, in ein kleines Dorf, verloren zwischen Sümpfen und Wäldern, nahe dem Polarkreis. Diesmal besaß ich eine Anthologie auf Englisch, ein Freund hatte sie mir aus Moskau geschickt. Sie enthielt eine ganze Menge Yeats, den ich damals für ein wenig zu oratorisch und schlampig im

In Breughels *Ikarus* zum Beispiel: wie alles sich beinah
gelassen vom Unheil abkehrt; vielleicht hat der Bauer
den Aufschlag gehört, den verlorenen Schrei,
aber für ihn war das nichts von Bedeutung; die Sonne
beschien, wie es ihre Pflicht war, die weißen im Wasser
verschwindenden Beine; und das kostspielige, stolze
Schiff, das staunend
etwas gesehn haben mußte, — einen Jungen, der aus
dem Himmel fiel —,
hatte ein Ziel und segelte ruhevoll weiter.

Versmaß hielt, und Eliot, dem damaligen Dichterkönig Osteuropas. Ich hatte vor, Eliot zu lesen. Doch durch puren Zufall öffnete sich das Buch bei »In Memory of W.B. Yeats«. Ich war damals jung, und daher besonders begierig auf Elegien als literarisches Genre, da ich niemanden um mich hatte, der sein Leben dafür geben würde, eine solche für mich zu schreiben. So las ich sie vielleicht etwas gieriger als alles andere, und ich dachte häufig, daß die auffälligste Eigenart an diesem Genre in dem unbewußten Versuch der Autoren lag, sich selbst darzustellen. Fast jedes Gedicht, das den Zusatz »in memoriam« enthält, ist damit übersät — oder befleckt. So verständlich diese

Wystan Hugh Auden
ZUM GEDENKEN AN W.B. YEATS

(gest. Jan. 1939)

I

Er verschwand im tiefsten Winter:
Die Bäche waren vereist, die Flugplätze fast verlassen,
und Schnee entstellte die Denkmäler;
das Quecksilber sank im Mund des sterbenden Tages.
Was an Instrumenten wir haben, bestätigt es:
Sein Todestag war ein dunkler, kalter Tag.

Fernab von seiner Krankheit
liefen die Wölfe durch die immergrünen Wälder,
blieb der bäuerliche Fluß unverlockt durch die
vornehmen Kaie;
trauernde Zungen
hielten den Tod des Dichters fern von seinen Gedichten.

Aber für ihn war es sein letzter Nachmittag als er selbst,
ein Nachmittag der Pflegerinnen und Gerüchte;

Tendenz auch ist, häufig entstehen aus so einem Gedicht grüblerische Auslassungen des Autors über das Thema Tod, aus denen wir mehr über ihn selbst als über den Verblichenen erfahren. Bei Auden war nichts davon zu finden, mehr noch, bald wurde mir klar, daß sogar der ganze Aufbau darauf angelegt war, dem toten Dichter Tribut zu zollen, indem er — in umgekehrter Reihenfolge — des großen Iren eigene Stilentwicklung nachahm- — bis zu ihren Anfängen: in den Tetrametern des dritten und letzten Teils des Gedichts. (. .)

Dort und damals war ich einfach überwältigt. Neben anderem wurde mir klar, daß man aufmerken muß, wenn Auden seine geistreichen Kommentare

die Provinzen seines Körpers revoltierten,
die Plätze seines Geistes waren leer,
Stille drang in die Vororte,
der Strom seines Fühlens versagte; er wurde seine
Bewunderer.

Jetzt ist er verstreut über hundert Städte
und unbekannten Neigungen völlig überlassen,
um sein Glück zu finden in einer anderen Art Gehölz
und bestraft zu werden unter einem fremden
Gewissenskodex.
Die Worte eines Toten
werden abgeändert in den Bäuchen der Lebendigen.

Aber inmitten der Wichtigkeit und des Lärms von
morgen,
wenn die Makler brüllen wie Tiere auf dem Parkett
der Börse
und die Armen zu erleiden haben, woran sie so ziemlich
gewöhnt sind,
und jeder in der Zelle seines Ich fast überzeugt ist von
seiner Freiheit,
werden ein paar tausend denken an diesen Tag,
wie man denkt an einen Tag, als man etwas nicht ganz
Gewöhnliches tat.

und Bemerkungen macht, in denen er stets die Zivilisation im Auge behält, ganz gleich, was sein unmittelbares Thema (oder sein Zustand) ist. Ich spürte, daß ich es mit einer neuen Art eines metaphysischen Dichters zu tun hatte, einem Mann von beängstigender lyrischer Begabung, der sich selbst als Beobachter öffentlicher Sitten verkleidete. Und ich hatte den Verdacht, daß diese Wahl der Maske, die Wahl dieses Idioms, weniger mit Stil und Tradition zu tun hatte als mit der persönlichen Bescheidenheit, die ihm nicht so sehr ein bestimmter Glaube als vielmehr sein Gespür für die Natur von Sprache auferlegte. Bescheidenheit wählt man nicht. (. . .)

Was an Instrumenten wir haben, bestätigt es:
Sein Todestag war ein dunkler, kalter Tag.

II

Du warst albern wie wir; deine Gabe überdauerte alles:
die Gemeinde reicher Frauen, körperlichen Verfall,
dich selbst. Narr Irland quälte dich zur Dichtung.
Irlands Narrheit und Wetter bestehen weiter,
denn Dichtung bewirkt nichts: sie überdauert
im Tal ihrer Erzeugung, wo die Exekutive
ihre Finger einzieht, fließt nach Süden weiter
von Gehöften der Isolation und des emsigen Kummers,
rauhen Dörfern, wo wir glauben und sterben; sie
überdauert,
eine Art Zufall, einen Mund.

III

Erde, nimm den Ehrengast:
William Yeats sucht hier nach Rast.
Bette friedlich Irlands Kelch,
der sein Lied nicht mehr enthält.

Im Rückblick darf ich jetzt sagen, daß, wenn je ein Drama in Audens Stimme lag, es sich nicht um sein persönliches Drama, sondern um ein öffentliches oder existentielles handelte. Er fügte sich nie selbst in den Mittelpunkt eines tragischen Bildes; allenfalls teilte er mit, daß er dabeigewesen war. Später sagte er mir: »Johann Sebastian Bach hatte wahnsinniges Glück. Wenn er das Lob Gottes singen wollte, schrieb er einen Choral oder eine Kantate und wandte sich direkt an den Allmächtigen. Wenn heutzutage ein Dichter dasselbe will, muß er sich der indirekten Rede bedienen.«

Joseph Brodsky

In der Nächte grauser Mahr
bellt Europas Hundeschar,
und die Völker stehn auf Wacht,
abgetrennt von ihrem Haß.

Menschengeistes Schande spricht
jedes menschliche Gesicht,
und in jedem Auge steckt
Meer des Mitleids eisbedeckt.

Folge, Dichter, folg bedacht
bis zum tiefen Grund der Nacht,
deine Stimme, unzerstört,
helfe uns, daß Jubel währt;

mit dem Pfluge im Gedicht
Weinberg mach aus Strafgericht,
hingerissen von der Not
sing, was alle uns bedroht;

in des Herzens Wüsten laß
Quellen strömen heilend Naß,
in der Tage Kerker lehr
freien Mann das Wort: ich ehr.

Eugenio Montale
DER HITLERFRÜHLING

Noch sie, die ihr Gesicht zur Sonne wendet . . .
DANTE

Die weiße Wolke tollgewordner Falter wirbelt
dicht um die bleichen Lichter, an den Mauern
und legt ein Laken aus, darauf der Fuß
wie über Zucker knirscht; der Sommeranfang haucht
den Nachtfrost aus, den er zurückhielt in
geheimen Schlupfwinkeln der toten Jahreszeit,
herab die Gärten von Maiano bis zum Arno.

Im Fluge zog ein Höllenbote hier die Straße
durch ein Hurra von Söldnern, und ein Feuergraben,
beflaggt mit Hakenkreuzen, nahm ihn auf, verschlang
ihn;
Schaufenster gingen zu, armselig zwar
und harmlos, doch bewaffnet auch
mit kriegerischem Spielzeug und Kanonen;

Absichten (Aus einem erfundenen Interview): — Nachdem mein Milieu und mein Leben sich verändert hatten und ich verschiedentlich ins Ausland gereist war, wagte ich es nie mehr, meine Gedichte ernsthaft durchzulesen, und hatte das Bedürfnis, tiefer einzudringen. Bis zu dreißig Jahren hatte ich fast niemanden gekannt, nun verkehrte ich mit fast zu vielen Leuten; aber ich war nicht weniger einsam als in der Zeit der *Ossi di seppia.* Ich versuchte in Florenz wie ein Fremder zu leben, aber ich hatte meine Rechnung ohne die Ritter der Feudalherrschaft gemacht, von der ich abhängig war. Im übrigen bestand die Glasglocke rund um mich weiter, und ich wußte nun, daß sie nie zerbrechen würde, und ich fürchtete, daß ich jenen Dualismus

der Fleischer hat geschlossen, der mit Beeren
die Mäuler toter Zicklein zierte;
die Feier milder Henker, die kein Blut noch kennen,
hat sich in einen geilen Springtanz kranker Flügel
und wassernaher Larven umgewandelt;
das Land wird unterspült, und keiner mehr ist
schuldlos.

Alles für nichts denn? — und die römischen Kerzen
von San Giovanni, die langsam den Horizont
aufhellten, und die Pfänder und das Abschiednehmen,
so fest wie eine Taufe in dem trüben Harren
auf jenen Harst (doch eine Knospe zog dahin,
und auf das Eis und auf die Säume deiner Ufer
verstreute sie die sieben Engel des Tobias,
die Saat der Zukunft) und die Sonnenblumen
aus deinen Händen — alles dürr und aufgesaugt
von Blütenstaub, der wie das Feuer knistert
und sticht wie eine Bise . . .
Oh, der wunde Frühling
ist immer noch ein Fest, wenn er zu Tode
den Tod erkalten läßt! Noch einmal blicke
empor, dein Los ist's, Klythia, die
verwandelt unverwandte Liebe wahrt,

zwischen Lyrik und Kommentar, zwischen Poesie und Vorbereitung oder Anstoß zur Poesie, der meine ersten Versuche ausgezeichnet hatte, nie überwinden würde. Ich wünschte mir keine reine Poesie in dem Sinn, den dieser Ausdruck später auch bei uns hatte, als ein Spiel lautlicher Suggestionen, sondern viel eher als eine Frucht, die ihren Ursprung in sich trägt, ohne ihn zu enthüllen oder, besser gesagt, ohne ihn auszukramen. Angenommen, es gibt in der Kunst ein Gleichgewicht zwischen innen und außen, zwischen dem Anlaß und dem Werk als Objekt, so ist es nötig, das Objekt auszudrücken und den anstoßgebenden Anlaß zu verschweigen.

— Die Zukunft ist in der Hand der Vorsehung, Marforio: ich kann fortfahren oder morgen

bis daß die blinde Sonne, die du in dir trägst,
erblindet in dem Andern, sich vernichtet
in Ihm, für alle. Die Sirenen, Glockenschläge,
wenn sie die Ungeheuer grüßen an dem Abend
von ihrem Hexensabbat, schmelzen vielleicht schon
in eins mit jenem Klang, der sich vom Himmel löst,
sinkt, siegt — und mit dem Atem eines Frühlichts,
das morgen alle neu trifft, weiß, doch nicht von Grauen
beflügelt, auf dem heißen Kies des Südens . . .

damit aufhören. Das hängt nicht von mir ab; ein Künstler wird gezwungen; er hat keine freie Wahl. In diesem Bereich herrscht tatsächlich ein Determinismus. Ich folgte dem Weg, den meine Zeit mir vorschrieb; morgen werden andere neuen Wegen folgen, ich selber kann mich ändern. Ich schrieb immer als armer Teufel und nicht als berufsmäßiger Schriftsteller. Ich habe weder die intellektuelle Selbstgenügsamkeit, die man mir vielleicht zuschreibt, noch fühle ich mich mit einer wichtigen Mission betraut. (. . .) Ich lebte meine Zeit mit dem Minimum an Feigheit, das meinen schwachen Kräften möglich war; es gibt aber andere, die mehr getan haben, viel mehr, auch wenn sie keine Bücher publizierten.

Eugenio Montale

Robinson Jeffers

9. SEPTEMBER 1939

Heut morgen hielt Hitler in Danzig eine Rede, wir
hörten seine Stimme.
Er hat Genie, will sagen, staunenswertes Können,
Mut und Hingabe, darunter die Seele eines kranken
Kindes,
wir hörtens laut und deutlich durch das Wutgejaule.
Ein krankes Kind
in Danzig, das plärrt, nach Rache flennt und heult.
Hier war der Tag glutheiß, am Mittag
stäubte ein Südwind wie ein Hauch vom Höllen-
schlund etwas Regen
auf das verdorrte Land. Dann gegen fünf ertanzte
das Haus
von einem leichten Beben. Ohne Schaden. Heut
nacht vertrieb ich mir die Zeit
indem ich zusah wie der rote Mond
hinabglitt in die schwarze See
unterm Geflacker trockner Blitze und bei fernem
Donnergrollen.
Wohl, dieser Tag war ein Gedicht, doch leider
zusehr wie eins von Jeffers,
greulich von zuviel Blut und böser Vorahnung,
durch Mark und Bein dringend, unmenschlich wie ein
Habichtschrei.

William Empson
TAGLIED

Vor Tag uns weckend ging das Beben los.
Mein Haus war auf der Klippe. Der Schlag genügend
groß,
Bücher und Flaschen aus den Regalen zu wehn.
Dann die lange Pause und dann der noch stärkere Stoß.
Das beste schien, aufzustehn und zu gehn.

Den staunenden Füßen kam das mit Wucht in die
Quere.
Ich hoffte, es ließ kaum eines der Bauwerke stehn.
Nicht fliehen können ist das Herz der Schwere.

Bis sie aufstand, sich anzog, schiens ungefährlich
zu sein.
Seinen Führer zu prüfen, stellt sich der Tourist
auf ihn ein.
Dann rief ich Der Garten? Lachend sagte sie Nein.
Taxi für sie und für mich ein Schlafschön.
Das beste schien, aufzustehn und zu gehn.

Die Sprachschwierigkeiten. Frage sie dennoch, was
wäre.
Ein todsichrer Grund, um liegen zu bleiben, wird sein.
Nicht fliehen können ist das Herz der Schwere.

Sie wollte nicht wissen, ob draußen das Sterben wär.
Es ging ihr um ihn. Erst erwacht, suchte und rief
er sie sehr

und würde, blieb er ohne Antwort, alles verstehn.
Auf eine halbe Stunde wollte ich sagen Komm her.
Das beste schien, aufzustehn und zu gehn.

Ich schlief in Verwirrung und trieb noch ins Ungefähre.
Doch du hast die Drohungen andauern sehn.
Nicht fliehen können ist das Herz der Schwere.

Erzähl noch einmal von Europa und wie es sich quält,
wer dürregeplagt ist, wen Dauerregen befällt.
Tränk mir die Flut ein, die, rudernd, nur Schweine
bestehn,
wer Hälse durchschneidet und kühl die Gewinne
abzählt.
Das beste schien, aufzustehn und zu gehn.

Ein Flug in Richtung fernöstliche Sphäre.
Auch dort Krieg. Mit größeren Füßen versehn.
Nicht fliehen können ist das Herz der Schwere.

Erzähle, doch rascher, was mir ansonsten entging,
erwähne, was jene verpassen, die in einem Ding
von Würfel nicht Gott eines Wurfs wegen sehn,
so daß es, nachdem ein Kuß zwei Fremde fing,
das beste schien, aufzustehn und zu gehn.

Was Aufstände angeht, erlaube, daß ich das erkläre.
Der Schwere begegnend, lassen sie das Konträre
entstehn.
Das beste schien, aufzustehn und zu gehn.
Auf rief sie und gab mir, mich zu ermuntern, die Ehre.
Daß wir nicht fliehen können ist das Herz der Schwere.

(1940)

Gottfried Benn

MONOLOG

Den Darm mit Rotz genährt, das Hirn mit Lügen —
erwählte Völker Narren eines Clowns,
in Späße, Sternelesen, Vogelzug
den eigenen Unrat deutend! Sklaven —
aus kalten Ländern und aus glühenden,
immer mehr Sklaven, ungezieferschwere,
hungernde, peitschenüberschwungene Haufen:
dann schwillt das Eigene an, der eigene Flaum,
der grindige, zum Barte des Propheten!

Ach, Alexander und Olympias Sproß
das wenigste! Sie zwinkern Hellesponte
und schäumen Asien! Aufgetriebenes, Blasen
mit Vorhut, Günstlingen, verdeckten Staffeln,
daß keiner sticht! Günstlinge: — gute Plätze
für Ring- und Rechtsgeschehn! Wenn keiner sticht!
Günstlinge, Lustvolk, Binden, breite Bänder —
mit breiten Bändern flattert Traum und Welt:
Klumpfüße sehn die Stadien zerstört,
Stinktiere treten die Lupinenfelder,
weil sie der Duft am eigenen irre macht:
nur Stoff vom After! — Fette
verfolgen die Gazelle,
die windeseilige, das schöne Tier!
Hier kehrt das Maß sich um:
die Pfütze prüft den Quell, der Wurm die Elle,
die Kröte spritzt dem Veilchen in den Mund
— Halleluja! — und wetzt den Bauch im Kies:

die Paddentrift als Mahnmal der Geschichte!
Die Ptolemäerspur als Gaunerzinke,
die Ratte kommt als Labsal gegen Pest.
Meuchel besingt den Mord. Spitzel locken
aus Psalmen Unzucht.

Und diese Erde lispelt mit dem Mond,
dann schürzt sie sich ein Maifest um die Hüfte,
dann läßt sie Rosen durch, dann schmort sie Korn,
läßt den Vesuv nicht spein, läßt nicht die Wolke
zu Lauge werden, die der Tiere Abart,
die dies erlistet, sticht und niederbrennt —
ach, dieser Erde Frucht- und Rosenspiel
ist heimgestellt der Wucherung des Bösen,
der Hirne Schwamm, der Kehle Lügensprenkeln
der obgenannten Art — die maßverkehrte!

Sterben heißt, dies alles ungelöst verlassen,
die Bilder ungesichert, die Träume
im Riß der Welten stehn und hungern lassen —
doch Handeln heißt, die Niedrigkeit bedienen,
der Schande Hilfe leihn, die Einsamkeit,
die große Lösung der Gesichte,
das Traumverlangen hinterhältig fällen
für Vorteil, Schmuck, Beförderungen, Nachruf,
indes das Ende, taumelnd wie ein Falter,
gleichgültig wie ein Sprengstück nahe ist
und anderen Sinn verkündet —

— Ein Klang, ein Bogen, fast ein Sprung aus Bläue
stieß eines Abends durch den Park hervor,
darin ich stand —: ein Lied,
ein Abriß nur, drei hingeworfene Noten
und füllte so den Raum und lud so sehr

die Nacht, den Garten mit Erscheinungen voll
und schuf die Welt und bettete den Nacken
mit in das Strömende, die trauervolle
erhabene Schwäche der Geburt des Seins —:
ein Klang, ein Bogen nur —: Geburt des Seins —
ein Bogen nur und trug das Maß zurück,
und alles schloß es ein: die Tat, die Träume . . .

Aus einem Kranz scharlachener Gehirne,
des Blüten der verstreuten Fiebersaat
sich einzeln halten, nur einander:
»unbeugsam in der Farbe« und »ausgezähnt
am Saum das letzte Haar«, »gefeilt in Kälte«
zurufen, gesalzene Laken des Urstoffs:
hier geht Verwandlung aus: der Tiere Abart
wird faulen, daß für sie das Wort Verwesung
zu sehr nach Himmeln riecht — schon streichen
die Geier an, die Falken hungern schon —!

(1941)

Gottfried Benn sandte das Typoskript dieses Gedichts (datiert 20.4.1941) am 24. April 1941 an F. W. Oelze und fügte mit Rücksicht auf die Zensur hinzu: »In einem mittelalterlichen englischen Band fand ich ein Fragment eines Monologs. Der Autor scheint mir eine Mischung von Theodor Körner u. Marlowe zu sein. Er schildert Zeiten u. Zustände, die zum Glück vorüber sind. Die Übersetzung stammt von mir; Sie wissen, ich kann kein Englisch, vielleicht können Sie Verbesserungen anbringen.«

Bertolt Brecht
VOM SPRENGEN DES GARTENS

O Sprengen des Gartens, das Grün zu ermutigen!
Wässern der durstigen Bäume! Gib mehr als genug. Und
Vergiß nicht das Strauchwerk, auch
Das beerenlose nicht, das ermattete
Geizige! Und übersieh mir nicht
Zwischen den Bäumen das Unkraut, das auch
Durst hat. Noch gieße nur
Den frischen Rasen, oder den versengten nur:
Auch den nackten Boden erfrische du.

was ich gern mache, ist das wässern des gartens. merkwürdig, wie das politische bewußtsein all diese alltäglichen verrichtungen beeinflußt. woher sonst kommt die sorge, eine stelle des rasens könnte übersehen werden, die kleine pflanze dort könnte nichts abbekommen oder weniger, der alte baum dort könnte vernachlässigt werden, weil er so stark aussieht. und unkraut oder nicht, wasser braucht, was grün ist, und man entdeckt so vieles grünes in der erde, wenn man erst einmal zu gießen anfängt. 20.10.42

›*o sprengen des gartens, das grün zu ermutigen*‹. und: ›die vaterstadt, wie find ich sie doch?‹. aber ein lyrisches gesamtwerk muß eine (innere) geschichte haben, die in harmonie oder kontrast stehen mag zur äußeren geschichte. ich denke an so etwas wie die ›phasen‹ der maler, in unserer zeit etwa des picasso. so ungeordnet die eindrücke, so willkürlich die eingriffe in diesen jahren auch sind — was ich an gedichten schreibe, behält doch immer den versuchscharakter, und die versuche ordnen sich in einer gewissen beziehung zueinander an, und die lektüre kann kaum adäquaten genuß verschaffen, wenn etwa solch ein gedicht wie das erstere nicht auch in seiner neuheit innerhalb der gesamten produktion genossen werden kann, als domesticum. 9.8.43

Bertolt Brecht

Bertolt Brecht

RÜCKKEHR

Die Vaterstadt, wie find ich sie doch?
Folgend den Bomberschwärmen
Komm ich nach Haus.
Wo denn liegt sie? Wo die ungeheueren
Gebirge von Rauch stehn.
Das in den Feuern dort
Ist sie.

Die Vaterstadt, wie empfängt sie mich wohl?
Vor mir kommen die Bomber. Tödliche Schwärme
Melden euch meine Rückkehr. Feuersbrünste
Gehen dem Sohn voraus.

Wallace Stevens

KADENZEN IM KRIEG

I

Erst heute abend sah ich niedrig am Himmel
den Abendstern, zu Beginn des Winters, den Stern,
der im Frühjahr alle Horizonte im Westen
wieder krönen wird . . . als käme er zurück, als käme
das Leben zurück,
nicht in einem späteren Sohn, einer anderen Tochter,
an anderem Ort,
sondern als träfe der Abend uns jung an, noch jung,
noch in einer uns eignen Gegenwärtigkeit.

II

Es war die Zeit, plötzlich, in einer Welt ohne Zeit,
diese Welt, dieser Ort, die Straße, in der ich war;
ohne Zeit: wie das, was nicht ist, keine Zeit hat,
nicht ist, oder aus dem ist, was war, voll
des Schweigens vor den Armeen, Armeen ohne
Trommeln
und Trompeten, die Kommandeure stumm, die Waffen
am Boden, erstarrt in einer abgrundtiefen Niederlage.

III

Was hatte dieser Stern mit der Welt zu tun, die er
beschien,

mit den leeren Himmeln über England, über
Frankreich
und den deutschen Lagern? Er wirkte abseits.
Doch dies ist es, was bleiben wird — Es selbst
ist Zeit, abseits von dem Vergangenen, abseits
von jeder Zukunft, das immer Lebende und Seiende,
das immer atmet und sich regt, das stete Feuer,

IV

die Gegenwart ganz nahe, die Gegenwart verwirklicht,
nicht das Symbol, sondern das, wofür es steht,
das lebendige Ding in der Luft, das sich nie verändert,
verändert sich die Luft auch. Erst heute abend sah
ich ihn wieder,
zu Beginn des Winters, und ich ging wieder umher
und sprach und lebte und war wieder und atmete
und bewegte mich wieder, flammte wieder, Zeit
flammte wieder.

Salvatore Quasimodo
MAILAND, AUGUST 1943

Vergebens suchst du im Staub,
arme Hand, die Stadt ist tot.
Sie ist tot: das letzte Dröhnen verklang
im Herzen des Naviglio. Und die Nachtigall
fiel von der Antenne, hoch überm Kloster,
wo sie sang vor dem Untergang.
Grabt keine Brunnen in den Höfen:
die Überlebenden dürsten nicht mehr.
Berührt nicht die Toten, so rot und aufgedunsen:
laßt sie unterm Schutt ihrer Häuser:
die Stadt ist gestorben, gestorben.

Heute, nach zwei Kriegen, in denen der ›Held‹ zu einer unendlichen Zahl von Toten geworden ist, ist die Aufgabe des Dichters noch größer, da er den Menschen wieder erschaffen muß — den Menschen wieder zu erschaffen: das ist das größte Problem. Denjenigen, welche die Dichtung für ein literarisches Spiel halten, den Dichter als eine lebensfremde Gestalt ansehen, als einen, der nachts in die Treppen seines Turmes emporsteigt, um den Kosmos zu betrachten, wollen wir sagen, daß die Zeit der ›spekulativen‹ Betrachtungen vorbei ist. Den ›Menschen‹ wieder zu erschaffen, das ist unsere Aufgabe.

Salvatore Quasimodo

Jules Supervielle
PARIS

O Paris, ville ouverte
Ainsi qu'une blessure,
Que n'es-tu devenue
De la campagne verte.

Te voilà regardée
Par des yeux ennemis,
De nouvelles oreilles
Ecoutent nos vieux bruits.

La Seine est surveillée
Comme du haut d'un puits
Et ses eaux jour et nuit
Coulent emprisonnées.

Tous les siècles français
Si bien pris dans la pierre
Vont-ils pas nous quitter
Dans leur grande colère?

L'ombre est lourde de têtes
D'un pays étranger.
Voulant rester secrète
Au milieu du danger

S'éteint quelque merveille
Qui préfère mourir
Pour ne pas nous trahir
En demeurant pareille.

Jules Supervielle

PARIS

Du offne Stadt, du wunden-
offene Stadt Paris,
Flachland zu sein und Grasland,
viel besser stünd dir dies.

Die Augen, die dich sehen,
sie schaun aus Feindsgesicht,
die nicht hierher gehören,
hörn: Altvertrautes spricht.

Die Seine — unter Aufsicht,
am Boden eines Schachts,
nachtaus, tagein, ihr Wasser,
es wälzt Gefangenschaft.

Ihr Quadern und ihr Steine,
die ihr französisch seid:
ob ihr nicht von uns fortgeht
vor lauter Zorn und Leid?

Die Köpfe, dicht, im Schatten,
die aus dem fremden Land —
Es will geheim hier dauern,
gefährdet, ungebannt,

ein Wunder, irgendeines,
es lischt, es mag nicht mehr,
es will uns nicht verraten,
so bleibend wie bisher.

René Char

CRAYON DU PRISONNIER

Un amour dont la bouche est un bouquet de brumes,
Éclôt et disparaît.
Un chasseur va le suivre, un guetteur l'apprendra,
Et ils se haïront tous deux, puis, ils se maudiront
tous trois.
Il gèle au dehors, la feuille passe à travers l'arbre.

In einer Vorfassung von 1948 lautet die letzte Zeile: »Il gèle au dehors et les feuilles ne sont pas toutes tombèes«.

René Char

SKIZZE DES GEFANGENEN

Eine Liebe, deren Mund ein Nebelstrauß ist,
blüht auf und schwindet.
Ein Jäger verfolgt sie, ein Späher wird sie erkennen,
und sie werden sich hassen, alle beide, dann sich
verfluchen, alle drei.
Draußen friert's, das Blatt sinkt herab durch den
Baum.

Léopold Sédar Senghor

DEM GUÉLOWÂR

Guélowâr!
Wir haben dich gehört, wir haben dich vernommen
mit den Ohren unseres Herzens.
Lichtvoll brach deine Stimme in die Nacht unseres
Kerkers
wie die des Busch-Herrn, und ein Schauer durchlief
die Woge unsres gebogenen Rückgrats.
Wir sind aus dem Nest gefallene kleine Vögel, Körper
ohne Hoffnung die hinwelken,
Raubtiere mit gestutzten Klauen, entwaffnete
Soldaten, nackte Männer.
Und da sind wir nun steif und linkisch wie handlose
Blinde.
Die Reinsten von uns sind tot: sie konnten das Brot
der Schande nicht schlucken.
Da sind wir nun in Netzen gefangen, der Barbarei
ausgeliefert der Zivilisierten,
ausgerottet wie Warzenschweine. Ruhm den Panzern
und Ruhm den Flugzeugen.
Wir haben einen Halt gesucht, er brach wie der Sand
der Dünen,
Führer gesucht, doch sie waren nicht da, Gefährten
gesucht, doch sie erkannten uns nicht mehr,
und wir erkannten Frankreich nicht wieder.
Nachts schrien wir unser Elend hinaus. Doch keine
Stimme gab Antwort.
Die Kirchenfürsten verstummten, die Staatsmänner
riefen mit hyänischem Großmut

»Was geht es um Neger, was geht es um Menschen,
wenn sich's um Europa handelt.«
Guélowâr!
Deine Stimme kündet uns Ehre, Hoffnung und Kampf,
und ihre Flügel regen sich in unsrer Brust,
deine Stimme kündet uns das Gemeinwesen, daß wir
erbauen sollen die Stadt in den blauen Tag
in der Gleichheit verbrüderter Völker. Und wir geben
Antwort: »Hier sind wir, Guélowâr!«

Lager von Amiens, September 1940

Paul Celan
TODESFUGE

Schwarze Milch der Frühe wir trinken sie abends
wir trinken sie mittags und morgens wir trinken sie
nachts
wir trinken und trinken
wir schaufeln ein Grab in den Lüften da liegt man
nicht eng
Ein Mann wohnt im Haus der spielt mit den Schlangen
der schreibt
der schreibt wenn es dunkelt nach Deutschland dein
goldenes Haar Margarete
er schreibt es und tritt vor das Haus und es blitzen die
Sterne er pfeift seine Rüden herbei
er pfeift seine Juden hervor läßt schaufeln ein Grab
in der Erde
er befiehlt uns spielt auf nun zum Tanz

Schwarze Milch der Frühe wir trinken dich nachts
wir trinken dich morgens und mittags wir trinken
dich abends
wir trinken und trinken
Ein Mann wohnt im Haus und spielt mit den Schlangen
der schreibt
der schreibt wenn es dunkelt nach Deutschland dein
goldenes Haar Margarete
Dein aschenes Haar Sulamith wir schaufeln ein Grab
in den Lüften da liegt man nicht eng

Er ruft stecht tiefer ins Erdreich ihr einen ihr andern
singet und spielt

er greift nach dem Eisen im Gurt er schwingts seine
Augen sind blau
stecht tiefer die Spaten ihr einen ihr andern spielt
weiter zum Tanz auf

Schwarze Milch der Frühe wir trinken dich nachts
wir trinken dich mittags und morgens wir trinken
dich abends
wir trinken und trinken
ein Mann wohnt im Haus dein goldenes Haar Margarete
dein aschenes Haar Sulamith er spielt mit den
Schlangen

Er ruft spielt süßer den Tod der Tod ist ein Meister
aus Deutschland
er ruft streicht dunkler die Geigen dann steigt ihr als
Rauch in die Luft
dann habt ihr ein Grab in den Wolken da liegt man
nicht eng

Schwarze Milch der Frühe wir trinken dich nachts
wir trinken dich mittags der Tod ist ein Meister aus
Deutschland
wir trinken dich abends und morgens wir trinken und
trinken
der Tod ist ein Meister aus Deutschland sein Auge
ist blau
er trifft dich mit bleierner Kugel er trifft dich genau
ein Mann wohnt im Haus dein goldenes Haar Margarete
er hetzt seine Rüden auf uns er schenkt uns ein Grab
in der Luft
er spielt mit den Schlangen und träumet der Tod ist
ein Meister aus Deutschland
dein goldenes Haar Margarete
dein aschenes Haar Sulamith

Immanuel Weißglas

ER

Wir heben Gräber in die Luft und siedeln
mit Weib und Kind an dem gebotnen Ort.
Wir schaufeln fleißig, und die andern fiedeln,
man schafft ein Grab und fährt im Tanzen fort.

ER will, daß über diese Därme dreister
der Bogen strenge wie sein Antlitz streicht:
Spielt sanft vom Tod, er ist ein deutscher Meister,
der durch die Lande als ein Nebel schleicht.

Und wenn die Dämmrung blutig quillt am Abend,
öffn' ich nachzehrend den verbissnen Mund,
ein Haus für alle in die Lüfte grabend:
breit wie ein Sarg, schmal wie die Todesstund.

ER spielt im Haus mit Schlangen, dräut und dichtet,
in Deutschland dämmert es wie Gretchens Haar.
Das Grab in Wolken wird nicht eng gerichtet:
da weit der Tod ein deutscher Meister war.

Nelly Sachs

*»Und wenn diese, meine Haut zerschlagen
sein wird, so werde ich ohne mein Fleisch
Gott schauen«* HIOB

O die Schornsteine
auf den sinnreich erdachten Wohnungen des Todes,
als Israels Leib zog aufgelöst in Rauch
durch die Luft —
Als Essenkehrer ihn ein Stern empfing
der schwarz wurde
oder war es ein Sonnenstrahl?

O die Schornsteine!
Freiheitswege für Jeremias und Hiobs Staub —
Wer erdachte euch und baute Stein auf Stein
den Weg für Flüchtlinge aus Rauch?

O die Wohnungen des Todes,
einladend hergerichtet
für den Wirt des Hauses, der sonst Gast war —
o ihr Finger,
die Eingangsschwelle legend
wie ein Messer zwischen Leben und Tod —

O ihr Schornsteine,
o ihr Finger,
und Israels Leib im Rauch durch die Luft!

Tadeusz Różewicz

KLEINER ZOPF

Als alle Frauen
des Transports rasiert waren
fegten vier Arbeiter
mit Besen aus Lindenreisig
das Haar zu einem Haufen

Unter den sauberen Scheiben
liegt das spröde Haar
der Vergasten
Nadeln und Hornkämme
stecken in diesem Haar

Kein Licht durchleuchtet es
kein Wind zerzaust es
keine Hand kein Regen
kein Mund berührt es

In großen Kisten
ballt sich trockenes Haar
der Vergasten
auch ein grauer kleiner Zopf
Rattenschwänzchen mit Schleife
an dem in der Schule
die frechen Buben zupften.

Museum — Auschwitz 1948

Tadeusz Różewicz
AN DEN VERSTORBENEN

Meine Sinne gehören dem Leben.
Ich sehe höre taste
wiege mich auf der Straßenwaage
weiche der blauen Trambahn aus
im Juli: wisch ich den Schweiß von meiner glatten Stirn
trinke Himbeersaftwasser
bin müde
langweile mich schreibe Gedichte
meditiere über den Tod
kaufe Brezeln und flaumige Pfirsiche
die rosigen Mäusen ähneln
lese Marx
begreife Bergson nicht.
Mit der Rothaarigen gehe ich aus
wir lachen

Ich kann nicht begreifen, daß eine Poesie fortbesteht, obwohl der Mensch, der diese Poesie — als Zeichensprache, die das Unsagbare sagen soll — ins Leben rief, tot ist.

Grund und Antrieb für meine Dichtung ist auch der Haß gegen die Poesie. Ich rebellierte dagegen, daß sie das ›Ende der Welt‹ überlebt hat, als wäre nichts geschehen. Unerschütterlich in ihren Gesetzen, Gebrauchsanweisungen, Praktiken.

Meine eigenen Gedichte betrachte ich mit großem Mißtrauen. Ich habe sie aus dem Rest der übriggebliebenen, geretteten Worte gefügt, aus uninteressanten Worten, aus Worten vom großen Müllhaufen, vom großen Friedhof.

Ich bildete mir ein, ich sei der erste Mensch, der sagt: ›Guten Tag‹ ›Wasser‹ ›die Sonne geht auf‹. (. . .) Ich schuf Poesie für Entsetzte. Für dem Gemetzel Preisgegebene. Für Überlebende. Wir lernten das Sprechen vom Anfang. Sie und ich. (. . .)

Mir schwebt eine Lyrik ohne Eigenschaften vor. Eine Lyrik,

über die Napalmbombe
roter Kreis des Mundes
langer goldener Strohhalm
mein Mädchen in grüner Bluse
schlürft den Mond vom Himmel herunter
der Kellner trägt weißen Bierschaum
der schwarze Kellner größer als eine Schwalbe
wetzt seine Frackschöße an
die Lichter blinzeln in Wimpern des Abends
das Denken an Dich
hat meine Unruh mit weißer Hand bedeckt.

Das also sind meine Dinge. Ich lebe
Und nichts ist mir fremder
als du mein toter Freund.

die wieder anonym, wieder ›Stimme des Anonymus‹ wäre. Das ist mein beständiges Bestreben. Das, was den ›Neuerern‹ aller Schattierungen als das Fegefeuer, ja die Hölle erscheint — ist meine Reinigung. Man hat die Lyrik auf der Jagd nach Originalität und Unwiederholbarkeit lächerlich gemacht, aus ihr ein Kinderspielzeug, ein avantgardistisches Kalb mit zwei Köpfen gebastelt. Also muß ich das alles begraben und die Erde darüber festtreten. Hier helfen weder künstliche Atmung noch Manipulation. Die Lyrik muß, um wiederauferstehen zu können, sterben. (. . .)

Ich versuche wiederherzustellen, was mir für mein Leben und das Leben der Poesie am wichtigsten scheint. Die Ethik. Und weil für mich die Ethik mit Politik und nicht mit Ästhetik zusammenhängt, hat meine Kunst politischen Akzent.

Das betrifft vor allem meine ersten, gleich nach dem Krieg geschriebenen Gedichte.

Tadeusz Różewicz

Jannis Ritsos
GRÄZITÄT

Diese Bäume kommen nicht mit weniger Himmel aus,
diese Steine ertragen fremde Schritte nicht,
diese Gesichter ergeben sich nur der Sonne,
diese Herzen dulden nur das Recht.

Diese Gegend ist hart wie das Schweigen,
preßt ihre verbrannten Steine an die Brust,
preßt ans Licht ihre verwaisten Ölbäume und ihre
Weinstöcke,
preßt die Zähne aufeinander. Es gibt kein Wasser.
Nichts als Licht.
Der Weg verliert sich selbst im Licht und der Schatten
der Umzäunung ist aus Eisen.

Zu Marmor wurden Bäume, Flüsse und die Stimmen
im Kalk der Sonne.
Die Wurzel stößt auf Marmor. Die verstaubten Binsen.
Das Maultier und der Fels. Sie keuchen. Es gibt
kein Wasser.
Alle dürsten. Jahre schon. Alle kauen einen Bissen
Himmel über ihre Bitterkeit.

Ihre Augen sind gerötet von den Wachen ohne Schlaf,
eine tiefe Falte grub sich zwischen ihre Brauen
wie eine Zypresse zwischen zwei Bergen bei Sonnen-
untergang.
Ihre Hand klebt am Gewehr,
das Gewehr ist die Verlängerung ihrer Hand,

ihre Hand ist die Verlängerung ihrer Seele —
auf ihren Lippen haben sie den Zorn
und in ihren Augen tief, ganz tief, das Leid
wie einen Stern in einer Salzgrube.

Wenn sie die Fäuste ballen, ist der Welt die Sonne sicher,
wenn sie lächeln, fliegt eine kleine Schwalbe aus ihren
wilden Bärten,
wenn sie schlafen, fallen zwölf Sterne aus ihren leeren
Taschen,
wenn sie getötet werden, geht das Leben nur voran mit
Fahnen und mit Trommeln.

So lange Jahre dürsten alle, hungern, werden getötet,
Belagerte von Land und See.
Flammen fraßen ihre Äcker, Salzluft tränkte ihre
Häuser,
Wind riß ihre Türen nieder und den wenigen Flieder
auf dem Platz,
durch die Löcher ihrer abgetragenen Mäntel geht der
Tod ein und aus.
Ihre Zunge ist so scharf wie der Zypressenapfel,
ihre Hunde starben eingehüllt in ihren Schatten,
Regen peitschte ihre Knochen.

Versteinert auf den Berggipfeln rauchen sie Kuhmist,
rauchen die Nacht,
spähen wachsam auf das tobende Meer, in dem versank
der zerbrochene Mast des Mondes.

Das Brot ging aus, es gingen aus die Kugeln,
jetzt laden sie ihre Kanonen nur noch mit dem Herzen.

So lange Jahre Belagerte von Land und Meer,
alle hungern, alle fielen, doch keiner starb —

auf den Gipfeln leuchten ihre Augen,
eine gewaltige Fahne, ein gewaltiges tiefrotes Feuer
und jeden Morgen fliegen Tausende Tauben aus ihren
Händen
zu den vier Pforten des Horizonts.

Athen, 1945–1947

Franco Fortini

VALDOSSOLA

16. Oktober 1944

Dein Gewehr ruht im Gras der Weiden.

Hier sind wir versammelt
Wir sind die letzten
Was für ein Schweigen.

Jetzt kommen sie
Sie kommen.

Dein Gewehr ruht im Wasser des Brunnens.

Oktober bitterer Wind
Die Wolke ist über dem Berg
Wer zeugt für uns.

Jetzt kommen sie
Sie kommen.

Winter des letzten Jahres
Die blinden Hände die Stirn
Und keiner schreit mehr.

Dein Gewehr ruht im Schneegestein.

Jetzt kommen sie
Sie kommen.

Ezra Pound

Aus: PISANER CANTOS LXXXI

Was du innig liebst, ist beständig,
                                        der Rest ist Schlacke.
Was du innig liebst, wird dir nicht weggerafft
Was du innig liebst, ist dein wahres Erbe.
Wessen Welt? Meine? Ihre?
                                        Oder ist sie von niemand?
Erst kam Erblicktes, also das tastbare
   Elysium, obwohl in Vorhallen der Hölle,
Was du innig liebst ist dein wahres Erbee
Was du innig liebst wird dir nicht weggerafft

Die Ameise ist Kentaur in ihrer Drachenwelt.
Laß ab von Eitelkeit, nicht schuf der Mensch
Den Mut, schuf Ordnung oder Schönheit,
   Laß ab von Eitelkeit, sag ich, laß ab.
Lerne von grüner Welt erkennen, wo dein wahres Maß
An Erfindungsgabe oder rechtem Können,
Laß ab von Eitelkeit,
                                        Paquin, laß ab!
Der grüne Grashelm hat dich ausgestochen.

»Beherrsche dich, daß andre dich ertragen«
   Laß ab von Eitelkeit
Du bist im Hagel ein geschlagner Hund,
Gedunsne Elster in der Sonne Wankelmut,
Halb schwarz, halb weiß

Und kennst nicht Schwanz von Schwinge
Laß ab von Eitelkeit
                    Wie klein dein Haß
Genährt von Falschheit,
                    Laß ab von Eitelkeit,
Hast zum Verheeren, arm an Erbarmen.
Laß ab von Eitelkeit,
                                        sag ich, laß ab.
Doch daß man tat, statt nichts zu tun
                                                        dies ist nicht Eitelkeit
Mit Anstand an die Tür gepocht zu haben
Daß ein Blunt sie öffne
                Zu lesen aus der Luft lebendige Überliefrung
und aus dem Greisenaug die unbesiegte Flamme
Dies ist nicht Eitelkeit.
   Der Fehler liegt im Nicht-tun
Und in dem Kleinmut, der nichts wagte . . .

James Laughlin
MANCHE VON UNS RICHTEN

für Ezra Pound

sich häuslich ein in seinen *Cantos*
einem Palast zehnmal größer als

Versailles so viele Säle so viele
Gänge die Phalanx der Be-

sonderheiten die langen Galerien
mit endlosen Fluchten einer

Vergangenheit die kein anderer so
lebendig erlebt so inwendig er-

faßt hat Spiegel die sich in ein-
ander spiegeln wodurch die Gedanken-

reime entstehen, ja es ist eines
Vaters Haus in dem viele

Wohnungen sind mit einem Platz für
jeden von uns Raum genug für uns alle.

Ezra Pound
Notiz zu CANTO CXX

I have tried to write Paradise

Do not move
            Let the wind speak
                        that is paradise.

Let the Gods forgive what I
            have made
Let those I love try to forgive
            what I have made.

Ich versuchte, ein Paradiso zu schreiben

Rühre dich nicht
            Laß den Wind reden
                        so ist es das Paradies.

Laß die Götter mir nachsehn, was ich
            hervorgebracht
Laß die, die ich liebe, mir nachsehn
            was ich hervorgebracht.

Eugène Guillevic

L'ARMOIRE était de chêne
Et n'était pas ouverte.

Peut-être il en serait tombé des morts,
Peut-être il en serait tombé du pain.

Beaucoup de morts.
Beaucoup de pain.

AUS EICHE war der Schrank
und nicht geöffnet.

Vielleicht wären Tote herausgefallen,
vielleicht wäre Brot herausgefallen.

Viele Tote.
Viel Brot.

Samuel Beckett

bon bon il est un pays
où l'oubli où pèse l'oubli
doucement sur les mondes innommés
là la tête on la tait la tête est muette
et on sait non on ne sait rien
le chant des bouches mortes meurt
sur la grève il a fait le voyage
il n'y a rien à pleurer

ma solitude je la connais allez je la connais mal
j'ai le temps c'est ce que je me dis j'ai le temps
mais quel temps os affamé le temps du chien
du ciel pâlissant sans cesse mon grain de ciel
du rayon qui grimpe ocellé tremblant
des microns des années ténèbres

vouz voulez que j'aille d'A à B je ne peux pas
je ne peux pas sortir je suis dans un pays sans traces
oui oui c'est une belle chose que vous avez là une
bien belle chose
qu'est-ce que c'est ne me posez plus de questions
spirale poussière d'instants qu'est-ce que c'est le même
le calme l'amour la haine le calme le calme

Samuel Beckett

gut gut es gibt ein Land
wo die Vergessenheit
sacht auf die unbenannten Welten drückt
da verschweigt man den Kopf der Kopf ist verstopft
und man weiß nein man weiß nichts
der Sang der toten Münder stirbt
am Strand er ist angelangt
es ist nichts zu beweinen

mein Einsamsein ich kenne es ja ja ich kenn' es kaum
ich habe Zeit so sag ich mir ich habe Zeit
doch welche Zeit hungrig Gebein die Zeit des Hunds
die des stetig verblassenden Himmels meines
Stückchen Himmels
des Strahls der zitternd emporschimmert
die Mikronen der Dunkeljahre

es heißt ich soll von A nach B gehn ich kann es nicht
ich kann nicht 'raus ich bin in einem fährtenlosen Land
ja ja es ist eine feine Sache die sie da haben eine
ganz feine
was ist das fragen sie mich nichts mehr
Spirale Staub von Augenblicken was es ist das gleiche
die Stille die Liebe der Haß die Stille die Stille

Samuel Beckett

MORT DE A.D.

et là être là encore là
pressé contre ma vieille planche vérolée du noir
des jours et nuits broyés aveuglément
à être là à ne pas fuir et fuir et être là
courbé vers l'aveu du temps mourant
d'avoir été ce qu'il fut fait ce qu'il fit
de moi de mon ami mort hier l'oeil luisant
les dents longues haletant dans sa barbe dévorant
la vie des saints une vie par jour de vie
revivant dans la nuit ses noirs péchés
mort hier pendant que je vivais
et être là buvant plus haut que l'orage
la coulpe du temps irrémissible
agrippé au vieux bois témoin des départs
témoin des retours

Samuel Beckett
TOD VON A.D.

und da sein immer noch da
gepreßt an mein altes Tischbrett das blatternarbig
gewordene
vom Schwarz der blindlings zermalmten Tage und
Nächte
beim da sein und nicht fliehen und doch fliehen und
noch da sein
gebeugt zum Geständnis der daran sterbenden Zeit
gewesen zu sein was sie gewesen gemacht zu haben
was sie gemacht
aus mir aus meinem gestern leuchtenden Auges
gestorbenen Freund
heißhungrig in seinen Bart keuchend
das Leben der Heiligen verschlingend ein Leben pro
Lebtag
nachlebend in der Nacht seine schwarzen Sünden
gestorben gestern während ich lebte
und da sein trinkend überm Gewitter
die Schuld der unverzeihlichen Zeit
geklammert am alten Holz Zeuge des Gehens
Zeuge des Kommens

Samuel Beckett

je voudrais que mon amour meure
qu'il pleuve sur le cimetière
et les ruelles où je vais
pleurant celle qui crut m'aimer

I would like my love to die
and the rain to be falling on the graveyard
and on me walking the streets
morning the first and last to love me

vom Autor ins Englische übersetzt

ich möchte daß meine Liebe stürbe
daß es regnet auf den Friedhof
und in die Gassen wo ich gehe
jene beweinend die mich zu lieben glaubte

Yasushi Inoue

DER TRUPPENTRANSPORTER

Hinter der frühwinterlichen Meerenge kam ein später Mond herauf. Wellen, spitz wie Klingen, die eng gedrängt die schwarze See bedeckten; manchmal, zwischen ihnen hervor, spähten furchtsame Quallenaugen nach dem Nachtgestirn. Da zog mit abgedunkelten Lichtern ein Truppentransporter vorbei. Vorsichtig, wie um keinen der Männer, mit denen er randvoll beladen war, zu verschütten.

Wann werden wir ausgeschifft und wo? Ach, das wußte niemand. Und als sie den Leuchtturm, letztes Licht des Vaterlandes, steuerbords in der Ferne verschwinden sahen, kletterten wie auf stumme Verabredung die Soldaten in den Schiffsrumpf hinab, um in einen tiefen Schlaf zu fallen. Genau um diese Stunde geschah es, daß auf der Flut umher unzählige Knospen erblühten und allmählich eine wundersame Helle das rätselhafte Schiff umdrängte wie beim Tempelfest.

(1946)

Giuseppe Ungaretti

FINALE

Più non muggisce, non sussurra il mare,
Il mare.

Senza i sogni, incolore campo è il mare,
Il mare.

Fa pietà anche il mare,
Il mare.

Muovono nuvole irriflesse il mare,
Il mare.

A fumi tristi cedé il letto il mare,
Il mare.

Morto è anche, vedi, il mare,
Il mare.

Giuseppe Ungaretti
FINALE

Nicht mehr brüllt, nicht mehr flüstert das Meer,
das Meer.

Ohne die Träume, ein unfarben Feld ist das Meer,
das Meer.

Es macht Erbarmen auch das Meer,
das Meer.

Es bewegen achtlose Wolken das Meer,
das Meer.

Traurigem Rauch überläßt sein Bett jetzt das Meer,
das Meer.

Gestorben ist auch, sieh nur, das Meer,
das Meer.

Ingeborg Bachmann

FINALE

Nicht mehr brüllt es, nicht mehr flüsterts, das Meer,
das Meer.

Ohne die Träume ist es ein fahles Feld, das Meer,
das Meer.

Erbarmen tuts einen, auch das, das Meer,
das Meer.

Ungespiegelte Wolken bewegens, das Meer,
das Meer.

Tristem Rauch tritt es sein Bett ab, das Meer,
das Meer.

Auch tot ist, du siehsts, das Meer,
das Meer.

Paul Celan

Magazin II

DIE FÜNFZIGER JAHRE

Ingeborg Bachmann
ALLE TAGE

Der Krieg wird nicht mehr erklärt,
sondern fortgesetzt. Das Unerhörte
ist alltäglich geworden. Der Held
bleibt den Kämpfen fern. Der Schwache
ist in die Feuerzonen gerückt.
Die Uniform des Tages ist die Geduld,
die Auszeichnung der armselige Stern
der Hoffnung über dem Herzen.

Er wird verliehen,
wenn nichts mehr geschieht,
wenn das Trommelfeuer verstummt,
wenn der Feind unsichtbar geworden ist
und der Schatten ewiger Rüstung
den Himmel bedeckt.

Er wird verliehen
für die Flucht von den Fahnen,
für die Tapferkeit vor dem Freund,
für den Verrat unwürdiger Geheimnisse
und die Nichtachtung
jeglichen Befehls.

Ezra Pound
Aus: CANTO CXV

Die Wissenschaftler packt das Grauen
und das europäische Denken steht still
Wyndham Lewis wählte Blindheit
auf daß sein Verstand nicht still stünde.
Nacht unterm Wind in den Nelken,
die Nelkenrüschen fast reglos
Mozart, Linnaeus, Sulmona,
Wenn unsre Freunde aneinander geraten
wie soll da Frieden sein auf der Welt?
Ihre Ausfälligkeiten erheiterten mich in meiner grünen Zeit.
Eine Spelze, die's umtreibt, nicht mehr
doch das Licht singt allewege
ein Wetterleuchten über den Marschen
wo der Strandhafer zur Flutwelle zischelt
Zeit, Raum,
weder Leben noch Tod ist die Lösung.
Und der Mensch, aufs Gute bedacht,
der das Böse bewirkt.
»In meiner Heimat«
wo die Toten gewandelt sind
und die Lebenden aus Pappmaché waren.

Zbigniew Herbert
DER FÜR NATURKUNDE

Ich kann mich an sein Gesicht
nicht erinnern

er pflegte stehenzubleiben
hoch über mir
auf langen gespreizten Beinen
ich sah
das goldene Kettchen
den aschgrauen Rock
den mageren Hals
daran die tote Krawatte
geheftet

als erster zeigte er uns
das Bein vom krepierten Frosch
das von der Nadel berührt
heftig zusammenzuckte

er führte uns
durch den goldenen Kneifer
ins heimliche Leben
unseres Urgroßvaters
des Pantoffeltierchens

er brachte
ein dunkles Korn
und sagte: Mutterkorn

von ihm ermuntert
wurde ich Vater
im zehnten Lebensjahr
als die ins Wasser getauchte
Kastanie
nach spannungsvoller Erwartung
den gelben Keim zeigte
und alles ringsum
sang

im zweiten Kriegsjahr
wurde der für Naturkunde
von den Strolchen für Geschichte
erschlagen

wenn er in den Himmel kam —

vielleicht spaziert er jetzt
auf langen Strahlen
in grauen Strümpfen
mit riesigem Netz
und grüner Botanisiertrommel
die hinten lustig baumelt

doch kam er nicht hinauf —

wenn ich auf dem Waldpfad
einem Käfer begegne
der über den Sandhügel kriecht
trete ich näher
scharre mit den Füßen
und sage:
— guten Tag Herr Lehrer

erlauben Sie daß ich Ihnen helfe —
ich hebe ihn vorsichtig hinüber
und sehe ihm lange nach
bis er verschwindet
im dunklen Lehrerzimmer
am Ende des Laubkorridors

Zbigniew Herbert
WARUM KLASSIKER

für A.H.

1

Im vierten Buch des Peloponnesischen Krieges
erzählt Thukydides unter anderem
die Geschichte seines mißlungenen Feldzugs

Neben den langen Reden der Führer
Schlachten Belagerungen Seuchen
dichten Netzen von Intrigen
diplomatischen Schritten
ist diese Episode wie eine Nadel
im Wald

Gäbe es eine Schule der Literatur, müßte man in ihr vor allem die Beschreibung der Gegenstände üben und nicht die der Träume. Jenseits des Ichs des Künstlers erstreckt sich eine schwere, dunkle, aber reale Welt. Man darf nicht aufhören zu glauben, daß wir diese Welt ins Wort fassen, ihr Gerechtigkeit widerfahren lassen können.

Sehr früh, fast zu Beginn meiner literarischen Arbeit, wurde mir klar, daß ich meinen Gegenstand außerhalb der Literatur zu suchen hatte. Das Schreiben als stilistische Übung fand ich unfruchtbar. Lyrik als Kunst des Worts langweilte mich. Ich begriff auch, daß ich mich von den Gedichten anderer nicht lange hätte ernähren können. Ich mußte aus mir und aus der Literatur ausbrechen, mich in der Welt umsehen, andere Wirklichkeiten erobern.

Die griechische Kolonie Amphipolis
fiel in die Hände des feindlichen Führers Brasidas
weil Thukydides mit dem Entsatz zu spät kam

Er zahlte der Heimatstadt dafür
mit lebenslänglicher Verbannung

Die Exilierten aller Zeiten
kennen den Preis

2

Die Generäle der letzten Kriege
wenn ihnen ähnliches zustößt
knien vor der Geschichte
beteuern ihr Heldentum und ihre Unschuld
sie klagen die Befehlsempfänger an
die neidischen Kollegen
die ungünstigen Winde

Die Philosophie machte mir Mut, erste wesentliche Fragen, Grundsatzfragen zu stellen: ob die Welt existiert, wie ihr Wesen ist und ob sie erkennbar ist. Wenn man aus dieser Disziplin einen Nutzen für die Lyrik stiften kann, dann nicht dadurch, daß man Systeme beschreibt, sondern daß man den Gedankenprozeß offenbart.

Ich wende mich an die Geschichte nicht, um aus ihr eine leichte Lektion der Hoffnung abzuleiten, sondern um meine Erfahrung mit der Erfahrung anderer zu konfrontieren, um für mich etwas zu gewinnen, was ich das universelle Mitleid nennen würde, auch Verantwortungsgefühl, Gefühl der Verantwortung für den Zustand der menschlichen Gewissen.

Als unsere Väter und Großväter nach den ewigen Werten fragten, schwebte ihnen stets

Thukydides sagte nur
er hätte 7 Schiffe gehabt
es wäre Winter gewesen
er wäre schnell gesegelt

3

Wenn ein zerschlagener Krug
zum Thema der Kunst wird
die kleine zerschlagene Seele
mit dem großen Leid über sich

wird das was nach uns zurückbleibt
wie das Weinen des Liebespaares
in einem kleinen schmutzigen Hotel
wenn morgens die Tapeten dämmern

das Altertum vor. Die Schriften der Klassiker atmeten menschliche Würde, Ernst und strenge Sachlichkeit.

Aber für die früheren Verehrer des Altertums war Griechenland etwas wie eine glückliche Insel, wo unter der Sonne der Vernunft die Tugenden, die Harmonie und das Gleichgewicht blühten. Lange beherrschte die Formel Winckelmanns — »edle Einfalt und stille Größe« — die Geister. Die griechischen Statuen erreichten uns reingewaschen vom Regen, entblößt von den Farben des Lebens, makellos wie Platons Ideen. Erst die immer tiefer werdende geschichtliche Weltsicht machte uns den Blick für die dunklen Epochen frei.

Zbigniew Herbert

Bertolt Brecht

DER RADWECHSEL

Ich sitze am Straßenhang.
Der Fahrer wechselt das Rad.
Ich bin nicht gern, wo ich herkomme.
Ich bin nicht gern, wo ich hinfahre.
Warum sehe ich den Radwechsel
Mit Ungeduld?

Bertolt Brecht
BEIM LESEN DES HORAZ

Selbst die Sintflut
Dauerte nicht ewig.
Einmal verrannen
Die schwarzen Gewässer.
Freilich, wie wenige
Dauerten länger!

Gunnar Ekelöf

AN POSTHUMUS

Posthumus, der du in deinem elektronischen Stuhl
der vergangenen Menschheit Gemurmel hörst
immer entfernter, wie wir die Schlager unserer
Jugendzeit
auf einer alten 78er Platte hören
unter der Nadel zerkratzter Tonhaut geschunden
im Knistern und Knirschen über Knicks und Knacks
oder wie wir im Radioprogramm über den Äther
das Brausen der Milchstraße hören ... Hui Hui —
Come! Posthumus!
Hörst du mich wie einen Knacks?
In des antiken Meeres Brausen
wo zehntausend Sklavenketten nur einen Knacks
ausmachen
und zehntausend Gekreuzigter Stöhnen am Wegesrand
nur einen Knicks
wird auch das Stöhnen und Seufzen der Lust zu einer
Reihe von Kratzern:
Noëte, lumen, va, va, usque va, Noëte, mein Licht
jetzt, jetzt kommt es dir nicht? Havete transistores
balete transistores! Posthumus! Do you hear me?
Die antike Platte kreist, wir müssen ihr weghelfen
über die Sackgassenrillen wo sie verharrt und vor sich
hinkreist
Der Menschenschlager schlägt durch. Yes Posthumus
I am closing down now.

Quintus Horatius Flaccus
(EHEU FUGACES, POSTUME, POSTUME)

Wehe — in eilender Flucht, Postumus, Postumus,
entgleiten die Jahre, Rechtschaffenheit kann nicht Halt
den Runzeln und dem drohenden Alter
gebieten noch dem unbezwinglichen Tode;

nicht, seien sie auch hundertfach an jedem der Tage,
o Freund, besänftigst du den keiner Träne achtenden
Pluton mit Stieropfern; er hält ja den dreifach
gewaltigen
Geryon und den Tityos mit jener düsteren

Woge zurück, die wir alle,
welche wir uns von der Erde Gabe nähren,
befahren müssen, seien wir Könige,
seien wir bedürftige Bauern.

Vergeblich werden wir uns vom blutigen Kriegsgotte
fernhalten
und von den sich brechenden Wogen der brausenden
Adria,
vergeblich werden wir zur Herbstzeit, da er schädlich
dem Leibe, meiden den Südwind.

Schauen mußt du, wie dunkel in trägem Lauf
der Kokytos sich windet, auch des Danaos Geschlecht
in seiner Schmach und verdammt zu langwährender
Mühe Sisyphos, des Aiolos Sohn.

Verlassen mußt du die Erde, das Heim, die liebreizende
Gattin; nicht wird von den Bäumen, die du pflegst,
außer der unwillkommenen Zypresse dich,
den kurzzeitigen Gebieter, ein einziger geleiten.

Aufbrauchen wird ein klügerer Erbe den Caecuberwein,
aufbewahrt jetzt hinter hundert Riegeln; er wird mit
Rebensaft
bespritzen den belegten Boden, mit kostbarem,
der beschämt selbst der Priester Mahle.

Hans Magnus Enzensberger
WORTBILDUNGSLEHRE

in den toten hemden
ruhn die blinden hunde
um die kranken kassen
gehn die wunden wäscher

und die waisen häuser
voll von irren wärtern
leihn den fremden heimen
ihre toten lieder

doch die kranken hunde
ziehn den irren wäschern
ihre waisen hemden
aus den toten kassen

vor den blinden liedern
fliehn die fremden wärter
aus den wunden heimen
in die toten häuser

alle wunden wäscher
in den kranken kassen
ruhn mit blinden hunden
in den toten hemden

in den toten kassen
in den toten häusern
in den toten heimen
in den toten liedern

ruhn die toten toten

Günter Eich

WO ICH WOHNE

Als ich das Fenster öffnete,
schwammen Fische ins Zimmer,
Heringe. Es schien
eben ein Schwarm vorüberzuziehen.
Auch zwischen den Birnbäumen spielten sie.
Die meisten aber
hielten sich noch im Wald,
über den Schonungen und den Kiesgruben.

Sie sind lästig. Lästiger aber sind noch
die Matrosen
(auch höhere Ränge, Steuerleute, Kapitäne),
die vielfach ans offene Fenster kommen
und um Feuer bitten für ihren schlechten Tabak.

Ich will ausziehen.

Michel Deguy

SIE starben indes klumpenweise wie die Algen bei Ebbe
Sie starben traubenweise wie die Rebe im Bottich
Sie starben wie die Quallen am Sandstrand
Als ob die Vettern die Brüder nur geboren seien
Um dieses neue Gemetzel zu erfinden
Eine unglaubliche Art uns ins Grab zu bringen

Die Streckenwärter mit den Nacht- und Nebelaugen
Verbrannten die Haufen toter Häute
Im November mit den Abfällen der Kastanienbäume

Und überall
In Hessen Bayern und Sachsen und Preußen
Wo die Dörfer Massengräbernamen haben

Wisława Szymborska

DIE ZWEI AFFEN VON BREUGHEL

So sieht er aus, mein großer Traum von der Reife-
prüfung:
im Fenster sitzen zwei angekettete Affen,
hinter dem Fenster segelt der Himmel
und badet das Meer.

Ich werde in Menschheitsgeschichte geprüft.
Ich stottere und ich stocke.

Der eine Affe betrachtet mich, hört mir ironisch zu,
der andere tut als schlummere er —
erst als die Frage fällt, das Schweigen beginnt,
sagt er mir vor
mit leisem Klirren der Kette.

(1957)

Miroslav Holub
OXYDATION

Unsichtbare Flamme erhebt sich über Tischen.
Gierige Verbindung der Elemente
von etwas mit nichts,
von etwas, das man nicht ausspricht,
mit etwas, das man ausspricht,
verborgener endothermer Unrat.

Der Prozeß verläuft
zu dem einen Ohr hinein,
zum anderen hinaus,
das Gehirn mahlt vergiftete Körner,
und die große Wanderratte hinter der Glaswand
gedeiht wie der rosige Patron der Bader;
sanfter, anhaltender Aderlaß.

Wir gedeihen ins Aschgrau.

Man könnte glauben, im Gedicht ›Oxydation‹ gehe es gerade ums Innere, um einen eng-subjektiven Prozeß; doch dem ist nicht so: es geht um einen allgemein subjektiven Prozeß, um einen Prozeß vieler, sehr vieler Menschen und Gemüter. Vom Standpunkt des Autors ist es nicht weniger ein Gedicht objektiver Realität als das Gedicht über die Ermordung des Archimedes.

Das Gedicht basiert auf einer grundlegenden Metapher, auf dem Vergleich des psychologischen und moralischen Prozesses im Menschen mit der chemischen Reaktion. In dieser Metapher sind a priori Sinn und Aussage enthalten: der Prozeß menschlicher Aussöhnung und geistiger Erweiterung ist kein aktiver, gestalterischer und offensiver Prozeß, sondern ein

Und in den Wimpern, Monotypen
der Fremdheit im Eigenen,
setzen sich die Oxyde des Schweigens ab
und die Hydroxyde der Resignation.

Sei's drum.

Es wird kein Gold geben. Der Stein der Weisen
ist nicht eingeplant.
Rauch aus Schulheften und Zeichnungen sinkt in die
Münder.
Fehlen uns Worte, applaudieren wir.

Und innen,
innen in dieser Retorte aus Menschenhaut
setzt sich eine hohe Aschenstatue ab,
mit tränigen Augen,
mit weißen, zittrigen Lippen,
sie wiederholen in Nächten, wenn
die Wurzeln tanzen und der Stern pfeift,
das leere, aschige Urwort
Dann Dann Dann Dann.

passiver wie das Glimmen, ein natürlicher wie das Holzhacken und ein schützender wie das Schließen der Tür bei Zugluft. Das freundliche Wort von der geistigen Erweiterung ist Ausdruck des Bemühens, aus der Not eine Tugend zu machen.

Die einzelnen Absätze des Gedichtes haben die grundlegende Metapher und die Aussage lediglich näher zu qualifizieren, die konklusive Ausmündung vorzubereiten, in einem gewissen Maß sogar die Konklusion hinauszuschieben, nicht wegen des Zeilenhonorars, sondern um die notwendige Zeit zum Reifen des Unbekannten zu gewinnen; ist doch nach Shelley *das* ein Gedicht, wodurch Bekanntes die Möglichkeit erhält, in der Gestalt des Unbekannten zu erscheinen. *Miroslav Holub*

Miroslav Válek
DIE EMPFINDLICHEN

Ein Spiegel sollte hinterm Rücken sein,
der Arm im Ärmel,
das Bein unterm Tisch.

Wundert euch nicht.
Das sind die Buckligen,
mit einem kürzeren Bein,
mit einem Arm, der im Handgelenk endet.

Sie sitzen, sie horchen.
Aus dem Gespräch, das sie nicht betrifft,
aus den Worten, die ihnen nicht gehören,
wählt sich jeder das Seine aus,
zum Beispiel:
... der Mensch sollte hinten Augen haben ...
... er lebt auf großem Fuß ...
... rechne dir das an den Fingern aus ...

Warum berührt alle Welt das, was uns quält?
Warum müssen wir überall unsere sichtbaren Zeichen
tragen,
während die gleiche
und noch schlimmere Entstellung des Geistes
vor jedem versteckt ist?

Nach dem Tod werdet ihr alle einen schönen Buckel
haben.

Vasko Popa

MALA KUTIJA

Maloj kutiji rastu prvi zubi
I raste joj mala dužina
Mala širina mala praznina
I uopšte sve što ima

Mala kutija raste dalje
I sad je u njoj orman
U koma je ona bila

I raste dalje i dalje i dalje
I sad je u njoi soba
I kuća i grad i zemlja
I svet u kome je ona bila

Mala kutija seća se svog detinjstva
I od prevelike ćežnje
Postaje opet mala kutija

Sada je u maloj kutiji
Ceo svet mali malecan
Lako ga možete u džep staviti
Lako ukrasti lako izgubiti

Čuvajte malu kutiju

Vasko Popa
DIE KLEINE SCHACHTEL

Der kleinen Schachtel wachsen die ersten Zähne
und es wächst ihre kleine Länge
ihre kleine Breite ihre kleine Leere
und überhaupt alles was sie hat

Und die kleine Schachtel wächst weiter
und nun ist der Schrank in ihr
in dem sie war

Du wirst gefragt, was eines deiner Gedichte, was die kleine Schachtel bedeutet. Die Frage hat dich zum Träumen gebracht über dieses Gedicht, und die Träumerei hat dir mit einer Reihe von Fragen geantwortet:

Was ist die kleine Schachtel? Oder genauer: wer ist die kleine Schachtel? Ist sie ein kleiner Bastard, und zwar ein seltsamer Bastard, dessen menschlicher Vater zwar bekannt ist, aber nicht auch dessen Mutter (aus einem hölzernen, eisernen, kristallenen oder einem anderen edlen oder gemeinen Geschlecht)?

Ist das ein neues Ungeheuer, das diesmal nicht den Ehebruch des Menschen mit einem Tier darstellt (es ist keine Sirene, kein Kentaur), auch nicht den Ehebruch von Tieren verschiedener Gattung (es ist kein Drache, kein Einhorn)? Ist das ein *neues* Ungeheuer, das den Ehebruch des Menschen mit einem Gegenstand, mit einer Maschine darstellt (halb Mädchen, halb Maschine also) und das in Erscheinung trat, um die alten, verhungerten oder schon ausgestorbenen Ungeheuer auf den Industrie-Wiesen unserer häßlichen Träume zu ersetzten? (...)

Ist es ganz einfach ein menschlicher Kopf, jener allerdings ein wenig viereckige Kopf, der in letzter Zeit hauptsächlich Schachteln hervorbringt und der sich selbst in eine Schachtel verwandelt hat, in eine kleine Schachtel, die zweifelhafte Wunder ausheckt?

Oder ist es eine von den Öffnungen des Weltalls, die sich überall um uns her verbergen — in deinem, in jedermanns Schrank — und die mal

Und sie wächst weiter und weiter und weiter
und nun ist das Zimmer in ihr
und das Haus und die Stadt und die Erde
und die Welt in der sie einmal war

Die kleine Schachtel erinnert sich an ihre Kindheit
und vor übergroßer Sehnsucht
wird sie wieder eine kleine Schachtel

Nun ist in der kleinen Schachtel
die ganze Welt klein klitzeklein
leicht in die Tasche zu stecken
leicht zu stehlen leicht zu verlieren

Hütet die kleine Schachtel

wächst, mal schrumpft wie ein Mund, der schwer atmet?

Oder ist es die Leere der Welt selbst, die weder mit der Welt noch mit sich selbst etwas *anzufangen* weiß und die, *wenn* sie etwas anfängt, *nicht* weiß, wie sie es zu *Ende* bringen wird?

Was ist die kleine Schachtel? Wer ist die kleine Schachtel? Ist sie wirklich *alles,* was deine Träumerei hier aufgezählt hat, oder ist sie *nichts* von all dem?

Du wirst gefragt, was dein Gedicht bedeutet. Warum fragt man nicht den Apfelbaum, was seine Frucht — der Apfel bedeutet? Wenn der Apfelbaum reden könnte, würde er antworten: Beißt hinein, und ihr werdet sehen, was er bedeutet!

Wie willst du eine Bedeutung aus deinem Gedicht ziehen? Wie willst du dein Gedicht auspressen, oder zerstoßen, oder auskochen, um *die*jenigen, die dich fragen, mit dem Gedichtsaft oder Gedichtpulver oder mit dem Gedicht in Tablettenform zu bewirten?

Du könntest — nur so, spaßeshalber — ein Gedicht über dein Gedicht schreiben. Ein jämmerliches Gedicht würde das! Das würde so etwas, wie wenn ein Apfelbaum aus seinem Stamm, seinen Ästen und Blättern einen Apfel zusammenbasteln würde. Manch einer hätte Nutzen davon! (...)

Übrigens, was bedeutet der Apfel? Warum antwortet dir niemand? Dein Gedicht bedeutet ein Geheimnis, das irgendwo in dir entstanden und gereift ist, und als es reif war, hast du es mit den Silben deiner Sprache ausgesprochen.

Vasko Popa

T. S. Eliot

A DEDICATION TO MY WIFE

To whom I owe the leaping delight
That quickens my senses in our wakingtime
And the rhythm that governs the repose of our
sleepingtime,
The breathing in unison

Of lovers whose bodies smell of each other
Who think the same thoughts without need of speech
And babble the same speech without need of meaning.

No peevish winter wind shall chill
No sullen tropic sun shall wither
The roses in the rose-garden which is ours and ours only

But this dedication is for others to read:
These are private words addressed to you in public.

T.S. Eliot

EINE HULDIGUNG AN MEINE FRAU

Der ich die hüpfende Freude verdanke,
die meine Sinne bei unserem Erwachen erfrischt,
und den Rhythmus, der den Frieden unseres Schlafs
beherrscht,
das Atmen in der Übereinstimmung

von Liebenden, deren Körper nacheinander riechen,
die dieselben Gedanken denken ohne die Notwendig-
keit von Worten
und dieselbe Sprache schwatzen, ohne die Notwendig-
keit von Bedeutung.

Kein mürrischer Winterwind kann erfrieren und
keine erbarmungslose Tropensonne kann verdörren
die Rosen im Rosengarten, die uns und nur uns gehören.

Doch diese Huldigung ist da, damit andere sie lesen:
Sie enthält private Worte — an dich gerichtet, in der
Öffentlichkeit.

Cesare Pavese

DER Tod wird kommen und deine Augen haben —
dieser Tod, der uns begleitet
vom Morgen zum Abend, schlaflos,
taub wie uralte Reue
oder absurdes Laster. Deine Augen
werden ein vergebliches Wort sein,
ein stummer Schrei, ein Schweigen.
So siehst du sie jeden Morgen,
wenn du dich über dich beugst
im Spiegel, allein. O liebe Hoffnung,
an jedem Tage wissen wir
daß du das Leben bist und das Nichts.
Für alle hat der Tod einen Blick.
Der Tod wird kommen und deine Augen haben.
Es wird sein wie das Aufgeben eines Lasters,
als tauchte im Spiegel
ein totes Gesicht wieder auf,
als sprächen geschlossene Lippen.
Wir werden stumm in den Abgrund gehen.

(20.3.1950)

Cesare Pavese an Constance Dowling, Rom

(Turin,) 17.März 1950

Liebe Connie,

ich wollte den starken Mann spielen und Dir nicht gleich schreiben, aber was soll's, es wäre doch nur eine Pose.

Hab ich Dir je erzählt, daß ich als Kind den Aberglauben der »guten Taten« hatte? Wenn ich vor einer Gefahr stand, vor einer Prüfung zum Beispiel, bemühte ich mich, in den Tagen davor nicht böse zu sein, niemandem etwas zu tun und nichts Schlechtes zu denken — alles nur, um mir das Schicksal gewogen zu machen. Dieser Tage nun werde ich, wie es scheint, wieder Kind und stehe vor einer wirklich großen Gefahr, vor einer schrecklichen Prüfung, denn ich merke, daß ich nicht wage, böse zu sein, jemandem etwas zu tun oder schlechte Gedanken zu denken. Der Gedanke an Dich ist eine unziemliche, schlechte Erinnerung oder Idee, die nicht dazu passen will. Ich liebe Dich.

Liebe Connie, ich kenne das ganze Gewicht dieser Worte — ihren Schrecken und ihr Wunder — und sag sie Dir trotzdem, beinahe ruhig. Ich hab sie so selten gebraucht in meinem Leben, und so schlecht, daß sie für mich wie neu sind. (. . .)

Liebste, der Gedanke, daß Du, wenn Du diesen Brief liest, schon wieder in Rom sein wirst (vorbei das ganze Unbehagen und Durcheinander der Reise), daß Du im Spiegel Dein Lächeln sehen und Deine Gewohnheiten wiederaufnehmen und wieder gut schlafen wirst, rührt mich, als wärst Du meine Schwester. Aber Du bist nicht meine Schwester, Du bist etwas Süßeres und Schrecklicheres, und wenn ich daran denke, klopft mir der Puls.

Liebe, ich arbeite für Dich. Bis bald.

Cesare Pavese

LAST BLUES, TO BE READ SOME DAY

'T was only a flirt
you sure did know —
some one was hurt
long time ago.

All is the same
time has gone by —
some day you came
some day you'll die.

Some one has died
long time ago —
some one who tried
but didn't know.

(11.4.1950)

Last blues, to be read some day. Es war nur ein Flirt / Du hast es gewußt / jemand wurde verletzt / lange her. // Bleibt alles gleich / die Zeit ist vergangen / an einem Tag bist du gekommen / am anderen stirbst du. // Jemand ist gestorben / lange her / jemand, der etwas versuchte / nicht wußte, wie.

Jean-Paul de Dadelsen

DAS ENDE DES TAGES

Sieh
im Schaufenster unter den Delikatessen
die schwarzen Hummer, Langusten,
einen geknickten Fühler, eine ausgerissene Schere,
das Auge ein Stiefelknopf, sehr schwarz
sehr zornig
— doch wieso könnte es
Zorn geben, wo weder Selbstmitleid ist
noch Bedauern und Furcht? Lediglich
ein Zerbrechen, immer noch Suche,
die Schere noch tastend auf dunklem Boden,
der Fühler, der sucht.

So zuweilen die Alten:
zu gebückt, um sich noch zu verstellen,
zu zermürbt, um zu lügen.

So wie
im Exil die alten russischen Frauen:
wenn der Pope kommt, ein ehemaliger Kosak,
holen sie unter dem Bett einen Topf Konfitüre hervor,

und wie
die sehr alten Juden:
Sie blicken noch in der Sonne, die nicht mehr wärmt,
auf die Brüste der jungen Metzgerin, die koscher und
kurzsichtig ist,

oder auch in der Küche am Abend, wenn in der Wanne
voll lauen Wassers der Enkel steht, auf seine Hoden,
in denen der Nachwuchs der tiefen und sanften Rahel
schläft

und wie
der Vater R.K., uraltes Krustentier
aus der großen austro-morawischen Lake,
der Vater K. an einem Schneemorgen auf seinen
abgestorbenen Beinen:
Beim Anziehn der Hosenträger spricht er über
Colette (die damals gerade Verstorbene):
»Ja, die kannte die Leute.
Die kennt die Leute: bis in den Arsch hinein«

und wie
der alte Ludwig nach soviel
nutzlos explosiven Sonaten:
Nunmehr vergnügt er sich,
allein vor sich hinzuträllern, auch schert es ihn nicht,
ob der Strich beseligt oder kratzt auf den
alten Zigarrenkisten von Stradivarius,
Guarnerius, Amati, Tutti Quanti, nur eins
interessiert ihn, Walfischgetummel,
Ländler in Sternenkirmessen, eines nur
interessiert ihn: dieser verwandelte Liedfetzen,
ringsum der Raum, regungslos, die Nacht rings um
das Lied, das geradenwegs, ohne Lug, anschwillt,
verebbt.

So in der Sonne, die nicht mehr wärmt, die Alten:
im zerschlagenen Rumpf hat sich ein Blick aufgetan.

So wie in der Ermitage,
inmitten edler Poussins, auf welche
ihre Eisreflexe die Newa wirft,
der alte Hendrijk: Ihm ist es jetzt gleich,
ob es guter Ton, barock oder strukturell ist, er malt
mit Spachteln voll dichter Erde, mit Farbe
in Schichten, die er vom Topfboden kratzt, er malt
dieses hohe Ding in Rechteckform, dazu weit rechts
ganz ohne anekdotischen Anlaß diese Person
als unentbehrliche Senkrechte, und
das Unterteil der
          Sandalen des Verlorenen Sohnes und
          die ihm entgegengekrümmten Schultern des
                                                  Vaters.

Wir waren ganz, unser Panzer war schwarz und hart.
Ewiger, du hast uns zerschlagen. Wo ist denn jetzt
das Außen, das Innen? Ewiger, du hast uns
          zerstört.

(1954)

Jean Follain

ZEICHEN

Während der Gast in einer dunklen Wirtschaft
ab und zu eine Mandel aufbricht
legt sich eine Hand auf seine schmale Schulter
Er zögert sein Glas auszutrinken
Fern ruht der Wald unter dem Schnee
Die kräftige Kellnerin ist blaß geworden
Sie muß wohl dulden daß die Winternacht hereinbricht
Hat sie nicht oft
auf der letzten Seite
eines anspruchslosen Buches
das Wort Ende
in großen Zierbuchstaben gedruckt gesehen?

Jean Follain
DAS FEUER

Dichter Efeu umrankte
das graue Haus
des Metaphysikers
Eines Nachts brach darin Feuer aus
das die öde Ebene erhellte
Asche flog in der Luft
im Geruch nach verbranntem Heu
Dann zog beruhigt der Himmel über die Ruine
in Besitz genommen
von vielen mutterlosen Kindern
die auf den Trümmern spielten
— in schwarzgewordene Lumpen gekleidet —
und meinten ihr Leben sei lang.

Artur Lundkvist
LEBE WIE GRAS

Und das Gras wandert über die Welt,
von den Flüssen unter dem Wind der breiteste und
grünste.
Immer ist das Gras unterwegs,
die Hüften der Berge hinauf, in die schlafenden Städte
hinein,
über Brachland, Savannen, Steppen,
wo der Kentaur nie überwunden wurde,
wo die Weite unter den Hufen der Pferde trommelt,
unter schiefäugigem Mond die Milch im Filzzelt gärt.
Das Gras
trägt den Sturzregen auf Myriaden Rücken
und hält den Boden mit zahllosen kleinen Zehen.
Das Gras spannt furchtlos seine dünnen Finger
um einen Totenkopf.
Das Gras arbeitet rastlos, zaudert nie,
sich Wege zu sprengen, über Gestein zu klettern,
und seine Antwort auf jede Gewalt ist Wachsen.
Das Gras liebt die Welt wie seinen Halm,
glücklich noch an grauen Tagen.
Das Gras, es strömt im Festverwurzeltsein,
es fließt im Stehen dahin,
vielfältig immer, doch beieinander und eins.
Das Gras folgt dem Menschen als Weggefährte
und verbeugt sich vor der Erinnerung, die ins Vergessen
eingeht.
Das Gras hat das Horn des Einhorns gebettet
und die Axt des Indianers,

es wächst als schützende Wimper um Quellen
und zeichnet mit hohen dunklen Büscheln
die Konturen von Tieren, die der Blitz getötet.
Die wilde Maus
zieht einen Scheitel von Schauern durch das Gras,
das grenzenlose Gras,
das der Erde dient und gleichermaßen den Tieren,
das durch Feuer oder Kälte stirbt,
immer wieder aber sich erhebt
und nie davon träumt, Zahn oder Messer zu sein:
lebe wie Gras.

Artur Lundkvist
MAJAKOVSKIJ

saß oft auf der Bank unter der Eberesche,
wenn der Sommertag sich abkühlte über Moskau.
Er stellte Ebereschentrauben in ein Wasserglas,
bevor der Wind mit sibirischem Schnee kam.
Er, ein Dichter?
Nein, ein Reiter zu Fuß mit langem Schritt.
Ein Holzhauer zwischen Kiefern, wie Brüder fallend.
Ein Schmied zwischen Funken, die Nacht erleuchtend.
Ein Pflüger, barfuß auf eisernem Stoppelfeld.
Eine Stimme, donnernd über dem Haupt der Menge
auf Stationen, wo der Regen durch zerfetzte Dächer
weint.
Ein Kopf aus Stahl und Eierschale
im dröhnenden Klang von Hammer und Amboß.
Er: Gedicht auf dem Marsch
in Stiefeln
durch Lehm und Schnee,
durch Schrothügel, verlassene Paläste:
Gedicht mit einem Katzenjungen in der Brusttasche,
ausgestreckte Zunge zeigend wie ein Heckenrosenblatt.
Und das Mädchen mit den Flechten über der Brust
kommt mit nassen Äpfeln vom Oktoberbaum,
Frauen mit Filzstiefeln und durchnäßten Mänteln,
mit dampfenden Brüsten ins Haus tretend.
Der Ziehharmonikaspieler saß auf dem Holzfloß,
mit dem Fluß blank wie ein Fisch zwischen rußigen
Stranden.

Singende Scharen auf der Wanderung,
verstreutes Mehl auf der Erde,
kalte Schweineschwarten in der Hand.
Eine Lage Schnee auf einer Scheibe groben Brotes,
ein Gedicht mit Flecken von einem Anilinstift.
Und plötzliche Müdigkeit,
die öffnete Türen
in die andere Leidenschaft, die wild hervorbrechende.
Ein Fuß im Steinrachen zwischen zwei Klippen.
Eine Ebereschentraube im Schnee.

Boris Sluzki

ICH ÜBERTRAGE BRECHT

Ich übertrag' den schweren Dichter Brecht.
Ich übertrage Brecht, den ungefügen.
Ach, wie kann seinen Pegasus ich zügeln
und wie entwirrn der Sprache Strickgeflecht?

Die Uhr schlägt schon halb zwei. Ich bin noch immer
auf halbem Wege. Nein, es ist sehr schwer,
die deutsche Kuh in unsern Stall zu führen
aus ihrem Stall.
Die deutsche Krähe lehr'
ich ohne weitres nicht, daß sie in unsrer
Sprache mit ihrem Schnabel spricht.
Wer ist so klug,
die deutsche Lückenlosigkeit zu sprengen
mit einem Gegenzug?

Welche Phonetik!
Knattern, Klirren!
Und welche Logik!
Hegel — und auch Kant!
Hier wird das Stroh der Lyrik nicht gedroschen!
Denn er beweist.
Mit Kunst. Und mit Verstand!

Ach, Deutschland . . .
Mächtig fest ist diese
steinharte Nuß.

Kummer und Glück
klingen aus ihr in Versen voller Ahnung.

Brechts kluge Worte aber sind
selbst unterm Bombenheulen nie verstummt.
Und werden sie verstummen? Kaum.
Kaum,
          sage ich euch.
                    Kaum.

(1959)

Gennadij Ajgi
BAUDELAIRE

Nicht ihr habt getötet nicht ihr habt gesiegt
nicht von eurer Art

ihr habt ihn nicht ohne Grund nicht anhören können
etwas diktierte irgendwoher
ohne Standort zu haben

und scheinbar gabs weder Lippen noch Brauen noch
Schläfen
außer der fernen Stimme
und den überraschenden Händen

sogar die Gesetze von Wachstum und von Bewegung
suchten ihm anders zu dienen:

unerwartet war dieser Ort unterm Himmel
wo alles als Schwerkraft sich behauptet

und diese Schwerkraft hat ihn von allen gelöst
wie etwas das fällt sich löst
von der Luft in der Luft

— doch seine Augen im Farbton des spanischen Tabaks
waren lebendig bis in den Tod
und verlangten nach Reinheit

die nachkommt allein durch Abbruch
und Tod

(1957)

Gennadij Ajgi

GLÜCK

Wo diese Augen anfingen,
war das Licht herausgefordert . . .

Symmetrisch leg ich die kleinen Muscheln
auf die fremde
im Sande liegende Frau.

Und die Wolken sind Schreie,
und der Himmel ist voll von diesen Schreien,
und ich unterscheide die Grenzen
von Lautlosigkeit und Lärm;

sie sind an der lächelnden Frau
sichtbar, wie Nähte im Wind;

und ich schüttle mich, wie ein Roß,
vor den Erben der Bruchzahl und Zwischenwände;

und denke: genug, das ist nicht meine Sache,
man wisse, zwei Menschen
sind eben Birkenau —

oh du mein Tabu, mein Birkenau,
du Spiel des Stoffes, und du mein Eisen,
Wunder — geht nicht, mein *kleines Wunder,*
»ich« geht nicht, mein *»ooj«!*

(1960)

John Ashbery

BÄUME

Sie sind erstaunlich, ein jeder
sich einem Nachbarn verbindend, als ob Rede
eine stumme Aufführung sei.
Durch Zufall es einrichtend,

uns an diesem Morgen so weit
von der Welt zu treffen wie überein-
zustimmen mit ihr, sind du und ich
plötzlich das, was die Bäume versuchen

uns zu sagen, was wir sind:
Daß ihr bloßes Dasein
etwas bedeutet, das wir bald
berühren, lieben, erklären dürfen.

Und froh, nicht diese Anmut
erfunden zu haben, sind wir umringt:
Eine Stille, bereits mit Geräuschen gefüllt,
eine Leinwand, auf der

ein Chor von Lächeln erscheint, ein Wintermorgen.
In ein verwirrendes Licht getaucht, und in Bewegung
legen sich unsere Tage solche Zurückhaltung auf,
daß diese Zeichen ihre eigene Verteidigung scheinen.

Lawrence Ferlinghetti
A CONEY ISLAND OF THE MIND

5

Irgendwann während der Ewigkeit
kreuzen ein paar Typen auf
und einer von denen
der irre spät aufkreuzt
ist so ne Art Zimmermann
aus irgendso ner schrägen Gegend
wie Galiläa
und er haut auf den Putz
und behauptet er blickt durch
wer Himmel
und Erde gemacht hat
und daß der Johnny
der uns das eingepökelt hat
sein Alter ist
Und außerdem
sagt er noch
Die ganze Sache ist notiert
auf so ner Art Rollen aus Pergament
die irgendwelche Kumpels
irgendwo am Toten Meer verbummelt haben
vor langer Zeit
und die man nicht mal in ein
paar Tausend Jahren oder so finden wird
oder wenigstens nicht in
neunzehn hundert siebenundvierzig
davon

um genau zu sein
und selbst dann
glaubt ihm niemand so richtig
oder mir
was das betrifft
Du bist ja besoffen
erzähln sie ihm
Und sie nieten ihn um
Sie baumeln ihn an den Baum zum Umnieten
Und seitdem baut jeder
unentwegt Modelle
von diesem Baum
mit Ihm dran wie er baumelt
und jodeln ewig Seinen Namen
und rufen Er soll mal runter
und in ihre Combo kommen
und ruhig einsteigen
als wär er *der* heiße Typ
wenn er die Kanne ansetzt
ohne den sie nicht ganz klarkommen
Bloß er kommt nicht runter
von Seinem Baum
Hängt da so rum
an Seinem Baum
sieht ganz schön ausgeflippt aus
und ganz hübsch kaputt
und außerdem
wies in den letzten Nachrichten
der Tagesschau
aus wie üblich unzuverlässigen Quellen heißt
wirklich tot

9

See
it was like this when
we waltz into this place
a couple of Papish cats
is doing an Aztec two-step
And I says
Dad let's cut
but then this dame
comes up behind me see
and says
You and me could really exist
Wow I says
Only the next day
she has bad teeth
and really hates
poetry

Schau mal
es war so als
wir da reinwalzen
legen son paar Jazz-Päpste
nen Aztec two-step vor
Und ich sach
Mann bloß raus
aber da kreuzt dieser
Stoßzahn hinter mir auf
und sacht
Du und ich wir könnten doch wirklich
Klasse sach ich
Bloß am nächsten Morgen

da hat sie schlechte Zähne
und kann ausgerechnet Gedichte
nicht ausstehn

16

Kafkas Schloß steht über der Welt
wie eine letzte Festung
des Geheimnisses der Existenz
Seine dunklen Betrachtungen verwirren uns
Steile Pfade
falln von ihm aus jäh ins Nirgends ab
Wege strahlen in Luft
wie das Labyrinth-Gedräht
einer Telephon-Zentrale
in dem sämtliche Gespräche
bei weitem unverfolgbar sind
Dort oben
herrscht himmlisches Wetter
Seelen tanzen entkleidet
zusammen
und wie Nichtstuer
am Randgeschehen eines Rummels
beliebäugeln wir das unerreichbare
vermutete Geheimnis
Doch weit drüben auf der anderen Seite
gleich dem Bühneneingang eines Zirkuszelts
ist eine weite Öffnung in den Zinnen
wo sogar Elephanten
durchmarschieren

Charles Olson

ICH, MENCIUS, SCHÜLER DES MEISTERS . . .

diese Schlacken im Vers. Reim!
wenn Eisen (Stahl)
Konfuzius aus China
vertrieben hat. Pittsburgh!
sei auf der Hut: der Meister
gibt seine virtus preis.
Um wie du zu klingeln
bemüht er Kuli-Verse
dich Recht und Billigkeit zu lehren,
er, der solche Schienen legte!

Der kein Hurenhaus von einem Palast
unterscheiden kann (der nicht weiß daß Bowery
noch Bowery ist, auch wenn es Schnapsbrüder sind
die wie ein kalter Wind aussehn und ihre Hände
nehmen müssen
die Hosen festzuhalten

Ein Gedicht ist eine Energiemenge, die von dort, wo der Dichter sie herhat (er wird eine Reihe verschiedener ›Quellen‹ haben), mittels des Gedichtes selbst, den ganzen Weg hinüber zum Leser übertragen wird, Okay. Dann muß das Gedicht selbst, an jeder Stelle, ein hochwertiger Energieträger, und, an jeder Stelle, ein Energieentlader sein. (. . .)

Vom Augenblick an, wo der Dichter sich an die FELD-KOMPOSITION wagt — sich ins Offene begibt — kann er keinen andern Weg verfolgen als den, den das im Entstehen begriffene Gedicht, für sich selbst, angibt. (. . .)

daß weder Weide oder Pfirsichblüte
. . . Whistler, steh Amerika bei
zu dieser Stunde

eröffne Galerien. Und verkaufe
chinesische Drucke, bei der Eröffnung,
laß selbst die alten Damen ein —

laß Arabesken blühn und gedeihn, wenn
Geklingel wieder Eingang findet
in dein Lied

wenn Willkür
die poetischen Mittel
preisgibt

Radau! daß Konfuzius selber
versucht ist abzuändern, er
der uns alle lehrte
daß keine Zeile schlafen darf,
daß wie die Zeile so die Nation —
derselbe Schritt! daß der Meister
jetzt in den Armen des Teufels liegt
den er vertrieb! O Gebieter

Form ist nie mehr als eine Ausdehnung von Inhalt. (Oder so wurde es von einem, von Robert Creeley, formuliert, und ich sehe das absolut ein, mit diesem möglichen Zusatz, daß richtige Form, in einem gegebenen Gedicht, die einzig und ausschließlich mögliche Ausdehnung des zur Debatte stehenden Inhalts ist.) Da ist es, Brüder, und wartet, angewandt zu werden. (. . .)

Wie läßt sich erreichen, daß das Prinzip die Energien so modelt, daß die Form dabei herauskommt. Und ich glaube, das läßt sich mit einem Satz umreißen (den mir Edward Dahlberg als erster eingehämmert

daß der Soldat
zur Stunde des Essenfassens
die Schlacht verlieren muß!

daß was das Auge sieht,
daß im Osten die Sonne sich durch
die Zweige kämpft,
jetzt so klingen muß als gäbe es noch Wege
auf denen die Menschen sich drängten
ins Paradies zu kommen, zu den
Werften von Bremerton
zu kommen!

II

daß das große Ohr
nicht mehr hören kann!

o Whitman,
machen wir unsre Geschäfte mit dir wenn
der Verteiler
der über Holz nicht hinauskam,

hat): EINE ERKENNTNIS MUSS SOFORT UND DIREKT ZUR NÄCHSTEN ERKENNTNIS FÜHREN. (. . .) Und falls du dich auch als Dichter etablieren willst, NÜTZE, NÜTZE, NÜTZE den Prozeß an jeder Stelle: immer, immer, in jedem gegebenen Gedicht muß muß muß eine Erkenntnis, DIRECTEMENT, IN EINE NÄCHSTE ÜBERGEHEN! Ich denke, daß der PROJEKTIVE VERS diese Lektion lehrt, und ist: nämlich daß nur *der* Vers passieren darf, worin es dem Dichter gelingt, sowohl das, was er durch sein Ohr aufgenommen hat, *wie auch* den Druck seines Atems zu registrieren. (. . .)

Als mögliche Korrektur an der heutigentags geschriebenen Prosa und Lyrik würde es nichts

offenbar,
sich aus dem Geschäft zurückgezogen hat
gehn wir doch nicht in Lumpen
selbst wenn sie aus des Meisters
alten Kleidern zusammen-
gestückt sind, beißen wir doch Vaters Rock da ab
wo die Wolle
zu lang geworden ist (o Solomon Levi

in dein Geschäft auf Salem Street,
da gehn wir unsre Ulster kaufen,
und alles was hübsch aussieht

III

Wir ziehn nicht mehr
in diesen Wald, wo wir so viel
bekamen (Old Bones
laß das Tanzen sein

hör auf
jetzt wo deine Beine

schaden, wenn sowohl Reim wie Metrum und, beim Wort als Quantum, sowohl Sinn wie Klang, weniger im Vordergrund stünden als die Silbe, und wenn es der Silbe, diesem schönen Geschöpf, in stärkerem Maße erlaubt wäre, die Harmonie anzuführen. (. . .)

Doch die Silbe ist nur das erste Kind des Inzests des Verses (immer bringt dieses ägyptische Ding Zwillinge zur Welt!). Das andere Kind ist die ZEILE. Und gemeinsam, diese beiden, die Silbe *und* die Zeile, ergeben sie ein Gedicht, ergeben sie dieses Gebilde, die — wie wollen wirs nennen, die Herrin des Ganzen, die ›singuläre Intelligenz‹.

Charles Olson

der Charleston
ist für uns noch da

Du kannst zusehn

Es ist zu spät
uns lehren zu wollen
wir sind der Prozeß
und unsre Füße

Wir marschieren nicht
Wir blicken noch
und sehen
was wir sehen
Wir sehen keine
Balladen
außer unsern eigenen.

Mencius ist Olson, der *Meister* (Konfuzius) Pound. Das Gedicht ist eine Antwort auf Pounds Konfuzius-Übersetzung (*The Confucian Odes,* 1954), die, nach Olson, viele der Möglichkeiten widerrief, die Pound der angloamerikanischen Dichtung gezeigt hatte.

Bowery: Slum-District in New York

daß im Osten . . .: Beschreibung des chinesischen Ideogramms für Osten:

Sonne & Baum = Osten

Bremerton: Werft-District in New York

Solomon Levi: Kaufhaus in Boston. Die drei folgenden Zeilen sind ein Lied, das um den Ersten Weltkrieg populär war.

Old Bones: Negertänzer im Vaudeville (20er Jahre)

Anmerkung des Übersetzers

Robert Creeley

BITTE

für James Broughton

O Gott, gehn wir.
Dies ist ein Gedicht für Kenneth Patchen.
Überall werden Leute erschossen.
Dies ist ein Gedicht für Allen Ginsberg.
Ich will anderswo sein, anderswo.
Dies ist ein Gedicht über ein Pferd das müde wurde.
Arm. Alt. Müde. Das Pferd.
Ich will nach Hause gehn.
Ich will daß du nach Hause gehst.
Dies ist ein Gedicht was die Geschichte erzählt,
was die Geschichte ist.
Ich weiß nicht. Ich verliere mich.
Wenn sie nur still stehn würden und mich ließen.
Bist du froh, traurig, nicht froh, komm nur her.
Dies ist ein Gedicht für viele mehr.

Was Olson mir klargemacht hat, war, daß Schreiben eine äußerst spezifische Offenbarung des eigenen Inhalts sein konnte, und der Welt, auf die sich ein jedes Leben einlassen muß. Das hat nichts mit »Personalismus« zu tun — was, wie Persönlichkeit, ein spiegelbildlicher Begriff ist, ein Kosmetikum der Absichten.

Robert Creeley
I KNOW A MAN

As I sd to my
friend, because I am
always talking, — John, I

sd, which was not his
name, the darkness sur-
rounds us, what

can we do against
it, or else, shall we &
why not, buy a goddamn big car,

drive, he sd, for
christ's sake, look
out where yr going.

Im Gegenteil, was aus dem Schreiben, das ich am meisten schätze, hervorgeht, ist ein Inhalt, dem man nicht vorgreifen kann, der »dir sagt was du nicht weißt«, den man nur unter Todesgefahr untergraben, verdrehen oder entstellen kann.

Von dem, was ich geschrieben habe, wußte ich wenig, bis ich es

Robert Creeley

ICH KENNE EINEN

Wie ich zu meim Freund
gesagt hab, weil ich
immer rede, — John, hab ich

gesagt, was nich sein Name
war, das Dunkel um-
gibt uns, was

könn wir dagegen
tun, oder aber solln wir &
wieso nich 'n großes klasse Auto kaufen,

fahr, hat er gesagt, um
gotteswillen, kuck
wo de hinfährst.

geschrieben hatte. Wenn ich gelegentlich gesagt habe, mich freue was ich schreibe, so meine ich, daß das Schreiben für mich die lebensfähigste und offenste Möglichkeitsform auf der Welt ist. Dinge sind dort geschehen, wie sie nirgendwo sonst geschehen sind.

Robert Creeley

Allen Ginsberg

WIEDER AUF TIMES SQUARE; TRÄUMEND VON TIMES SQUARE

Laßt einen traurigen Trompeter stehn
bei Dämmerung auf leeren Straßen
und blasen den Silberrefrain für die
Gebäude von Times Square
Denkmal der Zeit, um fünf Uhr früh, mit
schmalem weißem Mond, der gerade noch
sichtbar ist

über den grünen und grundigen McGraw-
Hill Büros unter junger weißer
Wolke — der ganze blaue Himmel drüber

ein Schupo geht vorbei, doch er ist unsichtbar
mit seiner Musik

Denkmal von 10 Jahren

— Das Globe Hotel, Garver lag in
grauen Betten da und krümmte den
Rücken und putzte die Nadeln,
wo ich viele Nächte lag dämmerig
unter seiner Schlafmittel-Watte und träumte
von der Stimme von William Blake,
ich war einsam,
Garver ist tot in Mexico, 2 Jahre schon,
und ich bin wieder hier, sitz wieder auf den Straßen

Die Filme nahmen unsere Sprache, die
    großen roten Lettern

    Doppelprogramm von Lachern
      Teenage-Alptraum
      Rowdies vom Mond

aber wir waren niemals Alptraum-
    Rowdies sondern Suchende des
          blonden Riechers nach Wahrheit

Ein paar alte Männer leben noch, aber
          die Süchtigen sind fort —

Wir sind Legende, unsichtbar aber
          legendär, wie vorausgesagt.

(1958)

Ernst Jandl
CALYPSO

ich was not yet
in brasilien
nach brasilien
wulld ich laik du go

wer de wimen
arr so ander
so quait ander
denn anderwo

ich was not yet
in brasilien
nach brasilien
wulld ich laik du go

als ich anderschdehn
mange lanquidsch
will ich anderschdehn
auch lanquidsch in rioo

ich was not yet
in brasilien
nach brasilien
wulld ich laik du go

wenn de senden
mi across de meer

wai mi not senden wer
ich wulld laik du go

yes yes de senden
mi across de meer
wer ich was not yet
ich laik du go sehr

ich was not yet
in brasilien
yes nach brasilien
wulld ich laik du go

(2.11.57)

Tamura Ryūichi

HOSHINOS WINK

»Warum zwitschern die Vögel?«
An der Bar des Presse-Klubs
sprach Hoshino vom Gedicht eines Amerikaners
»Warum geht der Mensch? das ist die nächste Zeile«
wir tranken Bier
aßen Cheeseburger
an einem Tisch in der Ecke
zündete ein Engländer mittleren Alters seine Pfeife an
seine Frau war in einen Roman über Gott und den
den Teufel vertieft
wenn der zwanzigste September um ist
werden die Nächte dieses ungläubigen Zeitalters
richtig herbstlich
wir gingen schweigend auf der schmalen Asphaltstraße
am Bahnhof Tokyo trennten wir uns

»Warum zwitschern die Vögel?«
im tiefen Dunkel erwachte ich aus dem Traum
mich rührte etwas
das aus unermeßlicher Höhe fiel
dann sank ich wieder in den Traum
in die »nächste Zeile«

(1957)

Hoshino war ein Engländer japanischer Abstammung und Mitarbeiter einer Nachrichtenagentur; Tamura berichtet, daß ihm Hoshino regelmäßig interessante Gedichte aus amerikanischen Zeitschriften zu erläutern pflegte — die Zeile »Warum zwitschern die Vögel?« stammt, soweit sich Tamura erinnern kann, aus dem *New Yorker*.

Tanikawa Shuntarō

DIE EINSAMKEIT VON ZWEI MILLIARDEN LICHTJAHREN

Die Menschheit auf ihrer kleinen Kugel
geht schlafen, erhebt sich und arbeitet
und manchmal wünscht sie sich Gefährten auf dem Mars

Die Marsmenschen auf ihrer kleinen Kugel
was tun sie? ich weiß nicht
(ob sie etwa schlafafen, rebeben und rabeiten?)
aber manchmal wünschen sie sich Gefährten auf der Erde
das steht völlig außer Zweifel

Die allgemeine Gravitation
das ist die Kraft der sich anziehenden Einsamkeiten

Das Weltall ist gekrümmt
darum streben alle zueinander

Es ist mir jetzt nicht mehr gegenwärtig, aus was für einer Gemütsverfassung heraus ich eigentlich begann, meine Gedichte in ein Heft einzutragen und zu sammeln. Es kam einfach allmählich so weit, daß ich nichts anderes mehr tat als Gedichte zu schreiben. Leider entspricht das der Wahrheit am ehesten. Ich bin nicht der Typ, der in der Liebe zur Poesie völlig aufgeht. (. . .)

Zur Universität mochte ich auf jeden Fall nicht gehen. Als ich mich endlich durchgesetzt hatte, mußte ich meinen Eltern etwas, das nach eigener Tätig-

Das Weltall dehnt sich rasend schnell aus
darum sind alle ruhelos

In der Einsamkeit von zwei Milliarden Lichtjahren
mußte ich unversehens niesen

keit aussah, vor Augen halten und sie damit beruhigen. Da kamen mir zwei Hefte mit Gedichten sehr gelegen. (. . .)

Von heute aus gesehen scheint mir mein Zugang zum Dichten ein sehr guter Zugang gewesen zu sein. Ich lernte das Gedicht als etwas Gegenständliches, ohne Ideal und Vorurteil, kennen. Zumindest war ich damals weder empfindsam noch begrifflich ausgerichtet. Ich schrieb Gedichte so, wie ich mich aufs Fahrrad setzte oder Pingpong spielte.

Tanikawa Shuntarō

Nakagiri Masao
VERGANGENHEIT

Auf einer Brücke wird jeder sentimental,
sogar einem Bösewicht kommen die Tränen.

Heftig aufglühende Wintersonne.

(1951)

Nakagiri Masao
HIGH NOON

Der Held stand da
Wie ein einzelner hoher Baum auf einem Hügel
mit festgekrallten Wurzeln
erwartete er die Mittagsstunde
Es war still — die Stille vor dem Tod
Hie und da das Murmeln eines Baches
»Bei Bächen sind
Trauer und Freude vermischt«

Der Held griff zur Pistole
Niemand der ihn liebte
Verlassen von allen die er liebte
Von Sommerglut versengte Erde
Dort wo die Zeit das Ticken der Uhr verloren hatte
erwartete er allein die vier Feinde
Sein Herz spie pochend Flammenschaum
stürmisch wie der Ozean — dann wieder ruhiger

Der Gestank des Schießpulvers hing unter dem Vordach
Die Pflicht des Helden war getan
Zikaden zirpten
Unvermittelt läutete die Kirchenglocke
Er merkte daß er plötzlich klein geworden war
Er drehte den Wasserhahn auf
Als ein wenig Wasser durch seine Kehle lief
wußte er daß auch sein Leben weiterging

(1955)

Sugawara Katsumi
DER STUHL

Der Stuhl war umgefallen.
Als ich hineinging
wurde gerade jemand abgeführt.
Ein Mann mit aufgekrempelten Hemdsärmeln
lehnte sich an einen großen Tisch
und trank Tee.

Sobald der Stuhl wieder aufgestellt war,
setzte ich mich darauf.

Jetzt war ich an der Reihe.

(1955)

Nishiwaki Junzaburō

JUNIMORGEN

Auf dem Berg dem Hügel des Weisen gegenüber
hat sich ein düsterer Garten erhalten
Von wem ich weiß nicht wann gepflanzt
blühen Cosmeen und Dahlien
und tiefer aus dem Verrocchio-Hintergrund
aus üppigen Ligusterbüschen dringt
spöttisches Frauenlachen

Als ich nähertrete
hängen Holunder und Ulme voll
mit Früchten daß ich schon Herbsttagtrauer empfinde
und hoch im verdorrten Ilexbaum
... Chirico ... Chirico ...
... Klee ... Klee ...
sägt der Holzfäller, er kommt aus Gumma
trägt weiße Hosen, dazu eine gelbe Jacke
sägt er von oben her die Äste ab
... Chirico ...
wirft einen Arkadenschatten
... Chirico ...
dreht mit der qualmenden Bat im Mund den Kopf
und beginnt am nächsten Ast zu sägen

Ich laß ihn herunterkommen
Zu zweit von Baum zu Baum das Rindenmuster
vergleichend suchen wir den Archetypus
Doch er mag beim Dialog nicht bleiben
und wieder besteigt er

den um fünfundvierzig Grad geneigten Stamm
Dann die Augen mit der Hand beschattend, scheint es
erblickt er jenseits des hagebuttenrot gestrichenen
Gasometers kobaltfarben
den Wal
Wie in der Anabasis
schreit der Athener aus Gumma:
Das Meer das Meer das Meer!
Und es wird ihm die Tafel gerichtet
zur Bachforelle Muskateller
Feigen und Kaffee —
diesem verrotteten Baum und der Säge

Hügel des Weisen: Erhebung in Tokyo-Mita, nahe der Keiō-Universität.

Gumma: Präfektur nördlich von Tokyo.

Günter Eich

JAPANISCHER HOLZSCHNITT

Ein rosa Pferd,
gezäumt und gesattelt, —
für wen?

Wie nah der Reiter auch sei,
er bleibt verborgen.

Komm du für ihn,
tritt in das Bild ein
und ergreif die Zügel!

Octavio Paz
CERTEZA

Si es real la luz blanca
De esta lámpara, real
La mano que escribe, ¿son reales
Los ojos que miran lo escrito?

De una palabra a la otra
Lo que digo se desvanece.
Yo sé que estoy vivo
Entre dos paréntesis.

Obgleich Dichtung weder Religion noch Magie, noch Denken ist, **stützt sie sich, um als Gedicht sich zu verwirklichen, stets auf etwas, das außerhalb ihrer selbst liegt. Es ist etwas ihr Fremdes, doch könnte sie sich ohne dieses nicht verkörpern. Das Gedicht ist Poesie und außerdem noch etwas anderes. Und dies, was es *außerdem* ist, ist nicht etwas Künstliches oder ihm Hinzugefügtes, sondern ein ihm wesentlicher Bestandteil. Ein reines Gedicht wäre das, in dem die Worte ihre besonderen Bedeu-**

Octavio Paz
GEWISSHEIT

Wenn es wirklich ist, das weiße
Licht dieser Lampe, wirklich
die Hand, die schreibt — sind dann
die Augen wirklich, die das Geschriebene schauen?

Von einem Wort zum andern
verflüchtigt sich, was ich sage.
Ich weiß, daß ich lebendig bin
zwischen zwei Klammern.

tungen und ihre Bezüge auf dieses oder jenes verlören und lediglich den Akt des Dichtens bezeichneten — ein Anspruch, bei dem das Gedicht dahinschwände, da die Worte nur Bezeichnungen für dieses und jenes sind, das heißt, für ihnen entsprechende und geschichtliche Gegenstände. Ein reines Gedicht könnte nicht aus Worten bestehen und wäre buchstäblich unsagbar. Andererseits bliebe ein Gedicht, das nicht gegen die Natur der Worte ankämpfte, indem es die Worte zwingt, über sich selber und die

Oktavio Paz

DAUER

Donner und Wind: Dauer
I GING

I

Schwarz der Himmel
Gelb die Erde
Der Hahn zerfetzt die Nacht
Das Wasser erhebt sich und fragt nach der Stunde
Der Wind erhebt sich und fragt nach dir
Ein weißes Pferd geht vorüber

II

Wie der Wald in seinem Bett von Blättern
Schläfst du in deinem Bett von Regen
Du singst in deinem Bett von Wind
Du küßt in deinem Bett von Funken

III

Geruch zahlreiches Ungestüm
Körper mit vielen Händen

ihnen entsprechenden Bedeutungen hinauszugehen, das somit nicht versuchte, die Worte das Unsagbare sagen zu lassen, eine rein verbale Manipulation. Was das Gedicht charakterisiert, ist sowohl seine notwendige Abhängigkeit vom Wort als auch sein Kampf, dieses zu überschreiten. Dieser Umstand erlaubt es, sein Wesen als etwas Einzigartiges und Irreduzibles zu untersuchen, und zugleich, es als einen gesellschaftlichen

Auf unsichtbarem Stengel
Ein einziges Weiß

IV

Rede lausche antworte mir
Was der Donner sagt
Das versteht der Wald

V

Ich gehe hinein durch deine Augen
Du kommst heraus durch meinen Mund
Du schläfst in meinem Blut
Ich erwache auf deiner Stirn

VI

Ich werde mit dir in einer Steinsprache reden
(Du antwortest mir mit einem einsilbigen Grün)
Ich werde mit dir in einer Schneesprache reden
(Du antwortest mir mit einem Fächer von Bienen)
Ich werde mit dir in einer Wassersprache reden
(Du antwortest mir mit einem Kanu von Blitzen)
Ich werde mit dir in einer Blutsprache reden
(Du antwortest mir mit einem Turm von Vögeln)

Ausdruck zu betrachten, der von anderen gesellschaftlichen Manifestationen nicht zu trennen ist. Das Gedicht, ein Gebilde aus Worten, geht über die Worte hinaus, und die Geschichte macht nicht den ganzen Sinn des Gedichts aus; doch das Gedicht besäße keinen Sinn — es existierte nicht einmal — ohne die Geschichte, ohne die Gemeinschaft, von der es sich nährt und die es nährt.

Octavio Paz

Giuseppe Ungaretti

PER SEMPRE

Senza niuna impazienza sognerò
Mi piegherò al lavoro
Che non può mai finire,
E a poco a poco in cima
Alle braccia rinate
Si riapriranno mani soccorrevoli
Nelle cavità loro
Riapparsi gli occhi, ridaranno luce,
E, d'improvviso intatta
Sarai risorta, mi farà da guida
Di nuovo la tua voce,
Per sempre ti rivedo.

Roma, il 24 Maggio 1959

Hat der Hermetismus in der Gegenwart noch eine Funktion? — Natürlich hat er eine Funktion; denn seit es Dichtung gibt, ist sie hermetisch. Das heißt: die Dichtung besteht einerseits aus Wörtern mit genau festgelegter Bedeutung, jenseits dieser genau festgelegten Bedeutung wird in der Psyche dessen, der sie liest oder hört, eine Bedeutung erzeugt, die intellektuell nicht

Giuseppe Ungaretti
FÜR IMMER

Ganz ohne Ungeduld werde ich träumen,
ich werde mich an die Arbeit machen,
die nie enden kann,
und nach und nach, gegen Ende,
kommen Arme den Armen entgegen,
öffnen sich wieder hilfreiche Hände,
Licht geben die wiederauflebenden Augen
in ihren Höhlen,
und du, plötzlich unversehrt,
wirst auferstehen, nochmals
wird deine Stimme mir Lenkerin sein,
für immer seh ich dich wieder.

Ingeborg Bachmann

vollkommen erfaßbar ist. Diese Tatsache ist es aber gerade, die uns das Empfinden von Dichtung vermittelt, dieses Empfinden, daß wir irgendwie die Grenzen unseres Augenblicks durchbrechen und in eine Art geheiligter Sphäre eintreten. Eine Dichtung, die kein Geheimnis in sich hätte, wäre keine Dichtung.

Und das, seit es Dichtung gibt. Und dann noch etwas anderes,

Giuseppe Ungaretti
FÜR ALLEZEIT

Ohne ein Gran von Ungeduld gehe ich ans Träumen,
mache ich mich an die Arbeit,
die nicht mehr enden kann,
und nach und nach, an der Spitze,
tun sich den wiedergeborenen Armen
hilfreiche Hände auf,
in deren Höhlung
tauchen die Augen auf, wieder, spenden Licht, aufs
neue,
du wirst auferstanden sein, unversehens,
eine Unversehrte, und es geleitet mich
erneut deine Stimme,
für allezeit seh ich dich wieder.

Paul Celan

ein historisches Faktum: sobald man zu sprechen beginnt — Leopardi hat natürlich davon gesprochen, als er von »Unbestimmtheit« sprach — haben die Wörter genau festgelegte Bedeutungen *und* haben eine Unbestimmtheit, die jenen nicht definierbaren Raum schafft — Leopardi sprach von Illusion —

Giuseppe Ungaretti

AUF IMMER

Ohne Ungeduld will ich träumen,
mich dieser Arbeit hingeben
die niemals enden kann.
Und nach und nach, über den
wiedergeborenen Armen
öffnen sich wieder die hilfreichen Hände.
In ihre Höhlen
kehren die Augen zurück und leuchten.
Und plötzlich, unversehrt,
bist du auferstanden. Und wie sonst
wird deine Stimme mich führen.
Auf immer sehe ich dich wieder.

Hilde Domin

und dieser Illusionsraum ist es, aus dem dem Leser das Empfinden von Universalität vermittelt wird, das Empfinden von Dichtung, das Empfinden von etwas, das die augenblicklichen Fähigkeiten des Menschen überschreitet.

Giuseppe Ungaretti

Eugenio Montale

DER TRAUM DES GEFANGENEN

Hier wechseln Nacht und Morgenschein durch kleine
Zeichen.

Das Hin und Her der Stare um die Türme
an Tagen des Gefechts, mein eines Flügelpaar,
Polarluft fein anwehend —
vom Guckloch her das Auge des Wachthabers,
Krachen geknackter Nüsse, Ölgezisch
von echten oder eingebildeten
Bratspießen in der Tiefe . . . Doch das Stroh ist Gold,
die rötliche Laterne ist ein Herd,
wenn ich im Schlaf mich dir zu Füßen wähne.

Gesäubert wird von je; und kein Warum.
Es heißt, wer unterschreibt und abschwört,
kann sich vor diesem Gänseschlachten retten;
wer sich verklagt, das Fleisch der andern aber
feilbietet und verrät, der packt den Löffel,
statt selber einzugehn in die Terrine,
die sich zum Mahl ersehn heillose Götter.

Langsamen Sinnes, wund vom stechenden
Nachtlager, habe ich mich einverleibt
dem Flug der Motte, die mein Fuß zermalmt
am Fliesenboden, und den Kimonos
im Wechselschein der Lichter,
die in der Frühe von den Türmen hangen;
ich habe den Geruch im Wind gewittert

von angebrannten Kringeln,
ich habe rings mich umgeschaut, und mir erschienen
im Rund der Spinnennetze Regenbogen
und Blütenblätter an den Fenstergittern;
ich richtete mich auf und stürzte in die Tiefe,
wo das Jahrhundert die Minute ist —
und weiter tönt's von Schlägen und von Schritten;
noch immer weiß ich nicht, ob ich beim Feste
Koch oder Mahlzeit bin. Welch langes Warten,
und auch mein Traum von dir ist nicht zu Ende.

Magazin III

DIE SECHZIGER JAHRE

Eugenio Montale
HIEB UND GEGENHIEB

I

»Arsenio« (schreibt sie mir), die ich hier *asolando*
unter meinen düstern Zypressen bin, ich meine, daß
es nun Zeit sei, zu enden das Ende weltlichen Trugs,
das du so sehr für mich gewünscht hast, daß es Zeit sei,
unter die Segel zu gehen und diese *epoché*
zu enden.
Sag' nicht, die Jahreszeit sei trüb und auch die
Turteltauben
mit den zitternden Flügeln seien südwärts gezogen.
Von Erinnerungen mag ich nicht mehr leben.
Besser des Eises Biß als deine Starrheit,
jene des Schlafwandlers, o spät Erwachter.«

II

Kaum der Jugend entschlüpft,
ward ich für die Hälfte des Lebens
in des Augias Ställe geworfen.

In dem Gedicht »Botta e risposta« (Hieb und Gegenhieb), 1961 entstanden und in dem Zyklus »Satura« veröffentlicht, ist das antike Motiv der Augiasställe neugestaltet und vertieft. In diesen Ställen hört man jetzt Menschengebrüll, und es bewegen sich Menschen darin. Hier vermag kein Alpheios mehr zu wirken, und der »Schlag«, das »Unglaubliche« — sie werden zur Verfälschung, zur Parodie dessen, was sie einst waren. Was bleibt, ist allein der Schauplatz einer sich ausbreitenden Infektion, eine Kloake. In ihr wird, im Gegensatz zu den »Occasioni«, alles unter negativem Vorzeichen gesehen. Es begegnen uns die infernalischen »Salse« (Dante, Inferno XVIII, 51), auf deren

Doch weder zweitausend Ochsen fand ich dort noch
sah ich andere Tiere;
und doch, in den Gängen, mehr und mehr
von Dung verstopft, kam einer bloß unter Mühen voran
und litt Mangel beim Atmen, und menschliches Brüllen
schwoll hier von Tag zu Tag.

Er ward nie gesehen.
Allein die Rotte wartete auf ihn
zum Präsentiergriff; übervolle Trichter,
Forken und Spieße, eine lange Kette übelriechender
Saltimbocca. Dennoch aber
streckte Er nicht ein einziges Mal
Saum des Mantels oder Kronenspitze
über die kotigen Ebenholzbastionen.

Dann von Jahr zu Jahr — wer zählte noch
ihre Zeiten in dieser Finsternis? — weckte irgendeine
Hand
unsichtbar, Spalten prüfend,
sein Erinnern: eine Locke
von Gerti, eine Grille im Käfig, letzte Spur
aus Ljubas Vorübergeh'n, der Mikrofilm
eines euphuistischen Sonetts,
den Fingern Clizias, die schlief, entglitten,

Bereitung schon die makabre Küche im »Traum des Gefangenen« hinzuweisen schien. Die Sonne ist zum unreinen Köder geworden, die »Kotigen Ebenholzbastionen« lassen nach dem Einbruch des geschwächten und verblödeten Alpheios mit »neuerlichem Pesthauch« und »Flößen aus Kot« die endgültige Verzerrung des »Guten« und der Rettung zu. Die Salve der Maschinenpistolen, die aus den Scharten bricht, findet keinerlei Ausgleich mehr durch den Wohlklang befreiender Ströme. Die »stinkenden Windstöße« sagen nichts weniger, als daß Eschatologie nur noch in Bildern des Schmutzes zum Ausdruck gebracht werden kann. (...)

Holzschuhgeklapper (die lahme
Dienstmagd von Monghidoro),
bis aus den Scharten
uns Garben einer Maschinenpistole zurückwarfen,
ermattete Schaufler, entkräftet auf frischer Tat ertappt
von den Schergen des Unrats.
Schließlich dann kam der Schlag: das Unglaubliche.
Uns zu befreien, die verflochtenen unterirdischen
Gänge in einem See zu ertränken, genügte ein
Augenblick
dem wahnergriffenen Alpheios. Wer harrte seiner
jetzt? Welcher Sinn wohnte inne jenem neuerlichen
Pesthauch? Andere und gleichgeartete Schwaden
zu atmen? Und Wirbel über dem Floß
aus Kot? Und war jener unreine
Köder auf den Schornsteinen Sonne,
waren Menschen vielleicht,
wirklich lebendige Menschen
die Riesenameisen der Landeplätze?

— —

(Ich glaube, daß du mich vielleicht nicht weiter lesen
magst.
Aber du
weißt jetzt alles von mir,

Mehr als anderswo ist in »Botta e risposta« die Beziehung zum »Vater-Patron« nur ganz oberflächlich hergestellt. Dieser »Gott-Hitler« darf nicht nur nicht vermitteln und bedeuten, sondern nicht einmal erkennen — auch sich selbst nicht —, und während er mit seinen Schergen des Unrats, mit seinen Rotten über jenes Konzentrationslager herrscht, bleibt wesentlich, daß er nur durch das fortschreitende und akzeptierte Unreinwerden seiner Ställe, seiner Welt, seiner selbst und der eigenen »Opfer-Abbilder« Sinn erhält. Auch wird der Antagonist, der verfehlte Partner, nie einen Dialog eröffnen. Hiob auf dem Dunghaufen, in Gesellschaft eines ebenfalls dort befindlichen Gottes, wird,

von meinem Gefangensein, meinem Hernach;
du weißt nun, daß ein Adler nicht aus der Maus
geboren werden kann).

(1961)

nachdem er auf jede Form des Sichwidersetzens verzichtet hat, die eigne Mausnatur, die nie hoffen darf, dem Adler nah zu sein, resignierend erkennen. Maus oder Maulwurf, die mehr als einmal (auch heraldisch verwandelt in Gestalt eines Elfenbeinamuletts) in einem entscheidenden Augenblick bei Montale auftauchen, sind Ausdruck für Erkenntnis und Bejahung einer Situation und zugleich Symbol einer Rettung durch Verworfensein, die gleichsam als Gegenpol jener anderen, mißlungenen Rettung erscheint, die mit Auflehnung versucht worden war.

Andrea Zanzotto

Jewgenij Jewtuschenko

BABIJ JAR

Über Babij Jar, da steht keinerlei Denkmal.
Ein schroffer Hang — der eine, unbehauene Grabstein.
Mir ist angst.
Ich bin alt heute,
so alt wie das jüdische Volk.
Ich glaube, ich bin jetzt
ein Jude.
Wir ziehn aus Ägyptenland aus, ich zieh mit.
Man schlägt mich ans Kreuz, ich komm um,
und da, seht ihr sie noch: die Spuren der Nägel.
Dreyfus, auch er,
das bin ich.
Der Spießer
denunziert mich,
der Philister
spricht mir das Urteil.
Hinter Gittern bin ich.
Umstellt.
Müdgehetzt.
Und bespien.
Und verleumdet.
Und es kommen Dämchen daher, mit Brüsseler Spitzen,
und kreischen
und stechen mir ins Gesicht
mit Sonnenschirmchen.
Ich glaube, ich bin jetzt
ein kleiner Junge in Białystok.

Das Blut fließt über die Diele, in Bächen.
Gestank von Zwiebel und Wodka, die Herren
Stammtisch-Häuptlinge lassen sich gehn.
Ein Tritt mit dem Stiefel, ich lieg in der Ecke.
Ich fleh die Pogrombrüder an, ich flehe — umsonst.
»Hau den Juden, rette Rußland!« —:
der
Mehlhändler hat meine Mutter erschlagen.
Mein
russisches
Volk!
Internationalistisch
bist du, zuinnerst, ich weiß.
Dein Name ist fleckenlos, aber
oft in Hände geraten, die waren nicht rein;
ein Rasselwort in diesen Händen, das war er.
Meine Erde — ich kenne sie, sie ist gut, sie ist gütig.
Und sie, die Antisemiten, die nieder-
trächtigen, daß
sie großtun mit diesem Namen:
»Bund des russischen Volks«!
Und nicht beben und zittern!
Ich glaube, ich bin jetzt sie:
Anne Frank.
Licht-
durchwoben, ein Zweig
im April.
Ich liebe.
Und brauche nicht Worte und Phrasen.
Und brauche:
daß du mich anschaust, daß ich dich
anschau.
Wenig Sichtbares noch,
wenig Greifbares!

Die Blätter — verboten.
Der Himmel — verboten.
Aber einander umarmen, leise,
das dürfen, das können wir noch.
Sie kommen?
Fürchte dich nicht, was da kommt, ist
der Frühling.
Er ist so laut, er ist unterwegs, hierher.
Rück näher.
Mit deinen Lippen. Wart nicht.
Sie rennen die Tür ein?
Nicht sie. Was du hörst, ist der
Eisgang,
die Schneeschmelze draußen.
Über Babij Jar, da redet der Wildwuchs, das Gras.
Streng, so sieht dich der Baum an,
mit Richter-Augen.
Das Schweigen rings schreit.
Ich nehme die Mütze vom Kopf, ich fühle,
ich werde
grau.
Und bin — bin selbst
ein einziger Schrei ohne Stimme
über tausend und aber
tausend Begrabene hin.
Jeder hier erschossene Greis —:
ich.
Jedes hier erschossene Kind —:
ich.
Nichts, keine Faser in mir,
vergißt das je!
Die Internationale —
ertönen, erdröhnen soll sie,
wenn der letzte Antisemit, den sie trägt, diese Erde,

im Grab ist, für immer.
Ich habe kein jüdisches Blut in den Adern.
Aber verhaßt bin ich allen Antisemiten.
Mit wütigem, schwieligem Haß,
so hassen sie mich —
wie einen Juden.
Und deshalb bin ich
ein wirklicher Russe.

Literaturnaja Gaseta 19.9.1961. *Babij Jar* ist ein Ort bei Kiew, an dem im September 1941 über siebzigtausend Juden von der SS ermordet wurden.

José Ángel Valente
KRIEGSZEIT

Wir waren, Señores, in der Provinz
oder an der Peripherie, wie man sagt,
unverständlich weggeboren.

Verkalkte Herren,
düstere alte Tanten,
Dorfpolizisten und Fahnen.
Die Kinder mit bunten Ballonen,
blauen Hosen
und hochheilige Freitage
von frommem Gemurmel.

Wir spazierten mit unseren
Papas.
          Eisenbahnzüge fuhren,
mit Soldaten beladen, vorbei in den Krieg.
Bannflüche.
                    Geweihte Bänder.
Ungeheure Mauren, furchterregende Mauren
mit bauschenden Hosen und blitzenden Zähnen.

Und diese schwindelerregende
Farbe des Karussells und der Siegesrufe.

Wir waren weit weg,
Bonbons lutschend,
mit so vielen Heiligenbildchen und Porträts,

mit so viel Hin und Her und so viel Wut,
so viel Predigt und so vielen Toten
und mit soviel tauber, nicht wiedergutzumachender
Kindheit.

Ernst Jandl

WIEN : HELDENPLATZ

der glanze heldenplatz zirka
versaggerte in maschenhaftem männchenmeere
drunter auch frauen die ans maskelknie
zu heften heftig sich versuchten, hoffensdick.
und brüllzten wesentlich.

verwogener stirnscheitelunterschwang
nach nöten nördlich, kechelte
mit zu-nummernder aufs bluten feilzer stimme
hinsensend sämmertliche eigenwäscher.

pirsch!
döppelte der gottelbock von Sa-Atz zu Sa-Atz
mit hünig sprenkem stimmstummel.
balzerig würmelte es im männechensee
und den weibern ward so pfingstig ums heil
zumahn: wenn ein knie-ender sie hirschelte.

4.6.62

Michael Hamburger
S-BAHN

Berlin, 1965

Der Geruch nach Pulver,
die Leichen sind weggeschafft,
das Gas stieg auf und verteilte sich.
Kaiser, Präsident, Führer
kamen und gingen,
Hausfrauen mit komischen Hüten
kamen aus Vororten einkaufen,
kamen aus Stadtwohnungen,
Wälder und Seen zu verdrecken
und von der »Natur« zu schwärmen.
Was bleibt, ist Waggongeruch,
Tabakrauch und schale Heizungsluft,
unbestimmbarer, unveränderlicher
Affenhausgestank,
der auf den Sitzen lastet, die hart sind wie je
nur leerer,

Selbst dem, wofür es noch keine Worte gab, haften jene Laute an, die es zuerst kennzeichneten. Darum ist die Zweisprachigkeit für einen Schreibenden ein Unglück. Was ich auf deutsch erlebt verlangte, auf deutsch wiedergegeben zu werden. Aber das wenige Deutsch, welches mir aus der Kindheit erhalten blieb, reicht zum Schreiben nicht aus; und das später Erlernte bleibt, wie alles nur Erlernte, abstrakt, fügt sich nicht den Gedanken und dem Gefühl. Die Zerrissenheit des Erlebten ist arg genug; die Zweisprachigkeit zerreißt es noch einmal.

Nur die noch nicht mit Worten behafteten Dinge überstan-

jetzt, da der Zug die eine Ödnis
mit der andern verbindet,
sich pünktlich wie immer durch den Schotter
vom Kaiser, Präsident und Führer schiebt,
angehalten wird, durchsucht, gesäubert
von solchen, denen er zu großen Dienst erwiese
diesen Winter, da er, abgefertigt,
die Grenze kreuzt, das Niemandsland,
und nur den Geruch hinüberträgt
zu den Neonlichtern,
vorbei an dem tieferen Schnee
um die Villen toter Bankiers
und dem Kiefernwald-Dunkel
in die Endstation,
wo ein Fremder sich die kalten Füße vertritt.

den den Bruch; so die Tiere und Pflanzen. Als ich mich diesen noch in Deutschland zuwandte, waren die Namen noch nicht wichtig, obgleich man aus meiner Neigung schloß, daß ich mich zum Naturforscher entwickeln würde. Das Verhältnis beruhte aber gerade auf der Wortlosigkeit. Die Namen der Feldblumen und Insekten vergesse ich immer wieder, ihre Eigenschaften nie. So konnte ich sie, wenn ich sie später wieder traf, ohne weiteres in mein zweites Leben aufnehmen, manchmal auch in Gedichte, mit ihren englischen Namen. (. . .)

Auch die Stadt erfordert ihre eigenen Wörter, Namen und

Michael Hamburger

ENVOI

Lebt wohl, Wörter.
Ich mochte euch nie,
der ich Dinge und Orte mag und
Leute am liebsten mit geschlossenem Mund.

Geht aus und verlauft euch in einer plappernden Welt,
seid weniger als nichts, seid ein Vakuum,
vor dem sich Wörter hüten,
daß es sie nicht durch Saugen, seine einzige Kraft,
hineinzieht.

Das mag ich an euch, Wörter.
Selbstzerstört, selbstaufgelöst
werdet ihr getreu.
Welchem Sinn? Sagt mir das, Wörter.

Lauft, dann folge ich euch,
um euch nie einzuholen.
Kehrt um, dann laufe ich.
Also lebt wohl.

Redensarten; jeder Winkel ist von der Geschichte, der Zeit geprägt. Nichts davon blieb übrig, als ich sie mit neun Jahren verließ, nichts davon ging in Gedichte ein, bis ich — nach der Rückkehr, entspannt — den Mut fand, Fetzen zu verwerten, die Zerrissenheit selber darzustellen; und auch da stieß ich auf etwas, was vor den Worten da war, die Düsterheit, das Getöse, das Geschrei, den Gang ins Eisenwarengeschäft, dessen Metall- und Schmierseifengeruch für das kleine Kind alles Öde, Ekelhafte, Leblose der städtischen Existenz umschloß.

Michael Hamburger

Edoardo Sanguineti
Aus: FEGFEUER DER HÖLLE

17.

so haben wir hier (in Cerisy); (so sagten sie): haben
unter uns einen chinesen;
(und natürlich war ich der chinese);
und auf der Autobahn erklärte ich auch
den rückschlag auf das literarische wirken, ganz
radikal, den unmittelbaren, (und
so weiter); und man sprach vom triumph des
opportunismus (und als ich dann
reformismus sagte, meinte ich damit eigentlich
opportunismus); denn
die chinesische position (sagte ich) rechtfertigt jede
hoffnung (und es gehe schließlich nicht
um eine arbeiterelite, sondern, wahrhaftig, um das
ende der prähistorie und so weiter);
und zu meiner frau sprach ich unterdessen von der
quantität des unglücks (von seiner
qualität und so weiter);
und ich meinte damit: das rechtfertigt auch uns;
und auch unsere kinder;

Man tut so, als sei die Kunst in erster Linie immer noch etwas, von dem jedermann weiß, was es ist. Und das im Rahmen eines Marktes, von dem man utopischerweise annimmt, er befinde sich in einem beständigen Gleichgewicht, in dem Angebot und Nachfrage sich in aller Ruhe aufeinander einstellen können. Seit Baudelaire, aber insbesondere und im weitesten Ausmaß im ganzen bürgerlichen und romantischen Umkreis, beruht die geheime Wahrheit der Kunst auf der Avantgarde, die ihren ver-

und ich meinte damit: rechtfertigt das utopische
moment (und zwar wirklich, auch für uns,
und zwar hier und jetzt); dieses moment (rechtfertigt
es); und ich meinte: für immer;
(aber im nachtlokal in Palermo hörte ich sie doch
wahrhaftig fragen: warum
lebst du eigentlich? und sie fragten: wie rechtfertigst
du dich?
fragten: rechtfertigst du dich überhaupt?);
aber jetzt: siehst du, jetzt, diese müdigkeit? und diese
(hier in
unserer prähistorie), diese ruhe?
sieh den schmutz, der hinter uns liegt
und den sonnenschein zwischen den bäumen, und die
kinder, die schlafen: die kinder
die träumen (die sprechen im traum); (aber die kinder,
siehst du, wie unruhig);
(die kinder, die schlafen); (die jetzt träumen);

November 1963

borgenen Mechanismus indiskret preisgibt und in der schließlich mit unausweichlicher Logik die ganze Bewegung der romantischen und bürgerlichen Kultur ihr Ende findet. Hier kommt es unaufhörlich zum Aufstand des Abenteuers gegen die Marktordnung, wodurch freilich zwangsläufig, und das heißt immer nach den Gesetzen des Marktes, das chaotische Abenteuer der kommerziellen Interessen an der Kunst seinen Anfang nimmt.

Edoardo Sanguineti

Günter Kunert

IKARUS 64

1

Fliegen ist schwer:
jede Hand klebt am Gehebel von Maschinen:
geldesbedürftig.
Geheftet die Füße
an Gaspedal und Tanzparkett. Fest eingenietet
der Kopf im stolzen im fortschrittlichen
im vorurteilsharten
Sturzhelm.

2

Ballast: das mundwarme Eisbein
in der Familiengruft des Magens.
Ballast: das finstere Blut
gestaut an hervorragender Stelle
gürtelwärts.
Töne
erster zweiter neunter dreißigster Symphonien
ohrhoch gestapelt zu kulturellem Übergewicht.
Verpulverte Vergangenheit
in handlichen Urnen verpackt.
Tankweis Tränen im Vorrat unabwerfbare:
Fliegen ist schwer.

3

Dennoch breite die Arme aus und nimm
einen Anlauf für das Unmögliche.
Nimm einen langen Anlauf damit du
hinfliegst
zu deinem Himmel
daran alle Sterne verlöschen.
Denn Tag wird.
Ein Horizont zeigt sich immer.
Nimm einen Anlauf.

Erich Fried

17.–22. MAI 1966

Aus Da Nang
wurde fünf Tage hindurch
täglich berichtet:
Gelegentlich einzelne Schüsse

Am sechsten Tag wurde berichtet:
In den Kämpfen der letzten fünf Tage
in Da Nang
bisher etwa tausend Opfer

Wisława Szymborska

VIETNAM

Wie heißt du, Frau? Ich weiß nicht.
Wo bist du geboren? Ich weiß nicht.
Wozu gräbst du dich ein? Ich weiß nicht.
Seit wann versteckst du dich hier? Ich weiß nicht.
Warum hast du mich in den Zeigefinger gebissen?
Ich weiß nicht.
Wir tun dir nichts Böses, weißt du? Ich weiß nicht.
Auf wessen Seite bist du? Ich weiß nicht.
Wir haben jetzt Krieg, du mußt wählen. Ich weiß
nicht.
Steht dein Dorf noch? Ich weiß nicht.
Sind das deine Kinder? Ja.

(1967)

Jannis Ritsos

DURCHSUCHUNG

Treten Sie ein, meine Herrn — sagte er — Sie stören
gar nicht. Sehn Sie sich nur alles an.
Ich habe nichts zu verbergen. Hier das Schlafzimmer,
dort das Büro,
hier das Eßzimmer. Da? Der Abstellraum für die
alten Sachen; —
Alles wird alt, meine Herren; und er ist voll; alles wird
immer älter,
und so schnell, meine Herren. Das? — ein Fingerhut;
— den trug die Mutter;
Dies hier? — Mutters Lampe und ihr Regenschirm —
sie liebte mich sehr;
und dieser gefälschte Ausweis? Der fremde Schmuck?
Das schmutzige Handtuch?
Diese Theaterbillets? Das durchlöcherte Hemd?
Die Bluttropfen?
Und diese Fotografie? — Seine, kein Zweifel, mit einem
Damenhut aus lauter Blumen,
gewidmet einer unbekannten Person — in seiner
eigenen Handschrift —
Wer tat es hier rein? Wer tat es hier rein? Wer tat es
hier rein?

Karlovassi, 5.2.1969

Heberto Padilla
AUSSERHALB DES SPIELS

Für Jannis Ritsos,
in einem griechischen Gefängnis

Den Poeten — werft ihn hinaus!
Der hat hier nichts zu suchen.
Er spielt nicht mit,
begeistert sich nicht.
Keiner versteht seine Botschaft.
Nicht einmal die Wunder repariert er.
Den Tag verbringt er grübelnd,
hat immer etwas einzuwenden.

Diesen Typ — werft ihn hinaus!
Dieser Schlechtgelaunte,
des Sommers mit schwarzer Brille
unter der wachsenden Sonne,
ist ein Spielverderber.
Stets verführen ihn kleine Reisen
und die schönen Katastrophen der Zeit
ohne Geschichte. Obendrein hat er nichts übrig
für das Moderne. Nur der alte Armstrong
gefällt ihm. Höchstens daß er ein Liedchen von
Pete Seeger

Aus: *Erklärung der Union der Schriftsteller und Künstler Kubas (UNEAC):* Der prämierte Lyrikband *Außerhalb des Spiels,* dessen Titel dem Kontext des Werkes entspricht, expliziert den Selbstausschluß des Autors aus dem kubanischen Leben.

Padilla bevorzugt eine Ambiguität, die er gelegentlich in anderen Breitengraden ansiedelt — manchmal ist es eine Widmung

trällert oder, zwischen den Zähnen,
die ›Guantanamera‹ pfeift.

Aber keiner öffnet ihm den Mund,
keiner bringt ihn zum Lachen,
wenn das Spektakel beginnt
und die Hanswurste über die Bühne springen,
wenn die Kakadus die Liebe mit dem Terror ver-
wechseln,
wenn die Szene knistert, Blech und Trommelfell dröhnt
und alle Welt springt
und nickt
zurückweicht
und lacht
den Mund öffnet:
»nun, ja«
»natürlich, ja«
»selbstverständlich, ja«
und alle tanzen schön,
tanzen gut,
wie sie verlangen, daß der Tanz sei.
Diesen Typ — werft ihn hinaus!
Der hat hier nichts zu suchen.

an einen griechischen Poeten, manchmal eine Anspielung auf ein anderes Land. Dank diesem allzu durchsichtigen Trick kann behauptet werden, daß die betreffenden Stellen nichts mit Kuba zu tun hätten und daß Vergleiche nur durch das »schmutzige Bewußtsein« derer konstituiert werden, die sie vollziehen. Dieses Mittel, im revolutionären Kampf gebraucht,

Heberto Padilla
DIE REISEGEFÄHRTIN

Sie wirft ihren Lehrgang fort,
Marxismusleninismus,
meine Reisegefährtin.
Sie steht im Abteil,
steckt den Kopf aus dem Fenster
und fängt an zu schreien:
da draußen, schreit sie, geht die Geschichte,
da draußen jagt etwas vorbei,
schwärzer als eine Krähe,
gefolgt von einem Gestank
feierlich wie der Arsch eines Königs.

Aber ich sehe nichts
als Landstraßen und Pferche
und Vieh: Stiere und Kühe
im Genuß ihres alten Kampfes.
Sie aber schreit, schreit
auf meinen Koffern sitzend,
hebt ihre teerigen Stiefel hoch
und blickt mich mit herrlichen Augen an,
für die keine Rettung ist.

will der Autor jetzt gegen die revolutionären Kräfte anwenden. Befreit vom Verdacht, kann Padilla sich daran machen, die kubanische Revolution anzugreifen, indem er sich durch geographische Reverenzen schützt.

Neben der erwähnten Ambiguität bevorzugt der Autor zwei zentrale Einstellungen: die kritizistische und die antihistori-

Heberto Padilla

THEODOR W. ADORNO KEHRT VOM TODE ZURÜCK

Die ihn kannten, finden es nicht erstaunlich,
daß Theodor Adorno vom Tode zurückkehrt.
In beiden Deutschland
erwarten ihn alle,
ausgenommen, versteht sich,
Habermas und Ulbricht.

Aber er kommt nach Wien,
geht einher, diskutierend
wie in seinen besten Tagen.
Er setzt sich ans Piano, spielt eines seiner Stücke,
die, wie man weiß, von Webern sind.

Unter den Sonnenschirmen der Stadt,
die Hitler immer zerstören wollte,
derselben Stadt, die fast Günter Maschke verschlang,
bereiten ihm die alten Gräfinnen den Tee —
zischeln ihm Klatsch zu über Horkheimer.
Doch Adorno erinnert sich: das ist
ein alter Freund. Und der Leichnam lebt auf
an den Wassern der Jugend.
Und dann lächelt er, ohne zu lächeln,
auf die ihm eigene, ambivalente Manier.

sche. Sein Kritizismus ist von einer Distanziertheit, wie sie ein Revolutionär nicht hat. Dieser Kritizismus sieht außerdem von einem Werturteil über den Endzweck der Revolution ab und führt Transpositionen von Problemen aus, die sich in unsere Realität nicht einfügen. Sein Antihistorizismus zeigt sich in einem exaltierten Individualismus gegenüber den kollektiven

Ihn bekümmern nicht die Universitäten,
wo sein Denkmal bröckelt unterm Stimmengewirr.
Aber der alte Philosoph,
der hartnäckige Restaurator des Nichts,
triumphierend über das Gewäsch, das ihn resümiert,
bemerkt, lächelnd,
daß eine Studentin mit nackten Brüsten
das neue Limit des Terrors gesetzt hat.

Diese kleinen, häßlichen, weißen, fast nordischen
Titten?
fragt erschauernd eine Gräfin,
Kierkegaard anklagend.

Forderungen des Volkes in der historischen Entwicklung und in einem Konzept der Zeit als einem sich wiederholenden Zirkel. Solche Haltungen waren immer typisch für das Denken der Rechten und haben traditionellerweise der Konterrevolution gedient. (. . .)

La Habana,
den 15. November 1968
»Jahr des Heroischen Guerillero«

Tadeusz Różewicz

ENTWURF EINES ZEITGENÖSSISCHEN LIEBESGEDICHTS

Und doch beschreibt man das Weiß
am besten mit dem Grau
den Vogel mit dem Stein
die Sonnenblumen
im Dezember

frühere Liebesgedichte
waren Beschreibung des Körpers
sie beschrieben dieses und jenes
zum Beispiel die Wimpern

und doch sollte man das Rot
mit dem Grau beschreiben
die Sonne mit dem Regen
den Mohn im November
den Mund mit der Nacht

die anschaulichste
Beschreibung des Brots
ist die Beschreibung des Hungers
in ihm ist
die feuchte porige Mitte
das warme Innen
die Sonnenblumen nachts
die Brüste die Schenkel der Bauch von Kybele

quellengleiche
durchsichtige Beschreibung
des Wassers

ist die Beschreibung des Durstes
der Asche
der Wüste
sie ruft die Fata Morgana hervor
Wolken und Bäume treten
ein in den Spiegel

Mangel
Abwesenheit
des Körpers
ist Beschreibung der Liebe
ist Liebesgedicht von heute

Sommer 1963

Denis Roche

von 11 Uhr 52 bis 12 Uhr 03
am 7. Februar 1961

ERZÄHLEN Sie mir rasch, Madame, von der vergessenen Stadt
Stimmt es daß sie ein Hühnerhof ist
Und daß dort nur lenkbare Luftschiffe picken
Das größte Glück ist es ein Gummiband in Ihrem
Höschen zu haben
Und daß sich dort immer so viel Dunkelheit findet
Daß es für meine kleinen Segelschiffe eine günstige Nacht ist
Und ich stoße sie lange mit dem Daumen
Unermüdlich haben sie das Schlingern Ihrer Perlen
Ich bin dafür empfänglich
Wie für einen Tortikollis
Unser jeweiliges Glück ist wirklich das gleiche
Eins geht vor dem andern her es sind die
Riemen des Parketts
Wir stellen gemeinsam Betrachtungen an über die
Qualität des Holzes und über die Bewegung des Schiffchens
Erzählen Sie mir rasch Madame von Ihren Socken

Seamus Heaney
EIN SCHLUCK WASSER

Sie kam jeden Morgen, um Wasser zu holen,
wie eine alte Fledermaus, die im Felde taumelt:
das keuchende Husten der Pumpe, das Klappern des
Eimers
und sein sachtes Diminuendo beim Füllen
kündigten sie an. Ich erinnere mich
an ihre graue Schürze, die blasige weiße Emaille
des übervollen Eimers und den schrillen
Laut ihrer Stimme, gleich dem des Pumpenschwengels.
In Nächten, wenn der Vollmond hinter ihrem Giebel
aufstieg,
kam der zurück durchs Fenster und legte sich
aufs Wasser, das da auf dem Tisch stand.
Dort beugt' ich mich um wieder zu trinken,
dem Mahnwort treu auf ihrer Tasse,
Des Gebers denke! blaßte von dem Rand.

Seamus Heaney
DIE GUTTURALE MUSE

Spätsommer, und um Mitternacht
roch ich noch die Hitze des Tages:
an meinem Fenster überm Hotelparkplatz
sog ich die faulige Nachtluft ein vom See
und sah die Clique junger Leute die Diskothek ver-
lassen.

Die Stimmen hoben sich so dumpf und tröstlich
wie ölige Blasen, die die Schleie beim Fressen
an jenem Abend von sich gab — die schleimige Schleie,
die einst der Doktorfisch hieß, weil ihr Schleim
angeblich die Wunden der Fische heilt, die ihn
berühren.

Ein Mädchen im weißen Kleid
wurde angemacht zwischen den Autos:
als ihre Stimme schwoll und lachend gluckste,
kam ich mir vor wie so ein wundenübersäter alter
Hecht,
der schwimmend gern an solch sanftmündiges Leben
rührte.

Philip Larkin

IM BETT ZU REDEN

Im Bett zu reden müßte einfach sein,
dort beieinanderliegen führt so weit zurück,
ein Zeichen zweier, die es ehrlich meinen.

Doch immer öfter geht die Zeit mit Schweigen.
Draußen, da baut des Himmels unerfüllte Unrast
die Wolken auf, verstreut sie übern Himmel,

und dunkle Städte häufen sich am Horizont.
Das alles schert sich nicht um uns. Nichts sagt uns,
warum in dieser einzigen Ferne vom Alleinsein

Statement: Ich schreibe Gedichte, um Dinge, die ich gesehen, gedacht, gefühlt habe (wenn ich damit eine komplexe Erfahrung bezeichnen darf), zu bewahren; und das sowohl für mich wie für andere — obwohl ich fühle, daß meine primäre Verantwortung der Erfahrung selbst gilt, die ich zu ihrem eigenen Heil vorm Vergessenwerden bewahren möchte. Warum ich das tue, weiß ich nicht, doch ich denke, der Impuls zu bewahren liegt jeglicher Kunst zugrunde. Im allgemeinen beziehen sich deshalb meine Gedichte auf mein eigenes Leben (wenn auch nicht immer), da ich mir keine Pferde vorstellen kann, die ich nie sah, oder die Gefühle einer Braut, ohne eine Frau zu sein oder verheiratet.

es immer schwerer wird, ein Wort zu finden,
das freundlich ist und wahr zugleich
oder nicht unwahr, aber auch nicht böse.

Für ein Hauptprinzip halte ich, daß jedes Gedicht sein eigenes frisch geschaffenes Universum sein sollte. Ich glaube daher nicht an »Tradition«, gewöhnliche Mythenmixturen oder zufällige Anspielungen auf andere Gedichte oder Dichter und halte das für ebenso unbefriedigend wie das Geschwätz von literarischen Subalternen, die durchblicken lassen, sie kennten die richtigen Leute. Der einzige Leitstern des Dichters ist sein eigenes Urteil; ist das defekt, ist seine Dichtung defekt. Doch selbst dann hätte er immer noch eine richtigere Selbsteinschätzung, als wenn er auf irgendwen sonst hörte.

Philip Larkin

Anne Sexton

DIE SCHWARZE KUNST

Eine Frau, die schreibt, fühlt zuviel,
Zauber und Zeichen!
Als wären Zyklen und Kinder und Inseln
nicht genug; als wären Klagen und Klatsch
und Gemüse nie genug.
Sie meint sie kann die Sterne warnen.
Eine Dichterin ist eigentlich Spionin.
Mein Lieber, dies Mädchen bin ich.

Ein Mann, der schreibt, weiß zuviel,
Worte und Fetische!
Als wären Erektionen und Kongresse und Produkte
nicht genug; als wären Maschinen und Galeonen
und Kriege nie genug.
Aus alten Möbeln macht er einen Baum.
Ein Dichter ist eigentlich ein Gauner.
Mein Lieber, dieser Mann bist du.

Nie lieben wir uns selbst,
hassen unsere Schuh und unsern Hut,
wir lieben einander, *Schätzchen, Schätzchen.*
Unsere Hände hellblau und sanft.
Unsere Augen voll Schrecken.
Aber wenn wir heiraten,
gehn die Kinder voll Ekel.
Es gibt zu viel Essen und keiner
ißt all den verrückten Überfluß.

(1962)

Sylvia Plath
DIE MÜNCHNER MANNEQUINS

Vollendung ist furchtbar, sie kann keine Kinder haben.
Kalt wie Schneehauch tamponiert sie den Schoß

wo die Eibenbäume aufblühen wie Hydren,
der Baum des Lebens und der Baum des Lebens

ihre Monde loslösen, Monat um Monat, zwecklos.
Die Blutflut ist die Flut der Liebe,

das absolute Opfer.
Es heißt: Keine Götzen als mich mehr,

mich und dich.
So, in ihrem Schwefelliebreiz, in ihren Lächeln

lehnen diese Mannequins heute nacht
in München, dem Leichenschauhaus zwischen Paris und Rom,

nackt und kahl in ihren Pelzen,
Orangenlutschstangen auf Silberstäben,

unerträglich, ohne Gedanken.
Der Schnee läßt seine Stücke von Finsternis fallen,

niemand ist da. In den Hotels
werden Hände die Türen öffnen und Schuhe

hinstellen zum Polieren mit schwarzem Wachs,
daß breite Zehen morgen in sie gehen.

Oh, die gezähmte Häuslichkeit dieser Fenster,
die Babyspitzen, das grünbelaubte Backwerk,

die dickfelligen Deutschen die schlafen in ihrem boden-
losen *Stolz.*
Und die schwarzen Telefone an Gabeln

glitzernd
glitzernd und verdauend

Stimmlosigkeit. Der Schnee hat keine Stimme.

Ted Hughes

VOLLMOND UND KLEIN FRIEDA

Ein kühler kleiner Abend, geschrumpft zum Gebell
eines Hundes und dem Klinkern eines Eimers —

Und du horchst.
Ein Spinnennetz, der Berührung des Taus entgegen-
gespannt.
Ein erhobener Eimer, still und randvoll — Spiegel,
einen ersten Stern zu einem Beben zu verführen.

Kühe gehen drüben auf der Landstraße heimwärts,
umschlingen die Hecken mit warmen Atemkränzen —
Ein dunkler Blutstrom, viele Felsblöcke,
unverschüttete Milch schwenkend.

»Mond!« rufst du plötzlich, »Mond! Mond!«

Der Mond ist zurückgetreten wie ein Künstler, der
erstaunt ein Werk betrachtet,
das erstaunt auf ihn deutet.

William Carlos Williams

SUZANNE

Bruder Paul! schau!
— aber er läuft ans falsche
Fenster.
Der Mond!

Ich hörte Geschrei und dachte:
Was ist denn los?

Es ist bloß Suzanne
die mit dem Mond schwätzt!
Mit beiden Fäusten
haut sie ans Fenster:

Paul!   Paul!

— und schwätzt mit dem Mond.
Schreit und haut
mit beiden Fäusten
ans Fenster!

Bruder Paul! Der Mond!

Ted Hughes
FUCHSJAGD

Zwei Tage nach Weihnacht, gegen Mittag, wie
ich lausche,
wechseln hinter dem Hügel
die Jagdhunde das Revier, eine Wolke Erregungen,
ihre Stimmen gesträubt wie ein rostiger Zug,
der umrangiert wird. Die Hetzjagd
stolperte über einen Fuchs
am Dorfeingang. Eine Krähe in der Fichte,
die ihren Nistplatz inspiziert, zetert
gegen den unziemlichen Lärm. Eine Amsel
setzt ihren Katzenalarm in Gang. Der grauwolkige
Muff
des abgesunkenen Jahres sammelt Kraft
für einen Neuanfang
und röhrt schon in der Ferne. Alles durchnäßt. Der
Fuchs,
der flieht, bezieht seine erste Lektion
vom blöden Meutelärm, vom welpischen Gekläff,
hundsschwänzig geringelt, und vom barsch-militäri-
schen Bellen:
eine Maschine, die nur zwei Dinge erzeugt:
Hundsdreck und tote Füchse. Lastwagenmotoren,
die ihr Dröhnen an der Straßensteigung ändern,
beschweren die Luft, und der Fuchs rennt in einen Vor-
ort
mit unbestimmt gemäßigten Geräuschen. Jetzt wird
das Kläffen
prachtvoller, schwillt an im Labyrinth

der Windströme. Obstgärten
und Hecken liegen im Koma. Die Wiesen
kamen noch ziemlich davon, sind sicher, Rinder
schnauben noch hoffnungsvoll, als würde der Frühling
hier
den Winter auslassen. Die größeren Lämmer
sammeln ihre Scharen in Gattern. Der Fuchs
hängt seine silberne Zunge in die lärmige Welt
über den spritzenden Pfoten. Wird er flüchten,
bis seine Muskeln plötzlich Eisen werden,
bis Blut den Mund umschäumt, die Lungen reißen,
bis seine Füße rohe blutige Strünke sind und bis sein
Schwanz
dünn hängt wie einer Ratte Schwanz? Oder macht
er einen Fehler, einen Fehlsprung und springt just
in eines Jagdhunds Maul? Da ich dies schreibe,
rennt er noch unerschöpft, hat alle Chancen vor sich.

Thom Gunn

DIE SCHNECKE BETRACHTEND

Die Schnecke schiebt sich durch eine grüne
Nacht, denn das Gras ist schwer
von Wasser und schlägt zusammen über
dem hellen Pfad, den sie bahnt, wo der Regen
das Dunkel der Erde verdunkelt hat. Sie
bewegt sich in einem Wald der Begierde,

die blassen Hörner rühren sich kaum
wenn sie jagt. Ich kann nicht sagen,
welche Kraft da am Werk ist, durchtränkt
mit einer Absicht, unwissend.
Wie ist der Zorn einer Schnecke? Alles
was ich weiß: als ich später

die Grashalme über dem Tunnel
auseinandernahm und die dünne
Spur aus gebrochenem Weiß über dem
Unrat sah, hätte ich nie geahnt
die langsame Leidenschaft
für diesen gezielten Fortschritt.

Wystan Hugh Auden

JOSEF WEINHEBER

1892-1945

Ein schmaler Pfad, der aus dem
Dorf kommt, führt an meinem
Gartentor vorbei und weiter in den Wald:
Wenn ich diesen Weg gehe,
fühle ich mich verpflichtet, anzuhalten
und durch den Zaun deines Gartens
zu blicken, wo man (unter
den damaligen Umständen)
dich wie einen geliebten
alten Familienhund begrub.

Abgestempelte Feinde
vor zwanzig Jahren,
jetzt, Nachbarn Tür an Tür, wären
wir vielleicht Freunde geworden,
die eine gemeinsame Umwelt
und die Liebe zum Wort teilten,
bei einem goldfarbenen Kremser
hätten wir lange Gespräche
über Syntax, Kommas und
Versemachen geführt.

Ja, es muß gesagt werden:
Männer großen Unheils
und Übelwollens nahmen sich deiner an.
Für wie lange doch

wickelten sie dich ein, dich,
der auf Goebbels' Kulturangebot
entgegnete *»In Ruah lassen!«*?
Aber Krethi und Plethi
ziehen Skandale vor, und die Jungen
verdammen dich ungelesen.

Was wohl, hättest du jemals gehört
von Franz Jägerstätter,
dem Bauern von St. Radegund,
der sein einsames
»Nein« zum arischen Staat sagte
und geköpft wurde, —
was wohl dir, dem Österreicher
und Dichter, dein Herz gesagt hätte?
Natürlich sorgte man dafür,
daß dir nichts zu Ohren kam,

daß du unvorbereitet warst
für den Tag, der kommen mußte,
für die Zeit voller Schrecken,
Tränen und Wirrnis,
wo du, von Alpdrücken gequält,
dich selbst zerstörtest.
Vergeltung war immer schon
eine Pfuscherin:
»Dies alles ist furchtbar, hier
nur Schweigen gemäß«.

Unbemerkt von mir, unbetrauert
die Stunde deines Todes,
unbegrüßt von dir der Augenblick,
als ich, von der Vorsehung geführt,
Kirchstetten zum ersten Male sah

am einem verregneten
Oktobertag, in einem Jahr,
das unseren Kosmos veränderte,
dem annus mirabilis,
als die *Parität* stürzte.

Schon waren die besiegten Reiche
gründlich zufrieden
und sattgefressen, ihre Verbrechen
von ganz alltäglicher
privater Art, jener Unfug,
Leichen und Trümmer,
längst weggeräumt: die Geschändeten
vergaßen den Schock,
ihre entführten Physiker hatten
kein Heimweh mehr.

Heute lächeln wir bei Hochzeiten,
wo Braut und Bräutigam
geboren wurden, als der *Schatten*
sich hob oder vielmehr
weiterwanderte. Niemals noch
war unsere Erde ohne
böse Flecken, ohne einen Unort
mit Jobs für Folterknechte
(An welcher Theke sind sie willkommen?
Welche Mädchen heiraten sie?),

nie noch auf ihrer nährenden Oberfläche
überall Frieden.
Kein Mensch ist, soweit wir wissen,
jemals sicher gewesen,
drum hüten brave Familienväter
in geheimgehaltenen Zonen

mit der Hingebung von Mönchen
Apparaturen,
in denen harmlose Materie
mörderisch wird.

Doch hier fühle ich mich zu Hause
wie du einst: dieselben
kurzlebigen Geschöpfe stimmen wieder
dieselben sorgenfreien Lieder an,
Obstgärten bleiben dem Regime treu,
das sie kennen, von des Aprils
rasch aufblühenden Farben
bis hin zum ungestümen Herbst,
wenn bei jedem stammelnden Windstoß
Äpfel auf den Boden schlagen.

Schaue ich über unser Tal,
wo, dem Blick entzogen,
der Sichelbach westwärts eilt,
um mit der Perschling sich zu vereinen —
ein menschlich bescheidenes Bild
und sanft in den Konturen —,
bin ich mir bedeutenderer Nachbarn bewußt,
die ich verehre: der Berge,
die hinter mir aufragen, vor mir
des prächtigen Flusses.

Doch möchte auch dich ich ehren,
Kollege und Nachbar,
denn selbst mein englisches Ohr
entdeckt in deinem Deutsch
die Meisterschaft und den Tonfall
eines, dem es vergönnt war,
das Spiel der Bratschen

auf umzäuntem Rasen zu hören,
und dem es später oblag, »den
Abgrund zu nennen«.

(1965)

Die Zitate stammen aus Weinhebers Gedichten *Auf das Unabwendbare und Kammermusik.*

Adrian Henri

GEDICHT ZUR ERINNERUNG AN T.S. ELIOT

Ich war den Abend davor nicht zu Hause gewesen und
hatte keine Zeitungen gesehen und kein Fernsehen
& am nächsten Tag erzählte mir jemand in einem Café
du seist tot
Und es war als ob ein entfernter Lieblingsonkel gestorben war
alte Hände in dem großen fremden Zimmer / neue
glänzende Geschenke zu Weihnachten
und ich wußte nicht was ich fühlen sollte.

Jahre hindurch maß ich mein Leben aus mit deinen
Kaffeelöffeln

Deine Gedichte auf dem Tisch in staubigen möblierten
Zimmern
Eine Langspielplatte läuft auf der du liest an nassen
ununterbrochenen Januarnachmittagen

Inzwischen wieder im Wasteland:

Maureen O'Hara in tiefausgeschnittenem Kleid taumelt
über die Sandhügel von Rhyl
Liebespaare in Liverpooler Kneipen essen Passionsfrüchte
Alfred de Vigny auf dem Klosett lesen
Einen alten Flügel öffnen und finden daß er nach Curry
riecht

Der Stern von Indien in einem Busbahnhof gefunden

Sich lieben in einem verdunkelten Zimmer hören wie eine alte Frau auf dem Flur Zustände bekommt
Die ersten Schneeflocken des Winters fallen auf ihr Weihnachtsgedicht für mich in den Piccadilly Gardens
Die ersten Anzeichen des Frühlings in Plastiknarzissen auf städtischen Ladentischen
Liebende küssen sich
Regen fällt
Hunde rennen
Nacht bricht herein

Und du ›vertrauter Geist‹ kommst schweigend die Canning Street herunter in einer Nacht aus Regen und Nebel.

Robert Lowell

T.S. ELIOT

Gefangen zwischen zwei Verkehrsströmen, im Dunkel
der Gedächtnishalle und von Harvards Gefallenen . . .
Dann er:
»Haßt du es nicht auch, mit Verwandten verglichen
zu werden?
Ich schon. Ich fand gerade zwei der meinen rezensiert
von Poe.
Er hat sie in der Luft zerfetzt . . . ich war *entzückt*.«
Dann weiter im Rektoreneilschritt über den Hof;
die Rede kommt auf Pound: »So ein Blödsinn, zu be-
haupten,
er gäb sich nur als Ezra aus . . . Es geht ihm besser
zwar. Heuer
will er schon nicht mehr den Tempel in Jerusalem neu
errichten.
Ja, es geht ihm besser. ›Sag *du* was‹, meinte er, nach-
dem er zwei Stunden geredet hatte.
Da wußte ich dann aber absolut nichts mehr zu sagen.«
Oh Tom, *eine* Muse, *eine* Musik, hätte man Dein
Glück —
verloren in der dunklen Nacht der glänzenden Parlierer,
Humor und Huldigung aus der Suada ohne Punkt und
Komma!

Robert Lowell
EZRA POUND

Waagrecht auf einem Liegestuhl im Gefängnistrakt
für kriminelle Geisteskranke ... Jemand ohne
Schnürsenkel
reißt das Sozialkredit-Pamphlet vom Tisch; Du sagst:
»... hier in schwarzem Anzug, schwarzer Aktenmappe;
in der Mappe
ein Greuel, Possums *hommage* an Milton.«
Dann freigelassen; Rapallo, das vergangene Jahrzehnt;
und drei Jahre später, Eliot tot, sagst Du:
»Wer ist noch übrig, meine Witze zu verstehn?
Mein Bruder in der Kunst, seit eh und je ... dazu ein
prima Dichter.«
Du zeigtest mir deine fleckigen, verkrümmten Hände,
sagtest: »Würmer.
Als ich diesen Blödsinn über Juden im Römischen
Rundfunk
verzapfte, wußte Olga, daß es Scheiße war, und liebte
mich doch.«
Und ich: »Wer sonst noch ist im Fegefeuer gewesen?«
Du: »Ich begann als Schwellkopf und ende mit
geschwollenen Füßen.«

Robert Lowell
EHE: SCHWERER ATEM

Dein schwereres Atmen rührt ein leichteres Herz,
die Sonne beglüht die Wiese noch nach Mitternacht,
bereit, selbst in England, den Tag zu dehnen.
Ich stehe Kopf, die Landschaft bleibt an ihrem Ort,
auch wenn sich der Himmel verkehrt. Gewissen,
unheilbar,
überzeugt mich, daß ich nicht mein Leben schreibe;
das Leben gibt uns nie Gewißheit, welcher Teil von uns
das Leben ist.
Das unsre war nie ein Buch, obgleich sein Funkenflug
die Seite mit leichten Brandflecken übersäte:
Dichtung, die ich mit Zeugnissen aus erster Hand
einfärbte,
Briefe und Gespräche, die ich als Dichtung verkaufte —
Doch was ist wahr, was falsch, wenn morgen die
Chirurgen
die Eiterbeule stechen und in die Arena drängen, uns
zu sehn,
ausgeweidet für das Leben nach dem Tode?

Denise Levertov

O TASTE AND SEE

Die Welt ist
nicht genügend in uns.
O TASTE AND SEE

sagte das Bibelplakat in der Untergrundbahn,
und meinte den HERRN, meinte,
wenn irgend etwas, alles Leben, das
für die Sprache der Phantasie geschaffen,

Kummer, Gnade, Worte,
Mandarine, Wetter, sie
zu atmen, beißen, schmecken, kauen,
herunterzuschlucken und zu verwandeln

unser aller Sterben in unser
Fleisch, die Straße kreuzen, Pflaume, Quitte,
im Obstgarten leben und

hungrig sein, und die Frucht
pflücken.

Jürgen Becker

GEDICHT ÜBER SCHNEE IM APRIL

April-Schnee; schnell; noch einmal
ist fünfzehn Minuten
Winter und völliges Verschwinden
der Krokus-Gebiete
und
fünfzehn Minuten, in Zukunft,
sagt Warhol, ist Ruhm. Schnell,
ein Gedicht über Schnee im April,
denn schnell ist weg
Stimmung und Schnee
und plötzlich,
metaphorisch gesagt,
ist Schnee-Herrschaft verschwunden
im Krokusgebiet
und die Regierung des Frühlings regiert.
Nun Frühlings-Gedicht.
Und schnell. Winter ist morgen, wieder,
und neue Herrschaft,
nein,
nicht morgen: in fünfzehn Minuten,
mit Schnee, wie schnelles Leben,
sagt Warhol, metaphorisch gesagt,
wie Schnee, Verschwinden, April.

William Carlos Williams
THIS IS JUST TO SAY

I have eaten
the plums
that were in
the icebox

and which
you were probably
saving
for breakfast

Forgive me
they were delicious
so sweet
and so cold

William Carlos Williams

NUR DAMIT DU BESCHEID WEISST

Ich habe die Pflaumen
gegessen
die im Eisschrank
waren

du wolltest
sie sicher
fürs Frühstück
aufheben

Verzeih mir
sie waren herrlich
so süß
und so kalt

Kenneth Koch

VARIATIONEN ÜBER EIN THEMA VON WILLIAM CARLOS WILLIAMS

1

Ich habe das Haus umgehauen das du geschont hattest
für den nächsten Sommer.
Tut mir leid, aber es war Morgen und ich hatte nichts
zu tun
und die Balken sahen so einladend aus.

2

Über den Fliederbaum haben wir zusammen gelacht
doch dann besprühte ich ihn mit Lauge.
Entschuldige. Ich weiß einfach nicht was ich tue.

3

Ich habe das Geld verschenkt das du gespart hast um
die nächsten zehn Jahre davon zu leben.
Der Mann der darum bat war so runtergekommen
und der feste Märzwind auf der Terrasse war so saftig
und kalt.

4

Gestern abend gingen wir tanzen und ich brach dir ein
Bein.
Entschuldige. Ich war ungeschickt und
ich wollte dich hier haben auf der Station, wo ich der
Arzt bin!

Frank O'Hara

GEDICHT

Licht Klarheit Avocadosalat am Morgen
wie erstaunlich ist es, nach all den schrecklichen Sachen
die ich mache
Verzeihung und Liebe zu finden, nicht nur Verzeihung
denn was
getan ist, ist getan und Verzeihung ist nicht Liebe
und Liebe ist Liebe, nichts kann jemals schiefgehen
obwohl die Dinge irritierend langweilig sein können und
unwichtig
(in der Vorstellung) aber nicht wirklich für die Liebe
obwohl einen Block weiter du dich abgerückt fühlst, die
bloße Gegenwart
verändert alles wie eine Chemikalie, die aufs Papier ge-
tropft wurde
und alle Gedanken verschwinden in einer fremden
ruhigen Erregung
ich bin mir nur dessen sicher, gestärkt durch das Atmen

Ich bin hauptsächlich mit der Welt beschäftigt, so wie ich sie erlebe.

Ich glaube nicht an Ruhm oder Nachruhm (wie Keats es so eindrucksvoll und aufrichtig getan hat), noch kümmere ich mich um klärende Experimente für irgend jemand oder (außer zufällig) um die Verbesserung der Lage von irgend jemand

Frank O'Hara
MASTURBATION

It's a pause in the day's occupation that is known as the children's hour.

Das ist eine Pause im Tagesablauf die
bekannt ist als die Kinderstunde.

oder um soziale Verhältnisse, noch bin ich für irgendeine einzelne technische Neuerung in der amerikanischen Sprache nur deswegen, weil ich das für notwendig halte. Lediglich das, was mir zustößt — abgesehen von Lügen und Übertreibungen — geht in meine Gedanken ein. Ich glaube nicht, daß meine

Frank O'Hara

POEM

Lana Turner has collapsed!
I was trotting along and suddenly
it started raining and snowing
and you said it was hailing
but hailing hits you on the head
hard so it was really snowing and
raining and I was in such a hurry
to meet you but the traffic
was acting exactly like the sky
and suddenly I see a headline
LANA TURNER HAS COLLAPSED!
there is no snow in Hollywood
there is no rain in California
I have been to lots of parties
and acted perfectly disgraceful
but I never actually collapsed
oh Lana Turner we love you get up

Erfahrungen klärend oder für mich oder andere hübsch arrangiert sind; sie haben gerade die Form, die ich für sie finden kann. Was mir in meinem Werk klar ist, ist anderen wahrscheinlich dunkel, und umgekehrt. Meine gewöhnliche »Strophenform« ist ausgeprägt worden an Kreuzungen, wo das, was ich

Frank O'Hara

GEDICHT

Lana Turner ist zusammengebrochen!
Ich trottete so daher und plötzlich
fing es an zu regnen und zu schneien
und du sagtest es würde hageln
aber Hagel schlägt dir auf den Kopf
hart, also schneite und regnete es
tatsächlich und ich war so in Eile
dich zu treffen doch der Verkehr
benahm sich genauso wie der Himmel
und plötzlich sehe ich eine Schlagzeile
LANA TURNER IST ZUSAMMENGEBROCHEN!
es gibt keinen Schnee in Hollywood
es gibt keinen Regen in Kalifornien
ich bin auf einer Menge Parties gewesen
und hab mich völlig danebenbenommen
aber ich brach niemals wirklich zusammen
oh Lana Turner wir lieben dich steh auf

kenne und nicht bekommen kann, sich mit dem trifft, was übriggeblieben ist von dem, was ich kenne und ohne Abscheu ertragen kann. Ich mag einen großen Teil zeitgenössischer Lyrik nicht, aber sie ist ein nützlicher Stachel, der in der Seite steckt.

Frank O'Hara

Rolf Dieter Brinkmann

EINE ÜBERGROSSE PHOTOGRAPHIE VON LIZ TAYLOR

Ich trinke meinen Kaffee wie jeder Kaffee trinkt
aber die Bilder sind anders.
Der eine denkt an irgendetwas
                                        und ich denke
an irgendetwas, Liz Taylor lächelt immerzu.
Wenn es etwas gibt, das sich noch lohnt, dann

ist es das.
Die Krümmung einer Haarlocke und
die natürliche Kräuselung des

Schamhaars
wie Schamhaar sich in meinen
Träumen kräuselt, es ist schon

                                        spät.
Und noch immer lächelt Liz Taylor
mich an. Was ist das? Nehmen wir an, es

ist nichts
was sich lohnt, dann bleibt dieses von allem übrig
nachdem ich meinen Kaffee ausgetrunken habe.

Paul Blackburn

DIE PRACHTVOLLEN HAARE

Eine Frau beim Pissen
in freier Natur zu beobachten, ist
ein Tier zu beobachten
                    das das tut / dies Nackte
wie ein Pferd oder eine Kuh
Nichts so schlicht wie der Bolzen eines Mannes
aber weit offen wie eine Kirchentür
                    und ungehemmt zischend

Sie tun gut daran für ihre Zwecke
diesen Akt zu verstecken, den
freimütigen, platten Gebrauch ihrer Ausrüstung
                    fürs Geschäft
mit dem heiteren Geräusch
das nicht mit Liebe assoziiert wird. Und dann

abtrocknen und aufstehen mit einer verstohlenen An-
                                                  mut
und daran denken. Alles, was ich an

Statement: Heute schickt dieses Land Astronauten um den Mond. Die Lyrik muß dem Universum die Gänsehaut beibringen. Wir alle arbeiten getrennt und zusammen. Um Himmels willen, alles muß geändert werden, die Dritte Welt lebt, auch wir sind nicht draußen. Es ist sehr schmerzlich. Behalten Sie

Delikatem ertragen kann,
ist die Hand, die unterm Hemd über meine Brust
streichelt, wenn sie
daran denkt.

Ihren Sinn für Witze bei und lachen Sie so oft wie möglich. Sterben Sie gut. Machen Sie Kinder. Essen Sie so gut Sie können, aber nicht zuviel. Lieben Sie. Bieten Sie Hilfe an, nehmen Sie sie an und kämpfen Sie. Berühren Sie jeden.

Paul Blackburn

Allen Ginsberg
TODESNACHRICHT

Besuch bei William Carlos Williams etwa 1967, die Dichter Kerouac, Corso, Orlovsky saßen im Wohnzimmer auf dem Sofa und verlangten nach weisen Worten, der betroffene Williams zeigt durch die Vorhänge des Fensters auf die Main Street: »Es gibt 'ne Menge Dreckskerle da draußen!«

Nachts ging ich auf der Asphaltstraße des Campus
an dem deutschen Dozenten mit Brille vorbei
W. C. Williams ist tot, sagte er mit Akzent
unter den Bäumen von Benares; ich blieb stehn und
fragte
Williams ist tot? Aufgeregt mit weiten Augen
unter dem Großen Bären. Ich stand in der Vorhalle
des International House Bungalows
Insekten schwirrten um das elektrische Licht
und las die ärztliche Todesmeldung in *Time.*
»draußen unter den Spatzen hinter den Fensterläden«
Williams ist im Großen Bären. Er ist nicht tot
während die vielen Seiten in seinem Tonfall
geordneter Wörter die Münder der schmächtigen Kin-
der
ergreifen sie sogar in Bengal besänftigen. So
dringt das Leben aus seinen Büchern; auch Blake
»lebt« durch seine wissenden Maschinen.
Waren seine letzten Worte irgendwas Schwarzes da
draußen
in dem mit Teppichen ausgelegten Schlafzimmer des
giebligen
Holzhauses in Rutherford? Was sagte er wohl,

war irgendetwas im Bereich der Sprache geblieben
nachdem die Verdammnis von Schlaganfall und Gehirnlähmung
seine Gedanken ergriffen hatte? Wenn ich in Bardo Thodol
zu seiner Seele bete, könnte er das unerwartete Ereignis fremder
Gnade hören. Drei Wochen lang blieb es verborgen; jetzt aber sah ich
den Passaic und den Ganges als eins,
ich konnte in seine Andacht einwilligen
weil er am steinigen Ufer ging und zu einer Gottheit
im Fluß betete, die er nur erfunden hatte —
eine andere Ganga-Ma. Jetzt fährt er nicht auf einem himmlischen
Krokodil sondern auf dem alten rostigen Holland-
Unterseeboot im Erdgeschoß des Patterson Museums.
Oh trauert Ihr Engel der Linken! daß der Dichter
der Straßen jetzt ein Skelett ist unter dem Pflaster
und keine andere alte Seele so gut und schmächtig
und zart und männlich dich sehen kann,
was du sein wolltest unter den Dreckskerlen da draußen.

20. März 1963

Bardo Thodol: im Lamaismus das Stadium der Seele zwischen Tod und Wiedergeburt.
Ganga-Ma (*Mutter Ganges:* Gottheit des Ganges, auf einem Krokodil) reitend dargestellt.

Anmerkung des Übersetzers

Antonio Cisneros

KARL MARX DIED 1883 AGED 65

Ich weiß noch, im Haus meiner Großtante hingen zwei Stiche:
»Ein Herr bei der Anprobe im Hause des Schneiders«.
»Große Hofparade in Wien anno 1902«.
Tage, an denen nichts passieren konnte.
Jedermann trug am Gürtel
sein Amulett: eine Hasenpfote.
Auch meine Großtante — zwanzigjährig
im Strohhut unter der Sonne
kaum daß sie sich Mühe gab
den Mund zu halten und nicht mit den Beinen zu wippen.
Menschen des guten Willens voll und die Ohren sauber gewaschen.
Bis auf die Anarchisten im Vaudeville, bärtige Irre
in große Halstücher eingewickelt.
Das waren Herbste, das waren Sommer!
Eiffel baute einen Turm: »Es ist erreicht.«
Ein dritter Stich:
»Tugend, Liebe und Frömmigkeit. Schutzengel der Familie«.
Und dabei lag der alte Marx noch keine
zwanzig Jahre unter diesem Rasen
der wie geschaffen ist für einen Golfplatz, so satt und fett.
Dreimal ruhten sich die Kranz- und Sargträger aus
am Fuß des Hügels.
Dann haben sie ihn begraben

neben der Ruhestätte von Molly Redgrove, »eingeebnet
1940
durch feindliche Bomben und wieder hergerichtet im
Frieden«.
Ach alter Karl, wie du in deinem Tiegel
alle Metalle zermalmst und schmilzt
während deine Söhne hin- und herhüpfen
zwischen Spiegel-Hochhaus und Times
und deine Frau kochte Zwiebeln und die Sache rührte
sich
nicht vom Fleck und dann doch und auf einmal
ging es los auf der Place Vendôme, und dann kam
Lenins Ding
und ein Haufen Aufruhr, und dann war es nicht mehr
die fremde Hand am Hintern, die die Damen
erbleichen ließ, und die Herren beschlich der Verdacht
daß mit der Dampflokomotive die allgemeine
Glückseligkeit noch nicht besiegelt war.

»So war es und ich stehe tief in deiner Schuld
alter Spielverderber.«

Nicanor Parra

FRAUEN

Die unmögliche Frau,
die Frau die zwei Meter groß ist,
die Dame aus Carrara-Marmor
die weder raucht noch trinkt,
die Frau die sich nicht ausziehen mag
weil sie Angst hat schwanger zu werden,
die unberührbare Vestalin
die keine Kinder kriegen will,
die Frau die durch den Mund atmet,
die Frau die als Jungfrau
ins Ehebett möchte
und die sich dann aufführt wie ein Mann,
die Frau die sich aus Freundlichkeit auszieht
weil sie klassische Musik so gern hat,
die Rothaarige die sich auf den Bauch legt,
die Frau die sich nur aus Liebe hingibt,
die Kleine die ein Auge dabei zukneift,
die Frau die es nur auf dem Sofa tut
am Rande des Abgrunds,
die Frau mit dem Haß auf die Geschlechtsteile,
die Frau die sich nur mit ihrem Hund vereint,
die Frau die sich schlafend stellt
und ihr Mann leuchtet sie mit einem Zündholz an,
die Frau die sich darum preisgibt weil,
weil die Einsamkeit, weil das Vergessen . . .
Die alte Jungfer,
die kurzsichtige Lehrerin,
die Sekretärin mit Sonnenbrille,

das blasse Fräulein mit Haftschalen
das nichts mit einem Schwanz zu tun haben will,
all diese Walküren,
all diese verehrungswürdigen Matronen
mit ihren Großen und Kleinen Schamlippen
werden mich noch zur Weißglut bringen.

Nicanor Parra
HUNDELEBEN

Der Studienrat und sein Hundeleben.
Die Frustration auf der ganzen Linie.
Das unangenehme Gefühl an den Zähnen,
wenn die Kreide kreischt.

Der Studienrat und die genaue Frau.
Der Studienrat und die präzise Frau.
Wo findet er eine präzise Frau?
Eine Frau die das wäre was sie ist,
eine Frau die nicht aussähe wie ein Mann.

Der Schmerz verdunkelt den Blick
auf die wachsenden Runzeln,
auf das Altern der eigenen Schüler,
auf die Anzeichen mangelnden Respekts.
Schon wie sie durch den Gang latschen!

Die Beleidigungen wären noch zu verkraften,
aber dieses hämische Grinsen
und die widerlichen Bemerkungen!

Die Schule ist der Tempel des Wissens.

Der Direktor des Etablissements
mit seinem Clark-Gable-Schnurrbart.

Die Nacktheit der Frau Gemahlin:
der Blick rutscht aus an dieser Eule

mit dem zu glatten Haar.
Den Kuß auf die Wange
gewöhnt man ihr leichter an als ab.
Die Wohnung als Schlachtfeld.

Die Frau wehrt sich mit den Beinen.
Die sexuellen Probleme des Alterns.
In einer Anthologie erscheinen,
künstliche Zuckungen erzeugen.

Der Studienrat ist nicht mehr zu retten.
Der Studienrat studiert seine Ameisen.

Andrej Wosnessenskij
STRIPTEASE

Revue. Die Tänzerin zupft und albert sich nackt.
Heul ich, oder hat mir der Scheinwerfer die Augen aus-
gehackt?

Eins und zwei und . . . räkelt sie sich frei:
Apfelsinenfleisch, von dem man Schalen reißt.

Eines Vogels Schwermut ist in ihrem Blick.
Und sie tanzt. Sie windet sich. Sie stript.

Höllentanz. Gewieher. Drüben an der Bar:
Egel-Äuglein, vollgesogen, starr.

Dort, der Kerl, mit Dottergelb getauft,
haucht als Preßlufthammer seinen Atem aus.

Jener feisten Wanze droht der Herzinfarkt.
Und das Saxophon erdröhnt zum Jüngsten Tag.

Ich verfluche deinen Sphären-Gleichmut, Welt:
Fahles Licht, das auf die Brücken fällt.

Ich denke, die Menschen fühlen sich heute zur Poesie hingezogen, so wie man bei Skorbut zu Vitaminen sich hingezogen fühlt. Es ist sicher kein Zufall, daß Ferlinghetti, Ginsberg in San Francisco zu Lesungen ihrer Gedichte auftreten, und große Scharen von Studenten, von jungen Menschen strömen zu ihrem Vortrag. Es ist genausowenig ein Zufall, daß in der UdSSR Lyrikbände in einer Auflage von 100 oder 200 Tausend erscheinen und ihre

Ich verfluche, staune, staue meinen Haß.
Und die Frau zerregnet sich zum Jazz.

»Sie sind wohl Amerika?«, frag ich in Trance.
Sie schaut her, drückt ihre Zigarette aus.

»Kleiner«, sagt sie, »kenn ich den Akzent?
Nehmen wir Martini und Absinth!«

Interessenten finden. Und dabei handelt es sich bei beiden Beispielen keineswegs um primitive Poesie, vielmehr um jene schwierige und zuweilen komplizierte Poesie, wie sie unser Zeitalter von uns fordert.

Aber vielleicht ist es heute gerade ein Paradoxon, daß die schwierigsten Dinge zu den allerbegreiflichsten werden. Der Bauer, der keine Ahnung von höherer Mathematik hat, begreift dennoch, was das Ding ist,

Andrej Wosnessenskij

ABSCHWEIFUNG ÜBER ABSCHWEIFUNGEN

Ich bin krank. Ich bin am Meer.
Amerika, du fehlst mir sehr.

Meine jungen Tage ächzen
in der Zange dreister Texte.

Meine Muse rührt den Tee.
Und sie hilft mir. Und sie stört.

Wartet nicht mein Redakteur?

Schwarzbekleckstes Watt. Mein Meer
weicht zurück, entblößt den Strand,
zeigt die Requisiten her:
Seele, Schlinggewächse, Sand,

schiebt sich wieder auf das Land,
wie die Walze auf den Teer.

das über seinem Kopf immer weiter in die Höhe steigt, das Raumschiff oder die Rakete. Und das Raumschiff oder die Rakete tritt in sein Leben ein, wie es etwa ein paar Stiefel tun. Das Wesen der Dinge wird begriffen, die Poesie wird begriffen, und ich möchte jetzt sagen, wozu die Poesie heute gut ist.

Ich will es in einer einfachen und allgemeinen Formel sagen: Poesie steht heute dort, wo es schmerzt, wo schmerzhafte Emp-

Andrej Wosnessenskij
SELBSTABSCHWEIFUNG

für Jean-Paul Sartre

Bin ein Spektrum, bin liiert.
Es hausen sieben Ichs in mir.

Wie sieben Tiere — unerträglich.
Das allerblaueste bläst Flöte.

Und in der Frühlingsnacht
träumt mir, ich sei Nummer acht.

findungen anklingen, die auf Veränderung deuten oder Veränderungen benötigen. Der Dichter sollte, wie der Arzt es tut, das Zentrum des Schmerzes aufspüren und seine Gründe diagnostizieren. Der Dichter sollte dort zu finden sein, wo es den Menschen schmerzt, wo es das Land oder das Volk schmerzt, beim Liebesschmerz wie beim Leiden durch den Krieg.

Andrej Wosnessenskij

Pierre Garnier

DER Tod
ist so still
auf hoher See.

Heute morgen singt die Amsel
und Christus erscheint im Schlaf der Dinge.

Der Mond
gleicht er nicht unserer Poesie
so tot
so klar?

Manchmal
glänzt
ein Sonnenkorn
im Kaffee

weiß und schwarz.

Five o'clock.

Das Sonnensystem auf dem Tischtuch.

Dämpfe
und Schwerkraft.

Die drei Damen vergessen darüber den Faden.

Der Mond kümmert sich nur
um die Stühle
im Innern des Hauses.

Dabei wird die Fabrik dort
metaphysisch
wie ein Bild von Chirico.

Raymond Queneau
LA CHAIR CHAUDE DES MOTS

Prends ces mots dans tes mains et sens leurs pieds agiles
Et sens leur cœur qui bat comme celui du chien
Caresse donc leur poil pour qu'ils restent tranquilles
Mets-les sur tes genoux pour qu'ils ne disent rien

Une niche de sons devenus inutiles
Abrite des rongeurs l'ordre académicien
Rustiques on les dit mais les mots sont fragiles
Et leur mort bien souvent de trop s'essouffler vient

Alors on les dispose en de grands cimetières
Que les esprits fripons nomment des dictionnaires
Et les penseurs chagrins des alphadécédets

Mais à quoi bon pleurer sur des faits si primaires
Si simples éloquents connus élémentaires
Prends ces mots dans tes mains et vois comme ils sont faits

Raymond Queneau

DAS HEISSE FLEISCH DER WÖRTER

Faß diese Wörter an, fühl ihre flinken Beine,
fühl ihre Herzen, die wie Hundeherzen schlagen,
liebkose ihren Pelz, damit sie ruhig bleiben,
nimm sie auf deine Knie, damit sie nichts mehr sagen.

Ein Nest, aus Klang gebaut, er ist jetzt nebensächlich,
schützt vor dem Nagetier, dem akademischen Orden,
man nennt sie roh, jedoch die Wörter sind zerbrechlich,
und ihnen ist im Nu der Atem knapp geworden.

Und für den Friedhof schlägt man sie in Leichentücher,
ein jeder schofle Geist, er nennt sie Wörterbücher,
ein saurer Denker nennt sie alphadezediert.

Aus welchem Grund der Mensch darüber lamentiert?
Es ist ein simpler Fakt, auf den wir so bedacht sind,
faß diese Wörter an und sieh, wie sie gemacht sind.

Jacques Roubaud

O GLIB O LIEBE ...

O glib o liebe source si tes eaux
seem song seem with their hundred folding herbs
sapides sous les jonquilles si neuves
ou sifflent comme sifflent les roseaux

is it for me for us when lyin' above
you green on the marigolden meadow
renversés sous les murmurants rideaux
de trembles gris nous jouons joute brève

or is it that from sauntering summer
in prairies drowned you hear the brooding birds
forever-owl or morrow-nightingale

et débordant de mains fraîches tu pleures
qui crois versant douce tendresse neuve
apaiser le mal qu'ils portent au ciel

Jacques Roubaud
O GLIB O LIEBE

O Glib o Liebe Quelle wenn dein Wasser
seem song seem with their hundred folding herbs
wohlschmeckend unter jungen Märzenbechern
und flötet wie nur Schilfrohr flöten kann

is it for me for us when lyin' above
you green on the marigolden meadow
und rücklings unter murmelnden Gardinen
aus Espen spielen wir ein Lanzenstechen

or is it that from sauntering summer
in prairies drowned you hear the brooding birds
forever-owl or morrow-nightingale

von kühlen Händen überquellend Tränen fließen
um sanfte Zärtlichkeiten auszugießen
das Böse stillend das es in den Himmel trägt

Yasushi Inoue

VOR TAGESANBRUCH

Als ich den Deckel vom frischen Tintenfaß schraube, breitet sich vor mir die blauschwarze Tiefsee aus. Im Vergleich zu ihr wollen mir Pazifik und Indischer Ozean winzig erscheinen. Wie der Arzt vor einem Gehirneingriff ziehe ich einen sauberen weißen Kittel über, wasche mir die Hände in Lysol und mache mich an die Operation, ein Stück Tiefsee herauszuschneiden und in ein kleines zylindrisches Gefäß zu bringen.

Da setzt in der Tiefsee eine neue Strömung ein. Walherden, Schwärme von Kraken, von fliegenden Fischen drängen durch den Kanal von S. hinunter in den Meeresgraben K. Gleich darauf beginnt mit gurgelndem Geräusch die Flut in Wirbeln aufzuschießen. Und über das Meer, das sich allmählich auf einem niedrigeren Wasserstand einpegelt, fahren Panzerkreuzer unbekannter Nationalität.

Bald wird der Morgen grauen.

(1962)

Kuroda Kio

BRENNENDE GIRAFFE

Ich hörte von einer brennenden Giraffe
Ich wollte eine brennende Giraffe
Irgendein ausländischer Maler hat sie angezündet
Die Farbe der Flammen um den Hals
Diese Farbe wollte ich
Ich setzte ein Spielzeugpferd aus Stroh in Brand
Dicker Qualm
Zurück blieb der Gestank der Asche
Da rannte ich hinaus
Ich weinte, aber nicht weil ich traurig war
Ich wollte bloß eine brennende Giraffe
Zu sehen waren aber nur braun angesengte Maulbeer-blätter
und eine Katze mit einer toten Seidenraupe zwischen den Zähnen, die aus dem Maulbeerhain floh
Ich hielt es nicht aus
Irgendwo auf der Welt brannte doch eine Giraffe
Ich will eine brennende Giraffe, schrie ich
Im Nachbardorf hinter dem Maulbeerhain
lebte ganz sicher ein Tölpel
Täglich zur gleichen Stunde kam er vorbei
Jetzt, am Sommernachmittag, war die Stille
bevor der Tölpel sich auf der Straße zeigte
Der unheimlichen Stille schrie ich entgegen
Ich rannte zum verborgenen Wachthäuschen an der Kreuzung
Die Glocke hing vom Vordach
Neben der Türe die alte Pumpe

Voller Sehnsucht stand ich vor dem dunklen Gefängnis
Da schellte die Glocke und zugleich
richteten schwarzgekleidete Gestalten
die Gewehrläufe ihrer Wasserschläuche auf mich
Die Gestalten bedrängten
und verhörten mich
Wo brennt's?
Eben hier brennt's
Ich bin der Brand
Aber das ist Gesetzesbruch
Ich will keine Gesetze
Ich will bloß eine brennende Giraffe!
Bei dieser Antwort
durchbohrte ein Speer aus Wasser
scharf meine Brust

(1968)

Hone Tuwhare

NICHT VON WIND VERWÜSTET

Tief genarbt
nicht von Wind verwüstet oder Regen
nicht vom lärmenden Fluß:
von allem entblößt, bis auf den kurzen Putz
des Stechginsters und, Wache
stehend über deine kahle Einsamkeit,
das Büschelgras.

Oh stummes Land, laß mich das Echo deiner Öde sein.
Das Ansehen meines Hauses ist dahin,
der Dorfplatz ist nur ein Distelfeld.
Ich komme zu dir mit einer Bitterkeit,
die nur deine trägen Falten stillen können,
denn ich weiß, ich weiß
mein schwermütiger Gesang verliert sich
im Geschrei des Windes um das verfallende Dach.

Breite aus meine Nacktheit —
ungeschmückt komme ich ohne kostbare
Gaben von Jade und Kuriositäten aus Bein: doch
der wilden Beere werde ich geben
eine herbe Süße; erhöhen für eine todlose
Zeit das zerbrechliche Erröten des Manukastrauchs.

Du sollst alles ertragen und es soll dir gleich sein.
In deinem weiten Mitleid umarme
die kein anderes Gefühl kennen
als Gier:

meine Befriedigung darüber beklage ich,
denn sie ist gefüllt wie die Schale des Bettlers:
es wird der Staub der Geizigen
nicht weniger nähren die erlesenen Blüten,
deren feuchte Lippen sich
der Morgensonne öffnen.

Tomas Tranströmer

OFFENE UND GESCHLOSSENE RÄUME

Ein Mann tastet an der Welt mit seinem Beruf: seinem
Handschuh
Er ruht eine Weile aus mitten am Tag und legt die
Handschuhe weg aufs Regal.
Dort wachsen sie plötzlich, breiten sich aus
und verdunkeln das ganze Haus von innen.

Das verdunkelte Haus steht draußen mitten unter den
Frühlingswinden.
»Amnestie«, flüstert das Gras: »Amnestie«.
Ein Junge rennt mit einer unsichtbaren Schnur, die
schräg hinaufgeht in den Himmel,
wo sein wilder Zukunftstraum wie ein Drache fliegt,
größer als die Vorstadt.

Weiter im Norden sieht man von einer Höhe den blauen
unendlichen Waldteppich,
wo die Wolkenschatten
still stehen.
Nein, vorwärts fliegen.

Ich sehe ein Gedicht nicht als eine Erklärung, sondern als eine neue Perzeptions- und Kommunikationsweise. Wie an einem Bahnknotenpunkt, wo sich die Züge aus allen Richtungen treffen, gibt ein Gedicht plötzlich einen neuen Kommunikationsknotenpunkt, von dem aus die Wirklichkeit zwar nicht erklärt, aber

Tomas Tranströmer

DAS PAAR

Sie löschen das Licht aus, und der weiße Lampensturz schimmert
einen Augenblick, bis er aufgelöst ist
wie eine Tablette in einem Glas Finsternis. Dann Erhebung.
Die Hotelwände schießen hinauf in die Himmelsfinsternis.

Die Bewegungen der Liebe sind abgeflaut, und sie schlafen,
aber ihre geheimsten Gedanken treffen sich,
wie wenn zwei Farben sich treffen und ineinanderfließen
auf dem nassen Papier einer Schuljungenzeichnung.

Es ist still und dunkel. Aber die Stadt ist näher gerückt
heute nacht. Mit erloschenen Fenstern. Die Häuser kamen.
Sie stehen in zusammengedrängtem Warten äußerst nahe:
eine Volksmenge mit ausdruckslosen Gesichtern.

in einer neuen Beobachtung gezeigt wird. Die Metapher dient dazu, diese neue Beobachtungsweise zu etablieren, und hat damit eine ungeheuer wichtige Rolle in dem gesamten Prozeß.

Tomas Tranströmer

Lars Gustafsson

DIE MASCHINEN

Manche Maschinen sind früh aufgekommen,
andere spät. Außer der Zeit, der sie angehören,
hat die Welt keinen Platz für sie.

Heronskugel Wurfschleuder Voltasäule.
Die Große Fahrkunst zu Falun. Kuriosa:
Die »pneumatische Kornfege«
Una macchina per riscaldare i piedi

Die uns auffallen, das sind Maschinen
aus einem fremden Jahrhundert: sie wirken ortlos.
Sie werden deutlich, nehmen Bedeutung an.

Doch was sie bedeuten, weiß niemand.

Das *Kunstgezeug:* eine Vorrichtung
aus zwei gegenläufigen Stangen, um Kraft

Die Maschine beunruhigt uns auf ähnliche Weise wie die Idee des Gespenstes: etwas Lebloses bewegt sich und lebt, das heißt: es simuliert Leben. Hebt man die mechanischen Bewegungen der Maschine gegen die Regungen des organischen Lebens ab, so läuft das nicht darauf hinaus, daß die Maschine zum Todessymbol wird. Nicht auf den Tod weist sie hin, sondern auf die Möglichkeit, daß unser eigenes Leben, wie das ihre, nur ein simuliertes sein könnte.

Wir alle teilen eine Erfahrung, mag man sie Entfremdung nennen, mag man sie in den Marxschen oder Kierkegaardschen Begriffen zu fassen suchen, die uns nötigt, eine solche Hypothese ins Auge zu fassen: die

über große Strecken hinweg zu überführen.
Was bedeutet das Kunstgezeug?

Die Bergwerke im Harz anno 1723

Der Kupferstich wimmelt von Leuten. Menschen,
klein wie Fliegen, fahren auf und ab in den Körben,
und »La Grande Machine«, Abbildung Ziffer j,
neben dem sprudelnden Wasserfall, treibt alle Riemen
an.

Es wäre ohne weiteres denkbar,
Dampfmaschine und Kunstgezeug,
Heronskugel und Voltasäule
zu kombinieren. Niemand hat das getan.
Möglichkeiten als Überbleibsel.

Eine fremde Sprache, die nie jemand sprach.

Und genau genommen ist die Grammatik
selber eine Maschine,
die unter unzähligen Sequenzen
das Gebrabbel der Kommunikation auswirft:

Möglichkeit nämlich, daß wir bloße Marionetten sind, mechanische Puppen, Homunculi. Und daraus folgt unvermeidlich die Frage: Wenn dies so wäre, würde es einen Unterschied machen? (...)

Manchem Leser mag es wie eine weithergeholte Allegorie vorkommen, daß ich die Sprache mit dem Verhalten der Maschinen vergleiche und behaupte, die Grammatik selber sei eine Maschine. Es war Chomsky, der in seiner Untersuchung »Syntactic Structures« die Grammatik als eine Maschine bezeichnet hat: als jene Maschine nämlich, die aus der Mannigfaltigkeit aller theoretisch möglichen Wortkombinationen und Sequenzen, aus dem »Gebrabbel«, von dem

die »Fortpflanzungswerkzeuge«, die »Zeugungsglieder«,
die »Schreie«, das »erstickte Geflüster«.

Wenn die Wörter verschwunden sind, bleibt die Grammatik zurück,
und das heißt: eine Maschine. Doch was sie bedeutet,
weiß niemand. Eine fremde Sprache.
Eine durchaus fremde Sprache.
Eine durchaus fremde Sprache.
Eine durchaus fremde Sprache.

Der Kupferstich wimmelt von Leuten. Wörter,
klein wie Fliegen, fahren auf und ab in den Körben,
und »La Grande Machine«, Abbildung Ziffer j,
neben dem sprudelnden Wasserfall, treibt alle Riemen an.

das Gedicht spricht, eben jene auswählt, welche die organisierte und verständliche Sprache ausmachen.

Wem dieser Gedanke vertraut geworden ist, der kann sich schwer von der Vorstellung freimachen, daß unseren Worten und unserm Sprechen etwas Mechanisches und gleichsam Unpersönliches anhaftet, als wären nicht wir es, die unsere Gedanken hervorbrächten, sondern als dächte die Sprache in uns, und als liehen wir bloß einer größeren, unübersehbaren sprachlichen Struktur unsere Stimme. (. . .)

Die Tragik des Menschen, wie die der Maschinen, liegt darin, daß er kein Geheimnis hat.

Lars Gustafsson

Fazîl Hüsnü Daglarca

DIE DEUTSCHEN LIEBEN MASCHINEN

Die Deutschen lieben die Bäume
Grün
die Bäume auf großen Flächen
Ich liebe die Deutschen
          Ich liebe die Deutschen
          Die Deutschen aber lieben Bäume
Die Deutschen lieben das Dunkel
nach ihrem Kriegsgesang
nach den großen Siegen den größeren Niederlagen
Ich liebe die Deutschen
          Ich liebe die Deutschen
          Die Deutschen aber lieben das Dunkel
Die Deutschen lieben Maschinen
in ihrem tätigen
denkenden Glanz
Ich liebe die Deutschen
          Ich liebe die Deutschen
          Die Deutschen aber lieben Maschinen

Paavo Haavikko

VIELE Bücher bleiben ungelesen wenn nicht
  deutlich wird
    wo einer schläft, wo er sein Geld herbekommt,
    mit wem er schläft —,

wie einer mit dem Leben davonkommt, das einzige
  Abenteuer
    das ich mir gefallen lasse,

Leben, Dichtung und Liebe, Abstrakta, —
  lies nicht weiter
    wo sie ihr Ende haben.

Paavo Haavikko

ICH mag langsame Dinge, und an ihnen, wie sie
sich wiederholen.
Das, wie sich das Wasser erwärmt und zu sieden
beginnt.
Das braucht seine Zeit.
Das große Gleichgewicht ist nicht bewegungslos,
es bewegt sich.
Ein wenig schwanken muß man und es zeigt sich,
in Bewegung,
wie einer aus dem Wasser steigt, und das
Wasser abfließt.

Wenn wir Puppen anfertigen für die Nacht,
sie gegen Mörder
mitten ins Zimmer setzen,
ich stütze sie mit Kissen, und so, daß ihr Balg
es nicht bequem hat
und seine Stellung ändern möchte.
Er ändert sie nicht.

Inger Christensen
HVIS JEG STÅR

Hvis jeg står
alene i sneen
blir det klart
at jeg er et ur

hvordan skulle evighed
ellers finde rundt

Inger Christensen
WENN ICH STEH

Wenn ich steh
im Schnee, allein
wird klar
daß ich eine Uhr bin.

Wie sonst denn sollte
Ewigkeit sich zurechtfinden.

Yves Bonnefoy

DAS Unvollkommene ist der Gipfel

Dies aber galt: zerstören und zerstören und zerstören,
kein Heil als nur um diesen Preis.

Das nackte Antlitz tilgen, das im Marmor steigt,
mit Hämmern alle Form zerschlagen, alle Schönheit.

Das Vollkommene lieben, weil es die Schwelle ist,
doch kaum erkannt es rasch verleugnen, tot es vergessen,

das Unvollkommene ist der Gipfel.

André du Bouchet

GEBIRGSBODEN

Der Gießbach stürzt los

sich hineinwagen in den Tag
wie ins kalte und weiße
Wasser

hart
für den Motorradfahrer

wie ein Messer weggerückt vom Atem

die Berge treten kaum aus der Erde

wenn die Straße abbricht
wechsle ich den Fuß

sie ist schneebedeckt.

André du Bouchet

UNEBENHEITEN

Ich bin herumgeirrt um diesen Schimmer.
                                                            Habe mich
zerrissen, abermals, jenseits dieser Mauer,
wie die Luft, die du siehst,
                                            bei diesem kalten Schimmer.
Jenseits der Mauer sehe ich dieselbe blendende
Luft.

                              In der bruchlosen Ferne,
wie die Erstreckung selbst der durchschnittenen
Erde, die ich ein Stück weiter betrete, spürt niemand
die Glut.

Wir werden blankgewaschen werden von unserm Ge-
                                                                                sicht,
wie die Luft, die die Mauer bekrönt.

Eugenio Montale
VENEZIANISCHE PROSA

Farfarella, der schwatzhaft-pedantische Portier,
sagte, es sei verboten zu stören
den Mann der Corridas und Safaris.
Ich flehe ihn an, es zu probieren, ich bin ein Freund
Pounds
(da übertrieb ich ziemlich) und verdiene wohl
Vorzugsbehandlung. Vielleicht, daß . . . Der andere
hebt den Hörer,
redet hört quasselt und siehe da:
Hemingway der Bär hat angebissen.
Er ist noch zu Bett, nur die Augen und die Ekzeme
schauen hervor aus dem Fell.
Zwei drei leere Flaschen Merlot,
Vorhut der Menge die noch kommt.
Unten im Restaurant sind schon alle zu Tisch.
Nicht von ihm reden wir, aber von unsrer lieben
Adrienne Monnier, aus der Rue de l'Odéon,
von Sylvia Beach, Larbaud, von den brüllenden
dreißiger,
den blökenden fünfziger Jahren. Paris London ein
Saustall,
New York *stinking,* verpestet. Keine Jagd in der
Lagune,
keine Wildenten, keine Mädchen,
nicht die leiseste Idee eines ähnlichen Buches.
Wir listen die gemeinsamen Freunde auf, die ich
nichtmal kenne. Alles ist *rotten,* verfault.
Fast schon weinend trägt er mir auf, ihm keine Leute

meines Schlages zu schicken, vor allem keine schlauen. Dann steht er auf, wickelt sich in den Bademantel und setzt mich vor die Tür mit einer Umarmung.
Er lebte noch ein paar Jahre, und da er zweimal starb, hatte er Muße, seine eigenen Nekrologe zu lesen.

Robert Lowell
SEIT 1939

Wir verpaßten die Kriegserklärung
als Flitterwöchner im Zug nach Westen;
wir blätterten durch Audens *Gedichte*
aus den revolutionären dreißiger Jahren, bis unsere
Köpfe sanken
und schwankten in der behaglich
plumpen Gangart des Veraltens ...
Heutzutage verpasse ich noch mehr,
irre mich bewußter noch.
Ich seh ein andres Mädchen Audens letzte Verse lesen.
Wie modern sie sein muß! —
Sie seziert ihn im Imperfekt.

Er ist Geschichte nun wie München
und hat sich wohl inzwischen
mit dem Moder des Kapitalismus angefreundet.

Wir leben weiter
mit seinem Teufelszeug an Preisgegebenem,
von dem er exzentrisch altersboshaft
nichts mehr wissen wollte.

In unserem unvollendet revolutionären Jetzt
scheint alles zu enden, nichts zu beginnen ...
Der Teufel hat seine hohlen Nachrufe überlebt
und humpelt fluchend seiner Vernichtung entgegen,
moralische Bedrückung, die keine Waage wiegt —

Erbrechen, wie Flecken
gelber Butterblumen ...

England wie Amerika hat lang genug
gewährt, seine Vergangenheit zu fürchten,
die Sitten ausgewalzt wie Wachs,
die Begüterten und Flotten,
die Säure ihres Frevels ...

Vor zehn Jahren oder so
erstickten hochgemute Schwarzafrikaner
ihren kleinen englischen Friedhof und die Abfallhalde
unter aufgehäuften Statuen:
Viktorias, Kitcheners, Belfaster Söldner,
weiß ausgezehrt vom Herrschen und geschnitzt in Seife ...
Opfer der gezinkten Karten, die ihren Unterhalt erbrachten —
Überflügeln ist das größte Mißgeschick.

Haben sie, gleich einer großen Mimin, zu viel Farbe aufgetragen,
um die Kostümprobe zu krönen ...
Glaubten sie, sie lebten weiter,
wenn nur ihr Mut nicht sänke?

Wir spüren die Maschine unsrer Hand entgleiten,
als ob ein Anderer nun lenkte;
sehen wir Licht am Tunnelende,
ist es das Licht eines Gegenzugs.

Magazin IV

DIE SIEBZIGER JAHRE

Wisława Szymborska

EINDRÜCKE AUS DEM THEATER

Für mich ist der wichtigste in einer Tragödie der sechste
Aufzug:
die Auferstehung vom Schlachtfeld der Bühne,
das Zupfen an den Perücken, Gewändern,
das Ziehen des Dolchs aus der Brust,
das Lösen der Schlinge vom Hals,
das Einreihen zwischen die Lebenden
mit dem Gesicht zum Parkett.

Verbeugungen, einzeln, gemeinsam:
die weiße Hand auf der Wunde des Herzens,
die Knickse der Selbstmörderin,
das Nicken geköpfter Häupter.

Verbeugungen paarweise:
der Zorn Arm in Arm mit der Sanftmut,
das Opfer blickt selig dem Henker ins Auge,
Rebell und Tyrann schreiten friedlich nebeneinander.

Zertreten der Ewigkeit mit der Spitze des goldnen
Pantoffels.
Fortfegen der Moral mit der Krempe des Hutes.
Die unverbesserliche Bereitschaft, morgen alles zu
wiederholen.

Der Einzug im Gänsemarsch der früher Verstorbnen,
im zweiten, im vierten Akt, auch zwischen den Akten.
Die wunderbare Rückkehr der spurlos Verschollnen.

Zu denken, daß sie geduldig hinter Kulissen warteten,
immer noch kostümiert,
ohne sich abzuschminken,
rührt mich stärker als alle Tiraden des Dramas.

Wahrhaft erhaben erst ist das Fallen des Vorhangs
und was man dann durch den unteren Spalt zu sehen
bekommt:
da hebt eine Hand die Blume eilig vom Boden,
dort eine andre das liegengelassene Schwert.
Erst dann erfüllt eine unsichtbare dritte
ihre Verpflichtung:
sie schnürt mir die Kehle.

(1971)

Lars Gustafsson

DAS GEDICHT VOM REVISIONISMUS

Unsichere Fliege
in einem Nachtschnellzug eingeschlossen

versucht trotzdem zu fliegen
und entdeckt, daß es ja hervorragend geht.

Vom südlichen Ende des Zuges zum nördlichen gekommen,
eine schon viel klügere Fliege.

Und der Zug immer schneller in die Nacht hinein.

Marin Sorescu

OZEAN, VON SCHIFFEN UNTERBROCHEN

Ein schönes Bild:
Flockentreiben
über den Wellen.
Auch ich, auch du, Flocke und Flocke,
haben uns bodenlos
fallen lassen.

Gut daß wir auf
diese Schiffe trafen,
Hartholz, wohlriechende Arten,
übertrieben exotisch vielleicht,
doch in Ermangelung
von etwas anderem
schaukeln wir nun
auf ihnen.

Noch eine Viertelstunde
bis zum Läuten,
genau eine Viertelstunde,
dann geht ein Gebimmel los,
von dem wir verdammt nichts wissen,

Der Dichter ist ein Denker, oder er ist nichts. Selbst die Folklore ist letzten Endes ein Denkakt, Meditation. Der authentische Lyriker ist Philosoph, doch zugleich auch mehr: bei ihm kommt die Intuition hinzu. Ihm werden seine Gedanken, sein Erschrecken, sein Kummer zum Mittel der Untersuchung, zum Instrument. Linse, Rohr und Kenntnisdaten vereinigen sich zum Teleskop, das den Himmel erforscht. Ein genialer

denn wir sind keine Schulkinder mehr
sondern auf dem offenen Meer,
das heißt mitten im Ozean,
und da muß doch etwas
eigens für uns läuten.

Für das Ohr des Mondes,
das einen Trichter bildet,
für diese heimatlosen Schiffe.
Ganz zu schweigen
vom Ozean.
Ihn haben wir mit den Schiffen
allzu oft unterbrochen.

Dichter, meines Erachtens, kann nur mittels der poetischen Intuition einen neuen Himmelskörper entdecken; den hinterher dann Wissenschaftler durch Bahnberechnung bestätigen.

Das alles gibt die Poesie her.

Das ist alles, was die Poesie hergibt. Ihr Nachgeschmack ist bitter. Was nicht Pessimismus bedeutet, bloß Luzidität. Man lebt mit dem Wissen um die Dinge.

Marin Sorescu

Marin Sorescu

AUF DER SUCHE NACH EINEM BILD VON HEGEL

Ich habe noch nie
ein Bild von Hegel gesehen;
immer war er in meinen Büchern
gerade nicht abgebildet.

Doch wie ich höre,
soll nicht weit von hier
in einem Antiquariat
eine Photographie von ihm existieren,
auf der er, im Begriffe
sich über alle philosophischen Systeme
hinwegzusetzen,
wie eine Seidenraupe aussieht,
die an Maulbeerblättern nagt.

Das muß sehr ungewöhnlich und schön sein,
elektrisierend,
fast menschlich.

Einmal wenn ich Zeit habe,
werde ich dort vorbeigehn,
werde höflich alle Zitate ersuchen,
mich mit Hegel alleinzulassen —
und ihn mir wortlos
ein paar Minuten
dann ansehn.

Adam Zagajewski

KIERKEGAARD ÜBER HEGEL

Kierkegaard sprach über Hegel: er erinnert an jemand,
der ein großes Schloß baut, selbst aber in einer
einfachen Hütte unweit der Baustelle wohnt.
Ähnlich wohnt die Intelligenz in der bescheidenen
Wohnstatt des Schädels, während die herrlichen Staa-
ten,
die uns versprochen wurden, Spinngewebe
überzieht, wir müssen uns vorerst mit der
engen Gefängniszelle begnügen, mit dem Lied des
Häftlings,
der guten Laune des Zöllners, der Faust des Polizisten.
Wir wohnen im Heimweh. In Träumen öffnen sich
Schlösser und Riegel. Wer im Großen keine Zuflucht
fand,
sucht sie im Kleinen. Das allerkleinste Mohnkorn
der Welt ist Gott. Ihn sprengt
die Größe.

Hans Magnus Enzensberger

DIE FURIE

Sie sieht zu, wie es mehr wird,
verschwenderisch mehr,
einfach alles, wir auch;
wie es wächst, über den Kopf,
die Arbeit auch; wie der Mehrwert
mehr wird, der Hunger auch;
sieht einfach zu, mit ihrem Gesicht,
das nichts sieht; nichtssagend,
kein Sterbenswort;
denkt sich ihr Teil;
Hoffnung, denkt sie.
unendlich viel Hoffnung,
nur nicht für euch;
ihr, die nicht auf uns hört,
gehört alles; und sie erscheint
nicht fürchterlich; sie erscheint nicht;
ausdruckslos; sie ist gekommen;
ist immer schon da; vor uns
denkt sie; bleibt;
ohne die Hand auszustrecken
nach dem oder jenem,
fällt ihr, was zunächst unmerklich,
dann schnell, rasend schnell fällt, zu;
sie allein bleibt, ruhig,
die Furie des Verschwindens.

Karl Krolow

HERBSTSONETT MIT HEGEL

Den Staub des Sommers unter den Fingernägeln,
den Dieselgeruch noch immer im faulenden Laub.
Verschiedene Beeren leuchten, geschaffen zum Raub
durch Amseln und Winde, die über Baumkronen segeln.

Der Herbst ist anders. Er nennt seine Regeln
und bläst in die Blätter und Blusen den eigenen Staub.
Er brennt in den Gärten. Du frierst schon im Rücken. Glaub
mir, der ist Dialektiker. Wie weiland bei Hegeln

geht es zu mit der Geschichte beliebiger Jahre,
mal so und mal so. Der greift getrost in die Haare
mit Sturm und macht die Geschichte kaputt.

Der ist nicht zu ändern, der kommt mit den Regenschauern.
Da hilft nichts. Da gibt es nichts zu bedauern.
Die Furie des Verschwindens landet schließlich im Schutt.

David Rokeah

VITA

I

Eigentlich bin ich hier geboren
und die Knochen meiner ersten Geburt sind vergraben
in einem Orangenhain irgendwo in Kfar-Saba.
Plötzlich bleibt der gestrige Tag stehen
bewegt sich nicht.
Später die Zeit meiner wirklichen Jugend:
ein rauchender Zaun um einen dichten Wald

II

Ich wohne in einer Dachkammer
in Jerusalem. November trommelt ans Fenster:
Kirchenglocken, Hagelschlag.
Schläge vom Straßenbau.
Ich studiere hebräische Literatur.
Beschließe nicht zu studieren

III

Arbeit in einer Bank.
Tag für Tag kommt eine polnische Dichterin
und bringt Verse
und Sandwiches. Ihre geschliffenen Reime
auf dem Tisch eines angehenden Angestellten
wie gerade Zahlen in einer Addition.

An Abenden
Rothschild-Boulevard:
Entwürfe für Liebesgedichte

IV

Ich koche Tee in einem Kessel
und lege Wattebandagen
getaucht in Tee-Essenz
auf Olgas entzündete Augen.
Zalman der Nachbar
in der Bugraschovstraße
hat Streit mit seiner Verlobten
und seine Stimme erschüttert
alte Eukalyptusbäume
auf dem Runden Platz

V

Man fährt nach Tiberias
zur Feier für Rabbi Meir Baal-Hanes.
Tul Karem. Jenin. Beth-Shean. Kinnereth.
Tiberias bietet orientalische Gewürze
und Nachtlager.
Schülerinnen der elften Herzliah-Klasse
teilen mit mir die Nacht:
Osnath. Claire. Die rothaarige Gerda.
Bei Osnath suche ich Olgas Züge

David Rokeah

HERBST 1971

Sprich von der Bergluft.
Sprich vom Eisen in der Bergluft
im Herbst. In diesem vierten Kriegsherbst,
dem ersten in dem die Waffen still sind am Kanal.
Erste Grapefruits aus dem Tal Beth-Shean
warten im Hafen auf ein Schiff. Eisen
in Grapefruitschalen, im Fleisch der Avocados.
Früchte in Krieg und Sonne gereift für Länder im Norden.
Eisen im Rotwein aus den Kellern von Zichron
in diesem Herbst, dem vierten,
dem siebenten meiner Liebe.

Worte im Herbst:
ein Storchenzug
über den Feldern von Lachisch.
Zu tun in diesem Herbst:
einen Brunnen graben in Tsofar
einen Brunnen graben in Faran

Michael Longley
DER BEAMTE

Er briet ein Ulster-Frühstück,
als jemand in die Küche kam und ihn erschoß:
Eine Kugel drang in seinen Mund und durchlöcherte
den Schädel,
die Bücher, die er gelesen hatte, die Musik, die er
spielen konnte.

Er lag in seinem Morgenmantel und Pyjama,
während sie die Anrichte auf Fingerabdrücke
untersuchten
und dann nach hinten in den Garten schlurften
mit Notizbüchern, Kameras und Meßbändern.

Sie rollten ihn zusammen wie einen roten Teppich und
ließen
nur ein Einschußloch in der Besteckladе zurück:
Später nahm seine Witwe Hammer und Meißel
und entfernte alle schwarzen Tasten von seinem
Klavier.

Wjatscheslaw Kuprijanow

EINLADUNG

Sie sind eingeladen
zur Enthüllung des Denkmals für
einen unbekannten Feigling

Die Gestaltung des Denkmals
erfolgte denkbar
vorsichtig und ohne Abstraktionen:
Ein nackter Sockel. Die Gestalt
des Feiglings verbirgt sich
feige
im Kreis der Geladenen

Sie werden Unbekanntes hören
Da unbekannt ist
wovor sich der Feigling fürchtet, wird
nur von Unbekanntem
die Rede sein

In den Reden wird betont
daß dank der Feigheit
des Unbekannten
Bekannte
nichts zu fürchten haben

Sie sind eingeladen
zur Enthüllung des Denkmals für
einen unbekannten Feigling

Versuchen Sie
nicht zu kommen

Ivan Malinowski

KRITIK DES SCHWEIGENS

Braches, mundtotes Feindesland!
H. M. ENZENSBERGER

Der Verräter ist still,
der Hehler, der Opportunist.
Wer nicht teilnimmt
am Chor der Schreie gegen die Eule
nimmt Partei für die Eule.
»Es ist meine Pflicht zu reden, um
nicht mitschuldig zu werden«,
sagte Zola. Selbst das Schwein
äußert sich,
wenn es geschlachtet wird. In Dänemark
herrscht ein verräterisches
Schweigen, zu groß für ein Land
dieser Größe.

Adam Zagajewski
NIEDERLAGE

Wirklich leben können wir nur in der Niederlage.
Die Freundschaften werden tiefer,
die Liebe erhebt ihr wachsames Haupt.
Sogar die Dinge werden rein.
Die Mauersegler tanzen in der Luft,
im Abgrund heimisch.
Die Blätter der Pappeln zittern.
Nur der Wind ist reglos.
Die dunklen Silhouetten der Feinde heben sich ab
vom hellen Fond der Hoffnung. Die Tapferkeit
wächst. Von ihnen sagen wir: sie, von uns: wir,
von mir: du. Der bittere Tee schmeckt
wie ein Bibelspruch. Daß uns ja nicht
der Sieg überrascht.

Jossif Brodskij

ODYSSEUS AN TELEMACHOS

Mein teurer Telemach,
der Krieg um Troja
ist nun vorbei. Ich weiß nicht mehr, wer siegte.
Die Griechen offenbar: so viele Tote
können nur Griechen fern der Heimat lassen.
Indes erwies der Weg, der mich nach Hause
doch führen sollte, sich als allzu lang,
als hätte Gott Poseidon, während wir
dort unsre Zeit verlorn, den Raum gedehnt.
Ich weiß auch nicht, wo ich mich hier befinde
noch was dies ist. Eine verdreckte Insel,
dichtes Gestrüpp, Gebäude, Schweinegrunzen,
ein zugewachsner Garten, irgendeine Fürstin,
Gestein und Gras . . . Telemachos, mein Sohn!
Die Inseln sind sich alle gleich, wenn man
so lange unterwegs ist, und das Hirn
verwirrt sich mir bereits vom Wellenzählen,
das Auge, durch den Horizont gereizt, muß weinen,
das Wasserfleisch legt sich vor das Gehör.
Ich weiß nicht mehr, wie jener Krieg geendet,
und auch wie alt du jetzt bist, weiß ich nicht.

Werd groß, mein Telemach, werd groß und stark.
Ob wir uns wiedersehen, wissen nur
die Götter. Längst bist du nicht mehr der Säugling,
vor dem ich meine Ochsen zügelte.
Wär Palamedes nicht, wir wärn zusammen.

Doch tat er vielleicht recht: denn ohne mich
sind Ödips Leidenschaften dir erspart,
und deine Träume, Telemach, sind rein.

Februar–März 1972

Richterin: Brodskij, erklären Sie uns, warum Sie nicht gearbeitet haben.

Brodskij: Ich habe gearbeitet. Ich schrieb Gedichte.

Richterin: Das hätte Sie nicht hindern dürfen, ehrliche Arbeit zu tun.

Brodskij: Aber ich habe doch gearbeitet. Ich schrieb Gedichte.

Richterin: Hier im Saal sitzen Leute, die arbeiten in der Fabrik und schreiben auch Gedichte. Was hindert Sie, es ebenso zu machen?

Brodskij: Die Menschen sind nicht alle gleich. Auch Haarfarbe und Gesichtszüge sind ja verschieden.

Richterin: Das ist nicht erst Ihre Entdeckung. Das weiß jeder. Erklären Sie uns lieber, wie Sie sich Ihre Beteiligung an unserem großen Vorwärtsschreiten zum Kommunismus vorstellen.

Brodskij: Aufbau des Kommunismus bedeutet nicht nur »an der Werkbank stehen« oder »den Acker bebauen«. Aufbau des Kommunismus ist auch Kopfarbeit, die . . .

Richterin: Dreschen Sie hier keine hochtönenden Phrasen! Antworten Sie darauf, wie Sie in Zukunft Ihr werktätiges Leben zu führen gedenken.

Brodskij: Ich will Gedichte schreiben und Gedichte übersetzen. Aber wenn das irgendwelchen allgemeingültigen Normen widerspricht, werde ich mir eine feste Arbeitsstelle suchen und außerdem Gedichte schreiben.

Beisitzer Tjaglyj: In unserem Lande ist jeder Mensch werktätig. Wie konnten Sie bloß mit so viel Nichtstun die Zeit verplempern?

Brodskij: Sie halten meine Arbeit nicht für Arbeit. Ich schrieb Gedichte, und halte das für Arbeit . . .

Aus der Verhandlung vor einem Leningrader Gericht (März 1964)

Odysseas Elytis
PALINTROPON

Mut: das ist der Himmel
und wir seine Vögel
                                        nichts andrem vergleichbar

Versunken in uns
Korn-Meer mit Äckern und geräumiger Stallung

Allein blieb draußen die Sonnenblume zurück

Aber wer wandert da über die Sonne
schwarz   um so mehr je stärker das Licht?

Mut: das ist der Mensch
Hund sagt man auch
                                        fast *Erzengelhund*

Jungfräuliche Flur unstete Juniwinde
Über zerfurchte Braunerde stiegen wir auf

lechzend nach ein wenig Glanz vom Taborberg

Aber was zieht da unten schaudernd vorbei
wie ein Luftzug aus anderer Welt?

Mut: das ist der Tod
auf dem breiten Mohn
                                        und der schmalen zarten Kamille.

Jorge Luis Borges

EIN TRAUM

Die drei wußten es.
Sie war Kafkas Gefährtin.
Kafka hatte von ihr geträumt.
Die drei wußten es.
Er war Kafkas Freund.
Kafka hatte von ihm geträumt.
Die drei wußten es.
Die Frau sagte zu dem Freund:
Ich möchte, daß du mich heute nacht begehrst.
Die drei wußten es.
Der Mann antwortete: Wenn wir sündigen,
wird Kafka aufhören, von uns zu träumen.
Einer hat es gewußt.
Es war niemand mehr auf der Erde.
Kafka sagte sich:
Da nun die beiden fort sind, bin ich allein zurückgeblieben.
Ich werde aufhören, von mir zu träumen.

Titel im Original deutsch

Dieser Traum wurde mir eines Morgens in East Lansing diktiert, ohne daß ich ihn verstand, ohne daß er mich sonderlich beunruhigte; ich konnte ihn später nachschreiben, Wort für Wort. Natürlich handelt es sich um eine bloße psychologische Kuriosität oder, sofern der Leser großmütig genug ist, um ein harmloses Gleichnis des Solipsismus.

Jorge Luis Borges

Jorge Luis Borges

TANKAS

1

Hoch auf dem Gipfel
ist der ganze Garten Mond,
Mond aus reinem Gold.
Noch kostbarer ist der Tau
deines Mundes im Schatten.

2

Die Stimme des Vogels,
den das Halbdunkel verbirgt,
ist plötzlich verstummt.
Du gehst durch deinen Garten.
Etwas, ich weiß es, fehlt dir.

3

Die fremde Schale,
das Schwert das einmal Schwert war
in anderer Hand,
der Mondschein auf der Straße,
sag mir, ist das nicht genug?

4

Unter dem Mondschein
Tiger aus Gold und Schatten
sieht seine Krallen.
Er weiß nicht, daß früh morgens
ein Mann zerrissen wurde.

5

Traurig der Regen
der über dem Marmor fällt,
traurig Erde zu sein.
Traurig nicht Tage zu sein
des Menschen, des Traums, des Frührots.

6

Nicht gefallen zu sein
wie andre meines Blutes
im Tosen der Schlacht.
In der vergeblichen Nacht
der Silbenzähler zu sein.

Tanikawa Shuntarō

GESCHRIEBEN IN DER 14. E. 28TH STREET NEW YORK

Und dann trug W.H. Auden
in seinen mächtigen Pranken
einen Aluminium-Zahnbecher
mit heißem Kaffee herein

Und am Vorabend war bei Tisch
die Frage nach dem Ursprung der Eßstäbchen aufgetaucht
Sie wurden 1910 urplötzlich erfunden scherzte einer
aber niemand hatte die geringste Ahnung

Und dann sah ich mir in einem kleinen menschenleeren Kino
die »Geschichte des Blue Films« an
wessen Besitz das war? auf weißer Wand verschlungen
schwächliche Efeuranken
darunter weit geöffnet eine unerhörte Ritze

Und dann spielte irgend eine Rundfunkstation
ständig Musik von Joh.Seb. Bach
vom Hotelfenster aus sah ich nicht einen Sonnenstrahl
geschweige denn ein Stück blauen Himmel

Und dann brachten wir der erkälteten Frau Tamura
in einer Plastikschachtel rohen Fisch
und Reis und Eingemachtes mit
auf der Mattscheibe war Marilyn Monroe noch am Leben

Und dann setzte ich natürlich immer wieder
meinen Namen auf Travellerschecks
ob wohl die Menschheit in ihrem heutigen Zustand
noch zu retten ist?

Falls nicht
was tust du dann mit dem der heut abend sterben muß?
falls sie zu retten ist
was hat es dann mit der Zukunft auf sich?

Schön wär's
wenn nur die eigene Seele gerettet würde!
die Seelen der anderen dringen ungefragt herein
so daß die eigene gar nicht richtig sichtbar wird

Und dann kam wieder der Morgen
ein Anruf aus Tokyo riß mich aus dem Schlaf
ich sagte guten Tag
Sohn und Tochter sagten gute Nacht

Geoffrey Hill

TWO CHORALE-PRELUDES ON MELODIES BY PAUL CELAN

I

AVE REGINA COELORUM

Es ist ein Land Verloren . . .

There is a land called Lost
at peace inside our heads.
The moon, full on the frost,
vivifies these stone heads.

Moods of the verb ›to stare‹,
split selfhoods, conjugate
ice-facets from the air,
the light glazing the light.

Look at us, Queen of Heaven.
Our solitudes drift by
your solitudes, the seven
dead stars in your sky.

2

TE LUCIS ANTE TERMINUM

Wir gehen dir, Heimat, ins Garn . . .

Centaury with your staunch bloom
you there alder beech you fern,

midsummer closeness my far home,
fresh traces of lost origin.

Silvery the black cherries hang,
the plum-tree oozes through each cleft
and horse-flies siphon the green dung,
glued to the sweetness of their graft:

immortal transience, a ›kind
of otherness‹, self-understood,
BE FAITHFUL grows upon the mind
as lichen glimmers on the wood.

Paul Celan

EIS, EDEN

Es ist ein Land Verloren,
da wächst ein Mond im Ried,
und das mit uns erfroren,
es glüht umher und sieht.

Es sieht, denn es hat Augen,
die helle Erden sind.
Die Nacht, die Nacht, die Laugen.
Es sieht, das Augenkind.

Es sieht, es sieht, wir sehen,
ich sehe dich, du siehst.
Das Eis wird auferstehen,
eh sich die Stunde schließt.

Paul Celan

KERMORVAN

Du Tausendgüldenkraut-Sternchen,
du Erle, du Buche, du Farn:
mit euch Nahen geh ich ins Ferne, —
Wir gehen dir, Heimat, ins Garn.

Schwarz hängt die Kirschlorbeertraube
beim bärtigen Palmenschaft.
Ich liebe, ich hoffe, ich glaube, —
die kleine Steindattel klafft.

Ein Spruch spricht — zu wem? Zu sich selber:
Servir Dieu est régner, — ich kann
ihn lesen, ich kann, es wird heller,
fort aus Kannitverstan.

Seamus Heaney
VOM GRABEN

Zwischen Finger und Daumen
halte ich die stämmige Feder, sturmklar wie ein
Gewehr.

Wenn's unter meinem Fenster sauber und raspelnd
klingt,
als ob ein Spaten in kieseligen Boden dringt,
ist es mein Vater, der gräbt. Ich schaue hin

bis sein wehes Kreuz zwischen den Blumenbeeten
tief sich neigt und zwanzig Jahre entfernt wieder auf-
taucht,
rhythmisch sich bückend zwischen Kartoffelfurchen
wo er damals grub.

Der klobige Stiefel schmiegte sich an den Spatenschaft,
den nutzte die Innenseite des Knies als sicheren Hebel.
Er entwurzelte hochgewachsenes Kraut, versenkte tief
das glänzende Blatt
um neue Kartoffeln zu verstreuen, wir lasen sie auf
und liebten ihre kühle Härte in den Händen.

Herrje, der Alte konnte mit dem Spaten umgehn.
Genau wie sein Alter.

Mein Großvater stach mehr Torf an einem Tag
als irgendein andrer im Toner-Moor.
Einmal brachte ich ihm eine Flasche Milch,

liederlich mit Papier verkorkt. Er richtete sich auf
und trank sie, um dann sofort wieder dreinzuhaun,
aus der Grasnarbe Stücke zu kerben, zu schneiden und
über die Schulter
zu hieven, wieder und wieder sich bückend
nach dem guten Torf. So grub er.

Der kalte Duft von Kartoffelhumus, das Glucksen und
Klatschen
von sumpfigem Torf, ein Spatenblatt mit seinen kurzen
Schlägen
durch lebendige Wurzeln, das mag in meinem Kopf er-
wachen,
doch um ein Mann zu werden, wie sie waren, habe ich
keinen Spaten.

Zwischen Finger und Daumen
halte ich die stämmige Feder.
Damit werde ich graben.

Philip Larkin
TRAURIGER GANG

Wie ich so tappe auf dem Weg vom Klo ins Bett,
den dicken Vorhang hebe, steh ich aufgeschreckt
von raschen Wolken und des Mondes Reinheit.

Erst vier Uhr früh: keilschattige Gärten liegen
unter dem ausgehöhlten, winddurchfegten Himmel.
Es ist schon etwas komisch, wie der Mond

durch Wolken jagt, die wie Kanonenrauch verwehn,
und er beiseite steht (und steinfarbenes Licht
die Dächer deutlich macht)

ganz oben steht er, albern, abgeschieden —
Bonbon der Liebe! Medaillon der Kunst!
O Wölfe der Erinnrung! Überwältigungen! Nein,

man fröstelt, wenn man da hinaufblickt.
Die Härte und das Glänzen und die reine
weitreichende Einzigkeit des Riesenaugs

erinnert uns an alle Stärke, alle Qual
der Jugend; und daß sie nicht wiederkehrt
und doch für andre da ist, ungeschmälert, irgendwo.

Philip Larkin
UNTER DEM HAMMER

Ich dachte, das hielte mein Leben vor —
das Wissen, daß es vor der Stadt
noch immer Felder und Höfe gibt,
wo Dorfburschen Bäume erklimmen,
die nicht für die Axt sind, die schlägt;
ich wußte, daß sie nicht stimmen,

die Zeitungsenten von alten Straßen
und neuen Einkaufszentren, denn ein paar
sind immer noch erhalten;
und wenn die alten Viertel sich verziehn
vor Hochhausbauten, kahlen, kalten,
dann können wir mit dem Auto fliehn.

Die Dinge sind zäher als wir, so wahr
die Erde noch eine Antwort weiß,
egal wie wir sie verhunzen. Schmeißt,
wenn ihr wollt, den Dreck ins Meer:
Ebbe und Flut, die bleiben klar.
— Was aber fühl ich jetzt? Den Zweifel

oder das Alter bloß? Die Leute
sind jung im Autobahn-Café;
und ihre Kinder plärren schon
nach mehr — mehr Häusern, Parkraum, mehr
Campingplätzen und mehr Lohn.
Im Wirtschaftsteil billigt die Meute,

bebrillt und grinsend irgendein
Kaufangebot, das bringt
Profit von fünf Prozent (dazu dann zehn
dazu in der Flußmündung): wenns stinkt,
verlegen sie die Firma in ein unversautes Tal
(Grauzonenpräferenz)! Und will man mal

im Sommer an die See . . .
Es scheint
das alles grade jetzt
so überschnell zu gehn;
auch wenn es Land gibt, unverletzt.
hab ich auf einmal das Gefühl,
es wird nicht lange so bestehn,

auch daß, eh ich verschwind, die ganze Blase
voll eingemauert ist
bis aufs Touristenreservat —
Europas Erster Slum: dies Stück
zu spielen braucht es kaum Geschick
für eine Truppe Nutten und Ganoven.

Und England ist so unterm Hammer
und vergangen: die Schatten, Matten und die Gassen,
Rathäuser und geschnitztes Chorgestühl.
Es wird in Galerien prangen,
man wird darüber Bücher schreiben;
Beton und Autoreifen aber bleiben.

Das meiste kommt ja ungewollt und blind,
auch dies wahrscheinlich: aber Gier
und Unrat sind schon viel zu dicht gestreut,
um fortgefegt zu werden; oder man ersinnt
Ausreden, die das alles nötig machen.
All das, glaub ich, geschieht schon bald.

Philip Larkin
AUBADE

Tagsüber schufte ich und sauf mich voll
am Abend. Wach um vier im stummen Dunkel auf
und starre vor mich hin. Bald wird es an den Rändern
der Gardinen hell. Bis dahin seh ich, was im Grunde
stets da ist. Den Tod, rastlos, nur näher einen ganzen Tag,
der alles Denken ausschließt bis auf dies:
wann, wo und wie ich selber sterben muß.
Schales Verhör: und doch die Angst
zu sterben, tot zu sein
blitzt wieder auf und nimmt mich in Besitz.

Verstand setzt aus bei diesem Blick. Doch nicht aus Reue
— das Gute ungetan, die Liebe nicht geliebt, die Zeit
verschleudert — und auch nicht jammernd, weil
ein einziges Leben soviel Zeit braucht, falsche
Anfänge hinter sich zu lassen (und das eh nicht schafft),
sondern im Anblick ewiger, totaler Leere,
der sicheren Auslöschung, der wir entgegengehn
und darin wir verloren sind, für immer. Nicht hier mehr sein,
nicht irgendwo sein,
das bald; nichts schrecklicher, nichts wahrer.

Dies ist eine besondre Art furchtsam zu sein —
da hilft kein Trick. Auch Religion zieht nicht,
der riesige, mottenzerfressne musikalische Brokat,

erdacht, uns vorzugaukeln, daß wir niemals sterben,
auch nicht der Trug, der meint *Kein Wesen mit Vernunft*
kann etwas fürchten, das es gar nicht fühlt — doch das
genau ist, was wir fürchten — kein Blick, kein Laut,
keine Berührung, kein Geschmack, Geruch, und nichts womit man denken kann,
nichts was man lieben, an sich ziehen kann,
tiefe Narkose, aus der man nicht erwacht.

Und so verharrt es bloß am Rand des Sichtbaren,
ein kleiner Fleck, verschwommen, eine anhaltende Kälte,
die jeglichen Impuls ins Unentschiedne schwächt.
Wenn auch das meiste nicht geschieht: dies tuts,
seine Verwirklichung tobt sich
in heißer Angst aus, wenn man uns ertappt
ohne Gesellschaft oder Drinks. Mut hilft da nicht:
Er heißt nicht andere schrecken. Tapfer sein
holt niemand aus dem Grab.
Tod bleibt sich gleich, ob man ihm greint, ob man ihm trotzt.

Sacht nimmt das Licht zu und der Raum gewinnt Gestalt.
Schlicht wie ein Schrank steht, was wir wissen,
stets wußten: daß wir nicht entrinnen können
und es doch nicht akzeptieren. Einer muß schon gehn.
Inzwischen machen sich die Telefone fertig,
in verschlossenen Büros zu klingeln, und die ganze
vernachlässigte, verzwickte Mietwelt steht nun auf.
Der Himmel, weiß wie Ton, bleibt ohne Sonne.
Die Arbeit muß getan sein.
Briefträger gehn wie Ärzte nun von Haus zu Haus.

D. M. Thomas
WIEN. ZÜRICH. KONSTANZ

Es war ein tiefgründiges Nichttreffen.
Der Zug auf der Nebenstrecke Zürich-Konstanz
besaß einen Waggon, der ein Abteil besaß
mit einem weißen Sitzbezug und dem Eindruck Dr.
Jungs —
geschlitzte Augen in einem streitsüchtigen Dickschädel,
keineswegs der nette junge Mann seiner alten Tage.

Die junge Frau gegenüber, strahlend
in einem schwarz-weiß gestreiften Kleid, blauem Halstuch,
plauderte nicht mit dem Mann, der seine Aktentasche
nicht umfaßt hielt,
sondern las während der kurzen Reise, gelegentlich
lächelnd,
auch stieg sie nicht mit ihm in Konstanz aus,
wo er herzlich von einem älteren Mann umarmt wurde.

Der Zug auf der Nebenstrecke Konstanz-Zürich
besaß einen Waggon, der ein Abteil besaß
mit einem weißen Sitzbezug und dem Eindruck Dr.
Freuds —
sein Antlitz, von Kämpfen geprägt, heiter blickend.
Der junge Mann gegenüber in einem sehr modernen,
sehr
engen braunen Anzug mit einer schweren viktorianischen Uhrkette

stutzte nicht über den alten Herrn, der sich nicht vorbeugte
und ihm nicht mit einem Zwinkern erzählte, warum er
vorübergehend bei dem Wort Konstanz ins Stottern geraten war,
sondern träumerisch seine Hände rieb und hinausstarrte.
Auch half er ihm nicht mit seinen Koffern in Zürich,
wo er herzlich von seinem Sohn begrüßt wurde.

Durch ein merkwürdiges Zusammentreffen
war die junge Frau, die in Jungs Abteil gewesen wäre,
wäre Jung gereist, die Geliebte
des jungen Mannes, der in Freuds Abteil gewesen wäre,
wäre Freud gereist. Nachdem sie ihre Pläne
durcheinandergebracht hatten, fuhren sie aneinander vorbei, ohne es zu wissen.

Die junge Frau, die auf ihn im Hotel in Konstanz wartete,
stieg aus ihren verregneten Kleidern.
Ihr Pelzhut war vorübergehend zur Vulva geworden.
Der junge Mann, der auf sie im Hotel in Zürich wartete,
starrte gereizt aus dem Fenster
und sah ein unheimliches Licht über den Himmel gleiten.

Während Emma und die Kinder vom Tisch aufstanden,
akzeptierte das weise Haupt, das sich dunkel in der Politur spiegelte,
nicht mit guter Miene die modifizierte Libidotheorie.
Auf die Wasser des Bodensees starrend,
während eine väterliche Hand auf seiner Schulter ruhte,

schwor Jung nicht lächelnd seine mystische Verirrung
ab.

Freud speiste trübe bei dem treuen Binswanger
und schützte Kopfweh vor. Jung arbeitete noch spät.
Eulen schrien.
In ihrem unruhigen Schlaf tauschten beide ihre Träume
aus.
Auf die Jungfrau fiel Schnee. Lenin schlief traumlos.
Die Jahrhunderte trieben langsam voneinander fort.
In Emmas Küchenschublade schnappte leis eine Mes-
serklinge.

Im Mai 1912 besuchte Freud Konstanz, um ein Wochenende mit einem kranken Kollegen zu verbringen. Jung war zutiefst verletzt, daß Freud nicht die Gelegenheit genutzt hatte, ihn in Zürich zu besuchen; Freud gleichermaßen deshalb, weil der Jüngere ihn nicht in Konstanz aufgesucht hatte. Ihre bereits sehr angespannte Beziehung endete abrupt wenig später.

D. M. Thomas

Graig Raine

EIN MARSMENSCH SCHICKT SEINEN LEUTEN EINE POSTKARTE

Gutenbergs sind mechanische Vögel mit vielen Flügeln
und einige schätzt man besonders wegen ihrer Zeichnung —

sie lassen die Augen schmelzen
oder den Körper aufschreien ohne Schmerz.

Ich habe nie einen fliegen sehen, aber
manchmal hocken sie jemandem auf der Hand.

Nebel ist, wenn der Himmel vom Fliegen ermüdet
und seine empfindliche Maschine sich am Boden erholt:

dann ist die Welt düster und unwirklich
wie Stiche unter Seidenpapier.

Regen, dann ist die Erde Fernsehen.
Er hat die Kraft, die Farben zu verdunkeln.

Mercedes ist ein Zimmer mit dem Schlüssel innen —
man dreht daran, und die Welt kommt in Bewegung,

so schnell, daß ein Film gezeigt wird,
damit man auf dem laufenden bleibt.

Aber die Zeit ist ans Handgelenk gefesselt
oder wohnt in einer Kiste, wo sie vor Ungeduld tickt.

In den Häusern schläft ein verzauberter Apparat,
der schnurrt, wenn man ihn hochhebt.

Wenn der Geist schreit, halten sie ihn
an die Lippen und besänftigen ihn

mit Lauten. Aber sie kitzeln ihn auch mit dem Finger
und wecken ihn mit Absicht wieder auf.

Nur die Jungen dürfen in der Öffentlichkeit leiden.
Die Erwachsenen gehen in eine Folterkammer

mit Wasser, aber ohne Nahrung.
Bei verschlossener Tür erdulden sie die Geräusche

allein. Keiner bleibt verschont
und jedermanns Leid hat einen anderen Geruch.

Nachts, wenn alle Farben sterben,
verstecken sie sich paarweise

und lesen von sich selbst —
in Farbe, mit geschlossenen Augen.

Roger McGough

VEGETARIER

Vegetarier sind grausame, gedankenlose Menschen.
Jedermann weiß, daß eine Möhre schreit, wenn sie geraspelt wird.
Daß ein Pfirsich blutet, wenn er aufgerissen wird.
Glaubst du, daß eine Orange fühllos ist
für Daumen, die ihr das Fleisch aushöhlen?
Daß Tomaten ihr Hirn schmerzlos vergießen?
Kartoffeln, lebendig enthäutet und gekocht,
des Erdreichs kleine Hummer.
Erzähl mir nicht, daß es nicht weh tut
wenn Erbsen vom Skrotum gerissen werden,
die Haut vom Rosenkohl gezogen,
Kohl gehobelt und Zwiebeln geköpft.

Wirf hin die Kelle,
leg nieder die Hacke.
Mähe nicht mehr,
laß mein Volk ziehn!

Roger McGough

KONTAKTLINSEN

Manchmal nachts
läßt sie sie drin,
bis sie miteinander geschlafen haben.
Sie sieht gern deutlich
Körperlinien und -formen.
Gibt acht auf seine Augen, seinen Mund.
Manchmal nachts genießt sie's.

Andermal nachts,
wenn ihr danach zumut ist,
nimmt sie sie vorher raus
und überläßt sich
ihrem verschwommenen Fremden.
Andere Sinne eifern das auszugleichen.
Alles ist Fleisch. Wirkt außerdem größer.

Yves Martin

MITUNTER habe ich von nie endendem Reichtum
getträumt.
Die jungen Frauen, die auf einzelne Radfahrer zielen.
1930 und einige Jahre danach kreischen wie ein Jahrmarktsball.
Die Junker in Pluderhosen streuen Sand auf die Kronleuchter.

Familiensöhnchen, ich seh euch vor mir, wie ihr euch
in die verrufenen Häuser traut, die Zunge wie eine Rutschbahn.
Der blaue Dunst der Reklame für eine blendendweiße Zahnkultur.
Die mageren jungen Mädchen, Flitterzeug im Blut.

Eines Morgens dann hat man euch hochgehen lassen.
Vielleicht hatte es zuviel geregnet.
Ihr wolltet euch nicht vorstellen, daß die Welt so unbeweglich sein kann.
Haufenweise Sperlinge auf den Terrassen, ewige Untertassen.
Eine wenig berauschende Gottheit steigt aus dem Frühzug.

Yves Martin

SIE bückte sich. Schimmerte.
Knotete mit einem Ruck ihre kurzen Haare.
Sich vorzustellen, wir hätten zusammen vor
das einzige Haus gehen können, das mich verwirrt.

Der Regen zog sich zurück. Paris sammelt ein.
Ein Auto, singende Männer.
Sie nimmt eine Zigarette, läßt sie.
Ich rücke näher, zögere, bin unschlüssig.

Der blaue Schatten, die hellen Passanten.
Ein ungeheurer Kuß. Ein ungeheures Leben.
Ich fasse deine Schulter, wir fassen uns an den Händen.
Nicht schreiben. Das Herz ist einfach wunderbar.

Felix Pollak

DU MUSST DEIN LEBEN ÄNDERN

sagte Rainer Maria zu mir. Ich tat's
und blickte ihn erwartungsvoll an.
Er aber sagte: »Du mußt dein Leben
ändern.« Bestrebt, ihm gefällig
zu sein, tat ich's abermals, er aber
ließ nicht locker. Ich wechselte
mein Leben öfter als meine Hemden,
sehr zum Schaden meines Seelenfriedens
und meines Bankkontos, von häufigen
Ehekrisen gar nicht zu reden.
Doch immer, wenn ich mich aufatmend
zurücklehnte, fing er gleich
wieder an, »Du mußt dein Leben
ändern, du mußt dein Leben
ändern« — bis in meine
Träume hinein, mit der Stimme
eines Onkels, den ich in vier
Sprachen haßte. Er war so
unablässig wie ein Pfaffe,
so monoton wie ein Fernsehfilm,
so kryptisch wie Kafka.
Endlich änderte der Tod mein
Leben zu seiner Zufriedenheit,
und er ließ von mir ab — um sich
auf Dich zu konzentrieren: *Du
mußt dein Leben ändern.*

Rainer Maria Rilke

ARCHAISCHER TORSO APOLLOS

Wir kannten nicht sein unerhörtes Haupt,
darin die Augenäpfel reiften. Aber
sein Torso glüht noch wie ein Kandelaber,
in dem sein Schauen, nur zurückgeschraubt,

sich hält und glänzt. Sonst könnte nicht der Bug
der Brust dich blenden, und im leisen Drehen
der Lenden könnte nicht ein Lächeln gehen
zu jener Mitte, die die Zeugung trug.

Sonst stünde dieser Stein entstellt und kurz
unter der Schultern durchsichtigem Sturz
und flimmerte nicht so wie Raubtierfelle;

und bräche nicht aus allen seinen Rändern
aus wie ein Stern: denn da ist keine Stelle,
die dich nicht sieht. Du mußt dein Leben ändern.

Jürgen Becker

IN DER NÄHE VON ANDY WARHOL

als er dann wankte und umfiel,
der Schwarze auf dem Union Square,
hob ich ans Auge die Kamera
und sah im Sucher, daß
er liegen blieb
zwischen den gehenden Leuten

Rolf Dieter Brinkmann
DIE ORANGENSAFTMASCHINE

dreht sich & Es ist gut, daß der Barmann
zuerst auf die nackten Stellen eines
Mädchens schaut, das ein Glas kalten

Tees trinkt. »Ist hier sehr heiß,
nicht?« sagt er, eine Frage, die
den Raum etwas dekoriert,

was sonst? Sie hat einen kräftigen
Körper, und als sie den Arm
ausstreckt, das Glas auf

die Glasplatte zurückstellt,
einen schwitzenden, haarigen
Fleck unterm Arm, was den Raum

einen Moment lang verändert, die
Gedanken nicht. Und jeder sieht, daß
ihr's Spaß macht, sich zu bewegen

auf diese Art, was den Barmann
auf Trab bringt nach einer langen
Pause, in der nur der Ventilator

zu hören gewesen ist wie
immer, oder meistens, um
diese Tageszeit.

John Ashbery

DAS EINE, WAS AMERIKA RETTEN KANN

Gibt es etwas Wesentliches?
Gärten, auf das Land hingeworfen,
Stadtwälder, ländliche Plantagen, kniehohe Hügel?
Sind Ortsnamen wesentlich?
Elm Grove, Adcock Corner, Story Book Farm?
Wenn sie in einem Ansturm in Augenhöhe zusammentreffen,
sich in Augen stürzen, die schon satt sind,
danke, nicht mehr, danke.
Und sie treten auf wie eine mit Dunkelheit vermischte Szenerie,
die feuchten Ebenen, überwachsenen Vororte,
Stätten des Staatsbürgerstolzes, bürgerlicher Verschwommenheit.

Diese sind mit meiner Vorstellung von Amerika verbunden,
aber der Saft ist woanders.
Als ich heute morgen aus deinem Zimmer ging,
nach dem Frühstück, kreuzschraffiert mit
Blicken nach rückwärts und vorwärts, rückwärts ins Licht,
vorwärts in unbekanntes Licht,
war es unser Tun, und war es
das Material, das Holz des Lebens, oder der Leben,
das wir vermaßen, zählten?
Eine bald vergessene Stimmung

in gekreuzten Balken aus Licht, kühlem, stadtunterem Schatten,
an diesem Morgen, der wieder Besitz von uns genommen hat?

Ich weiß, ich flechte zuviel an meinen eigenen
abgerupften Wahrnehmungen der Dinge, so wie sie auf mich zukommen.
Sie sind privat und werden es immer sein.
Wo aber sind die privaten Wendungen der Ereignisse, dazu
bestimmt, später wie goldene Glocken zu dröhnen,
die man vom höchsten Turm über einer Stadt freigelassen hat?
Die seltsamen Dinge, die mir passieren und die ich dir sage,
und die du sofort verstehst?
Welcher ferne Obstgarten, erreichbar auf gewundenen Straßen,
versteckt sie? Wo sind diese Wurzeln?

Es sind die Verknotungen und die Versuche,
die uns sagen, ob man von uns wissen wird,
und ob unser Schicksal beispielhaft sein kann, wie ein Stern.
Alles andere ist Warten,
auf einen Brief, der nie eintrifft,
Tag um Tag die Erbitterung,
bis du ihn endlich aufgerissen hast, nicht wissend, was er enthält,
die zwei Umschlaghälften liegen auf einem Teller.
Die Nachricht war klug und, wie es schien,
vor langer Zeit diktiert.
Ihre Wahrheit ist zeitlos, doch ihre Zeit ist noch

nicht gekommen, von Gefahren berichtend und den zumeist
begrenzten Schritten, die gegen Gefahr unternommen werden können,
jetzt und in Zukunft, in kühlen Höfen,
in stillen, kleinen Häusern auf dem Lande,
unserem Land, auf eingezäunten Plätzen, auf kühlen, schattigen Straßen.

Aimé Césaire
HÖCKRIGE RÜCKENLINIE

Es gibt Vulkane die sterben
es gibt Vulkane die überdauern
es gibt Vulkane die nur für den Wind da sind
es gibt verrückte Vulkane
es gibt sinnlos betrunkene Vulkane
es gibt Vulkane die in Meuten leben und auf Spähtrupp gehen
es gibt Vulkane deren Schnauze von Zeit zu Zeit auftaucht
richtige Seehunde
es gibt Vulkane die sich verschleiern das Antlitz
immer in Wolken
es gibt Vulkane hingelümmelt wie müde Nashörner
ihre galaktische Tasche kann man betasten
es gibt fromme Vulkane die Denkmäler errichten
zum Ruhme verschwundener Völker
es gibt wachsame Vulkane
Vulkane die bellen
sie schieben Wache vorm Kraal schlummernder Völker
es gibt launische Vulkane sie erscheinen
und verschwinden
(das sind Lemurenspiele)
nicht zu vergessen die keineswegs harmlosen
Vulkane ohne jemals markierte Rückenlinie
ihre Rachsucht wächst in der Nacht
es gibt Vulkane mit Kratern genau so groß wie der uralte Riß.

Nicanor Parra
CHILES GRENZEN

Nicht Chile grenzt an die Kordillere der Anden, an
die Salpeterwüste, an den Pazifischen Ozean, an die
Stelle, wo
sich die beiden Ozeane treffen: die Sache ist umgekehrt.
Es ist
die Andenkordillere, die an Chile grenzt, der Pazi-
fische Ozean, der bis zum Aconcagua reicht.
Es sind die 2 Ozeane, welche die eintönige
Landschaft im Süden tausendfach zer-
stückeln. Der Fluß Valdivia ist Chiles längster See.
Chile grenzt im Norden an die Freiwillige Feuerwehr,
im
Süden an das Erziehungsministerium, im Osten
an das Nahuelbuta-Gebirge, im Westen an
die Leere, die die Wellen des oben erwähnten
Ozeans erzeugen, und im Süden an González Videla.
In der Mitte ist ein großer Haufen Dreck, eingekreist
von Militärs, Priestern und Volksschullehrern, die
ihn mit Kupferrohren aussaugen.

Gabriel González Videla — Chilenischer Präsident 1946–1952. Verbot 1948 die Kommunistische Partei, mit deren Stimmen er gewählt worden war. Einer der von ihm Verfolgten war der Senator und Dichter Pablo Neruda, der zu Pferd über die Andenkordillere fliehen mußte. Seitdem ist der Name González Videla in Chile als Synonym für politische Verräter gebräuchlich.

Anmerkung des Übersetzers

Inger Christensen

HIER stehe ich denn an der	Barentssee
da liegt also die	Barentssee
es sieht so aus als wäre die	Barentssee
immer alleine mit der	Barentssee
doch jenseits hinter der	Barentssee
schlägt das wasser gegen	Spitzbergen
und gleich hinter	Spitzbergen
treibt das eis umher im	Eismeer
und gleich hinterm	Eismeer
sitzt das eis fest auf dem	Nordpol
und gleich hinterm	Nordpol
sieht es so aus als wäre die	Beaufortsee
ganz alleine mit der	Beaufortsee
doch jenseits hinter der	Beaufortsee
sieht es so aus als hätte	Alaska
immer nur	Alaska
gesehn doch hinter	Alaska
liegt dann endlich der	Stille Ozean
es sieht so aus als wäre der	Stille Ozean
immer alleine mit dem	Stillen Ozean
doch jenseits hinter dem	Stillen Ozean
treibt das eis umher im	Eismeer
und gleich hinterm	Eismeer
sitzt das eis fest auf dem	Südpol
und gleich hinterm	Südpol
ist wieder wasser im	Südpolarmeer
und gleich hinterm	Südpolarmeer
schlägt das wasser gegen	Afrika

und gleich hinter	Afrika
wieder etwas wasser im	Mittelmeer
und gleich hinterm	Mittelmeer
sieht es so aus als wäre die	Türkei
ganz alleine mit der	Türkei
doch jenseits hinter der	Türkei
ist wieder wasser im	Schwarzen Meer
und gleich hinterm	Schwarzen Meer
sieht es so aus als wäre	Rumänien
immer alleine mit	Rumänien
doch gleich hinter	Rumänien
liegt dann die	Sowjetunion
es sieht so aus als wäre die	Sowjetunion
ganz alleine mit der	Sowjetunion
doch gleich hinter der	Sowjetunion
liegt also	Finnland
und sieht so aus als wäre	Finnland
ganz alleine bloß	Finnland
doch jenseits hinter	Finnland
liegt also die	Finnmark
und gleich hinter der	Finnmark
liegt also die	Barentssee
eben und verchromt	
unter der lichtkuppel	
hier stehe ich denn an der	Barentssee
ganz alleine an der	Barentssee
abend den 24. juni	

Oskar Pastior

BALLADE VOM DEFEKTEN KABEL

Adafactas
Cowlbl
Ed rumplnz kataraktasch-lych
Uotrfawls
aachabrawnkts Brambl
aachr dohts . . .

Schlochtehz ihm
schlochtehz ihm
ehs klaren Zohn

Ihn Uotrfawls

Humrem hä?
Do humrem
Nodo humrem
kaineschfawls

Ehs ischtolt ain däfäktäs
rumpltsch
traktaz
ä nedderschtilchz
Rompl-Grompt

Cowlbl o Cowlbl wottä
Cowlbl-gotz!

Gehbät uns ain
adakuats Ch-bell
ntmr hiechffn
s-trumpltsch Bvchuelltr
aasm
Naawbl

Philippe Jaccottet

SCHREIBE dieses Buch rasch, heut noch beende
rasch dieses Gedicht,
ehe der Zweifel dich einholt, die Unsicherheit,
die Wolke von Fragen, die dich irreführt, daß du
strauchelst,
und schlimmer noch . . .
Lauf ans Ende der Zeile,
fülle deine Seite, ehe die Hand zu zittern beginnt,
weil Furcht dich ankommt — irrezugehn, Furcht vor
dem Ermatten, Furcht vor der Furcht,
ehe die Luft nachgibt, an der du für eine Weile,
angelehnt, noch einen Halt hast, die schöne blaue
Mauer.
Manchmal schon benimmt die Glocke sich, wie sie nicht
sollte, in dem Knochen-Turm
und hampelt, daß die Mauern bersten.

Schreibe, nicht »an den Engel der Gemeinde von Lao-
dicea«,
sondern ohne zu wissen an wen, in die Luft, mit
zaudernden, huschenden Fledermaus-Zeichen,
rasch, überwinde mit deiner Hand noch diesen Abstand,
verknüpfe, webe in Eile, noch, kleide uns,
fröstelnde Tiere, uns unbeholfene Maulwürfe,
wirf uns ein letztes goldenes Leuchten über,
wie die Sonne den Pappeln und fern den Gebirgen,

Philippe Jaccottet

DER UNWISSENDE

Je älter ich werde, je mehr nehme ich zu an Unwissenheit,
je länger ich lebe, je weniger habe ich, herrsche ich.
All mein Besitz ist, abwechselnd, ein Land
im Flockenfall oder im Licht, doch niemals bewohnt.
Wo ist der Geber, der Führer, der Wächter?
Ich bleibe in meinem Zimmer, und mein Erstes ist, daß ich schweige
(die Stille tritt ein, diensteifrig, ein wenig Ordnung zu schaffen),
und ich warte, bis eine um die andre die Lügen weichen:
was bleibt? was bleibt diesem Sterbenden, das ihn
so beharrlich zu sterben hindert? Woher nimmt er
die Kraft, noch zu sprechen zwischen seinen vier Wänden?
Wie sollte ich dies wissen, ich der Unerfahrene, der Verstörte?
Doch ich höre ihn, wahrhaftig, er spricht, und sein Wort
dringt mit dem Licht des Tages her, wenn auch schwach noch:

»Wie das Feuer gründet auch die Liebe ihre Helle
auf die Schuld und die Schönheit verglühenden Holzes . . .«

Giovanni Giudici
RÖMISCHES EPIGRAMM

Ihr ignoriert alles, wie Goethe in Weimar
aber Rom ist zu groß um Weimar zu sein
und ihr (warum es sagen?) ihr seid zu klein.

Sie hatten gut reden die dicke Renditendame in Wei-
mar,
der Stallmeister, der Wächter, das Fräulein:
»Wir sind in der Mitte der Welt« weil da einer war
mit ihnen, der ohne Welt leben konnte.

Wir aber in der Mitte eines Platzes wir sind allein.

Andrea Zanzotto

SONETTO DEL CHE FARE E CHE PENSARE

Che fai? Che pensi? Ed a chi mai chi parla?
Chi e che cerececè d'augèl distinguo,
con che stillii di rivi il vacuo impinguo
del paese che intorno a me s'intarla?

A chi porgo, a quale ago per riattarla
quella logica ai cui fili m'estinguo,
a che e per chi di nota in nota illinguo
questo che non fu canto, eloquio, ciarla?

Che pensi tu, che mai non fosti, mai
né pur in segno, in sogno di fantasma
sogno di segno, mah di mah, che fai?

Voci d'augei, di rii, di selve, intensi
moti del niente che sé a niente plasma,
pensier di non pensier, pensa: che pensi?

Andrea Zanzotto

SONETT ÜBER WAS?

Was tust du und denkst du? Wer denn antwortet wem?
Sind das die Vögel, die ich mit Geräuschen vertausche,
welches Wasser bring ich in der Leere zum Rauschen
durch hohles Land und ausgehöhlten Lehm?

Zu wem, zu welchem Schneider kann ich noch gehen
mit der Logik, die mich zerreißt, ein Loch, ein Lau-
schen,
für wen laß ich Ton um Ton die Sprache entstehen
wo nur Gesanglosigkeit ist, Nichtrede, Fauchen?

Du warst nie, so kenn ich von dir nur Niegedachtes
dieses Niewort, das Nie in meinen Träumen,
den Traumort, wer weiß aus wer weiß, Niegemachtes.

Die Stimmen der Vögel, der großen Wälder, der Wasser,
das Nichts bewegt sich, formt aus nichts die Räume,
erdachte Nicht-Gedanken, denk: an was?

Gewidmet jeder Art von Siegestaumel.

Anmerkung des Autors

Eugenio Montale
PER FINIRE

Raccomando ai miei posteri
(se ne saranno) in sede letteraria,
il che resta improbabile di fare
un bel falò di tutto che riguardi
la mia vita, i miei fatti, i miei nonfatti.
Non sono un Leopardi, lascio poco da ardere
ed è già troppo vivere in percentuale.
Vissi al cinque per cento, non aumentate
la dose. Troppo spesso invece piove
sul bagnato.

24 ottobre 1972

Eugenio Montale
ZUM ENDE

Meinen Nachfahren (wenn es welche gibt)
im Bereich der Literatur, und das
ist unwahrscheinlich, empfehle ich,
einen schönen Scheiterhaufen zu errichten
aus allem, was mein Leben betrifft,
aus all meinem Tun und Lassen.
Ich bin kein Leopardi, hinterlasse wenig dem Feuer,
ist es doch schon zuviel, in Prozenten zu leben.
Ich lebte zu fünf Prozent, erhöht nicht
die Dosis. Allzuoft regnet es doch
auf den nassen Boden.

Magazin V

DIE ACHTZIGER JAHRE

Derek Walcott

KARTE DER NEUEN WELT

(1) Archipele

Am Ende dieses Satzes wird es Regen setzen.
Am Rande des Regens ein Segel.

Langsam wird das Segel Inseln nicht mehr sehen;
in den Dunst wird der Glaube an Häfen
einer ganzen Rasse gehen.

Der zehnjährige Krieg ist beendet.
Helenas Haar, eine graue Wolke.
Troja, weiße Aschgrube
an drieselnder See.

Das Drieseln spannt sich wie Harfensaiten.
Mit wolkenweißen Augen ergreift ein Mann den Regen
und zupft die erste Zeile der *Odyssee.*

Sprache und Ozean. (. . .) Diese Gedichte sind entstanden aus der Fusion von zwei Unendlichkeiten, der Sprache und dem Ozean. Die beiden gemeinsame Herkunft, das dürfen wir nicht vergessen, ist die Zeit. Falls die Evolutionstheorie, besonders jener Teil davon, der lehrt, wir kämen alle aus dem Meer, überhaupt wasserdicht ist, dann repräsentiert Derek Walcotts Lyrik die höchste und logischste Entwicklungsstufe der Gattung. Gewiß kann er sich glücklich schätzen, daß er auf diesem Außenposten, diesem Kreuzweg des Englischen und des Atlan-

(2) Die Bucht

Halle sie wider, schwelle: die Isolde-Legende
in schläfrigen Explosionen deiner Brandung.
Ich schmuggelte, in gebleichtem Kiel zur Küste rauschend,
zu weißem Sand, bewacht vom harten Manzinellabaum
ein Geheimnis;
der Schatten des Fregattvogels liest es.

Diese Bucht ist ein Ofen.
Die Blätter blitzen den Wellen Silbersignale.
Fern des Fluches einer Regierung durch Rasse,
blättre ich um — zersetzender Fehler des Buches —,
ihre Zöpfe aus Meeresdunst auf meinem Gesicht zu spüren,
Salzgeschmack vom Munde des Windes zu fangen.

(3) Seekraniche

»Nur in einer Welt mit Kranichen und Pferden«,
schrieb Robert Graves, »kann Dichtung überleben.«
Oder kundige Ziegen auf Felsen. Das Epos

tiks, geboren wurde, wo beide in Wellen nur anlanden, um wieder auszulaufen. Das gleiche Bewegungsschema — von Anlandung und Rückkehr zum Horizont — hält sich in Walcotts Zeilen, seinen Gedanken und seinem Leben. (...)

Dies ist Westindien, ein Reich, das einmal die Positionslaterne einer Karavelle für das Licht am Ende des Tunnels hielt und teuer dafür bezahlte. — Es war das Licht am Eingang des Tunnels. So etwas passiert oft, Archipelen und einzelnen Menschen; in diesem Sinn ist jedermann eine Insel. Wenn wir diese Erfahrung

folgt dem Pflug, das Metrum dem Schlag auf den Amboß;
es deutet Prophetie die Zeichen der Störche, und Ehrfurcht
den Nackenbogen des Hengstes.

Die Flamme hat der Zypresse verkohlten Docht verlassen;
das Licht wird einfangen nun diese Inseln.

Erhabene Fregattvögel weihen die Dämmerung ein,
sie blitzt durch die schlagenden Schwänze von Pferden,
durch ihre steinigen Weiden.
Von der Landspitze behauenem Amboß
senkt sich die Gischt in Sternen.

Großzügiger Ozean, weise den Wanderer
von seinen salzigen Decken, den Verlorenen,
den die tiefen Tröge des schweinschwarzen Tümmlers locken.

Herum das Herzenssteuer, hier die Stirn.

dennoch als westindisch festhalten müssen und dieses Reich Westindien nennen, dann laßt uns das tun; aber laßt uns auch klarstellen, daß wir einen Ort im Sinn haben, den Kolumbus entdeckte, den die Briten kolonisierten und den Walcott unsterblich machte. Auch dürfen wir hinzufügen, daß es großzügiger ist und von stärkerer Vorstellungskraft zeugt, einem Ort den Status lyrischer Realität zu geben, als etwas zu entdecken oder auszubeuten, das längst geschaffen war.

Joseph Brodsky

Hone Tuwhare
LIEBENDE

Anläßlich eines Besuchs von
Germaine Greer in Neuseeland

In einem vollbesetzten Saal drängten wir uns
in eine kniehohe Sitzreihe.
Es war heiß.

Der Vorsitzende fing nochmal an
als wir endlich saßen.
Ich schnupperte. Irritiert.

Gleichmütig warfst du mir vor
ich hätte alles heiße Wasser aufgebraucht.
Dann hättest du
mit mir duschen sollen, murmelte ich.

Es ist ein Du-und-ich-Geruch, sagtest du
nach reiflicher Überlegung,
deine Brust drängte sich schwer an mich.

Ich verschränkte die Arme und rollte
flehend die Augen zum Himmel;
dein Eidechsenblick musterte mich
weise.

Die Rednerin war eine Frau, die deutlich
sprach, doch ich kriegte den ganzen

Abend nur ein deutliches Wort von ihr
mit. Ich glaube sie sagte fuck

und: oh,
sagten alle und drehten sich
nach uns um.

Gu Cheng

EINE GENERATION

Die Nacht hat mir dunkle Augen gegeben,
ich gehe mit ihnen das Licht suchen.

Gu Cheng

ZWINKERN

In einem Zeitalter der Fehler hegte ich
»falsche Gefühle« der folgenden Art

Mein Glaube ist unverrückbar,
meine Augen schauen unverwandt.

Regenbogen
treiben in schäumender Quelle,
blicken sanft auf die Passanten,
ein Zwinkern —
und schon sind sie Schatten von Schlangen.

Die Uhr
ruht in der Kirche,
still knackt sie mit den Zeigern,
ein Zwinkern —
und schon ist sie ein tiefer Brunnen.

Rote Blüten
brechen auf der Leinwand auf,
heißen inbrünstig den Frühlingswind willkommen,
ein Zwinkern —
und schon sind sie der Geruch von Blut.

Um meines unverrückbaren Glaubens willen
ist aufgerissen das Augenrund.

Bei Dao

TRADITION

Eine Bergziege steht auf schroffem Fels
Am Tag der Fertigstellung
war die Bogenbrücke längst überaltert
Wer vermag in einer Zeit
da sich alles wie die Ferkel drängt, den Horizont auszu-
machen
Tag und Nacht sind die Windglocken
gleich tätowierten Männern
dunkel, niemand vernimmt die Sprache der Ahnen
Schweigsam dringt die lange Nacht ins Gestein
Alle Hoffnung auf eine Bewegung der Steine
ist ein Berg, mal hoch, mal niedrig im Buch der Ge-
schichte

Bei Dao
LÜCKEN

Armut ist eine Lücke
Freiheit ist eine Lücke
Im Augenwinkel einer Marmorstatue
sind Siege eine Lücke
Schwarze Vögel, die vom Horizont tropfen
sind die Offenbarung kommender Altersflecken
Desillusion ist eine Lücke
auf dem Grund des Bechers eines Freundes
Verrat ist eine Lücke
auf dem Foto Liebender
Abscheu ist eine Lücke
in einem lang erwarteten Brief
Die Zeit ist eine Lücke
ein Schwarm unheilvoller Fliegen
an der Decke eines Krankenhauses
Geschichte ist eine Lücke
Sie ist ein nichtendenwollender Stammbaum
mit einem Nachweis nur für die Abgelebten

Bei Dao

SPRACHE

Viele Sprachen
sind in der Welt unterwegs
Beim Zusammenstoß entstehen Funken
mal Haß,
mal Liebe

Das hohe Haus der Vernunft
bricht gerade stumm in sich zusammen
Ein Korb, geflochten aus Gedanken
flach wie Bambussplitter
ist vollgestopft mit blinden Giftpilzen

Vierfüßler auf der Felswand
huschen über Blumen
Ein Löwenzahn wächst heimlich
in irgendeinem Winkel
Der Wind hat seinen Samen fortgetragen

Viele Sprachen
sind in der Welt unterwegs
Ihre Produkte
machen das stille Leid der Menschheit
weder leichter noch schwerer

Tamura Ryūichi

MEINE BOTSCHAFT AN EINEN DICHTENDEN OBERSCHÜLER AUS DER ZWEITEN KLASSE

In den Sommerferien
sammle, ich bitte dich, die atmenden Wörter
wie man Pflanzen und Insekten sammelt

Hierauf
streckst du so weit du kannst deine Zunge aus
um zu testen
welchen Landhorizont
welchen Seehorizont
die Zunge berühren kann

Das ist mühsam
das schmerzt

Du streckst die Zunge der Imagination aus
so weit du kannst

Und hat dann
die Empfindung von Mühe und Schmerz
deinen Geschmackssinn erregt —

Du dichtest:
Schimmer der Sterne
überm blaßblauen Grasland der Wind
für immer stumm und doch leise atmend
ein Baum

— ist das der Augenblick
da deine Zunge die reinste Süße erfährt

Tanikawa Shuntarō

15. AUGUST

8.15

Eine Ente watschelte vorüber
sagte der Mann
Quer über den ausgetrockneten weißen Sandweg
watschelte eine Ente   das ist alles
was mir im Gedächtnis haftet

Ich erinnere mich an die Stimme
sagte ein anderer Mann
eine seltsame Stimme ohne Herz und Seele
aber das lag wohl am Japanischen
ich selbst verfalle auch manchmal in diesen Ton

Ich schlief damals
sagte die Frau
in Schweiß gebadet mit meinem Geliebten
das Kind von damals ist jetzt Frauenarzt in Oregon
hat auch das Bürgerrecht von drüben

Der 15. August 1945 ist der Tag, an dem der japanische Kaiser Hirohito in einer berühmten, nur schwer verständlichen Radioansprache die Niederlage Japans im 2. Weltkrieg bekannt gab.
Anmerkung des Übersetzers

Inoue Toshio

CHICAGO

Sobald Sie in Chicago ankommen
essen Sie doch in einem Riesen-Steakhouse im Block-
hütten-Stil
ein Beefsteak so groß wie eine Strohsandale
— sagte der Reiseleiter bevor wir aus Osaka abreisten.
Als wir jedoch in Chicago waren, setzte man uns bloß
ein kleines Stück Fleisch vor, billig wie ein Klößchen.

Soll das vielleicht das große Steak sein? beschwerte ich
mich
da gab er zurück:
Weil heute der Michigan-See auf dem Programm stand,
der so wahnsinnig groß ist
daß Shikoku und Kyushu zusammen leicht darin
Platz fänden
kommt Ihnen jetzt
alles Große klein und nichtig vor.

Als ich aus dem Restaurant trat
weinte auf dem Straßenpflaster ein reizendes schwarzes
Baby
wahrscheinlich war es ausgesetzt worden, doch nie-
mand schaute auch nur hin
ich hob das Kind auf und wollte damit zur Polizei
aber da ich nicht wußte, wo die Polizei war
trug ich es etwa eine Straßenlänge weit
doch seltsam, das Baby wurde plötzlich schwer

und als ich schon meinte, es entgleite meinen Händen
hielt ich unvermutet eine junge schwarze Dirne umschlungen.

(1980)

Jim Jarmusch
SPLIT-SCREEN

Das blonde Mädchen in meinem Bad
trägt Lederwäsche
und schneidet sich das Haar kürzer

in der Hoffnung, daß es dann länger
wirkt.
Das erinnert mich an den Ungarn,

der nach Los Angeles zieht,
Ungarisch vergißt
und kein Wort Englisch spricht.

Jim Jarmusch

DIE BIEGSAMEN MÄDCHEN VON TOKIO

Die Weltwirkungen verteilen sich
mit trägen grünen Ziegeln,
die über die Straße fliegen.

Rauch spielt hier drin eine Rolle,
steigt auf wie nichtgekräuseltes Haar.
Mein Taxi ist gegen Regen versiegelt,

gegen Licht, Mikrowellen, das Lied,
das die wie Matrosen verkleideten Mädchen
theoretisch singen.

Rita Dove

ARS POETICA

Dreißig Meilen zum einzig anständigen Restaurant
war nichts, ein Lidschlag
im langen stumpfen Starren Wyomings.
Auf halber Strecke schrie der unbekannte, aber
schrecklich wichtige Essayist: Stop!
Ich muß da rein; und lief
fünfzehn Meter ins Land,
ehe der Himmel auf ihn stürzte und er gelaufen kam,
rief: Gott — da ist nichts da draußen!

Einmal traf ich einen australischen Schriftsteller,
der mir sagte, er habe nie kochen gelernt,
weil es kreative Energie koste. Am liebsten wäre er
stumm
gewesen; er stapelte die Seiten;
er betrat jeden Tag mit einer Axt.

Gern hätte ich dieses Gedicht klein,
eine Geisterstadt
auf der größeren Karte des Willens.
Dann kannst du mich als Habicht einzeichnen:
ein wanderndes Markierungskreuzchen.

John Ashbery
PARADOXA UND OXYMORA

Dieses Gedicht befaßt sich mit Sprache auf einer sehr
einfachen Ebene.
Schau, wie es zu dir spricht. Du schaust zum Fenster
hinaus
oder gibst vor, nervös zu sein. Du hast es, aber hast es
nicht.
Du verfehlst es, es verfehlt dich. Beide verfehlt ihr
euch.

Das Gedicht ist traurig, weil es gern deines wäre, und es
nicht sein kann.
Was ist eine einfache Ebene? Sie ist das und andere
Dinge,
von denen sie ein System ins Spiel bringt. Spiel?
Ja, eigentlich schon, doch betrachte ich Spiel als

ein tieferes Außending, ein geträumtes Rollenmuster,
wie in der Verteilung von Gnade an diesen langen
Augusttagen
ohne Beweis. Mit offenem Ausgang. Und bevor du
dich auskennst,
geht es im Dampf und Geratter von Schreibmaschinen
unter.

Einmal mehr wurde es durchgespielt. Ich denke, du
bist nur da
um mich dazu zu kriegen, es zu tun, auf deiner Ebene,

und dann bist du nicht zur Stelle
oder hast eine andere Haltung eingenommen. Und das
Gedicht
hat mich sanft zu dir hinab gesetzt. Das Gedicht bist
du.

Giovanni Giudici

JAWOHL

Supponendomi una specie di parente
Mi corse incontro con me si appartò
Nella baracca il confuso sergente
Senza parole le braccia allargò

Mi condusse da uno — non so
Sonderführer o anziano tenente
Proprio nel posto dov'era morto
Lui di un così futile accidente

Non solo — fu il tenore del discorso
Per il Reich né per l'Italia
In quella quieta retrovia remota
Da dove ancora divampava la battaglia

Ma disse ch'era morto per l'Europa
A me che l'ascoltavo sull'attenti
Jawohl, jawohl — ripetendo fra i denti
Spremendo una lacrima idiota

Giovanni Giudici
JAWOHL

Er kam mir vor wie irgendwie verwandt
kam mir entgegen nahm mich zur Seite
In der Baracke hat der verwirrte Sergeant
wortlos die Arme gebreitet

Dann hat er mich zu einem — wie heißt er
Sonderführer oder Leutnant gebracht
genau an den Ort wo ihn alle gemacht
hatte ein Zufall ein läppischer dreister

Das nicht genug — es war seine Klappe
für *Das Reich* und für Das Vaterland
In dieser ruhigen entfernten Etappe
war nochmal die Große Schlacht entbrannt

Er sagte, er sei für Europa gefallen
Ich hörte, stand stramm, zwischen den Zähnen
wiederholte ich *Jawohl jawohl*
zerquetschte meine idiotischen Tränen

Andrea Zanzotto

ONDE ÉLI

Onde éla mai la pi cara de le mé jèje
che la scrivéa carnevai e feste
i »dialoghi« in puisia e fin
co dentro parole in latin
che rento i se li recorda ancora;
»la se 'véa trat al béver«, i diséa,
par passarghe sora a la malora.
Chi sa. Ma sol che éla la sa quant
che inte 'sto scribinciar mi ghe soméje.

Onde éla la Pina dei giornai
e la só botegheta drio la piazha
coi color che lustréa come ferai . . .
»Rivendita carbone e giornali«:
negra pedo de 'n camin, co' i grun
de garbon, e in medo — che canpanele e sonai! —
al ros e 'l blu e 'l verdo dei giornai
al se destiréa e 'l cresséa
'fa 'n pradusel de mareveje —
ma 'l garbon ne rivéa fin su le zhéje.

Im italienischen Original ist der Dialekt das Trevisanische, wie es in Pieve di Soligo, dem Geburtsort des Dichters, gesprochen wird.

Andrea Zanzotto
WOU SAINTZE

Wou eppr kannt di liabscht va maine Tantn iatz sain
dia za Fosching ollm unt zu di Fescht
di Schtikklan gschriibm hott, mit Raim drinnan
unt goor mit Prokkn ass Latain
an dia si haint nu di maischtn psinnan;
»sie hottze in Suff drgeebm«, hoobmse gsogg,
daßze iibrn gonzn Ellatt nitt vrzogg.
Woos woaß man aa schunn. Lai ii oobr woaß
wiafl mit dein Gschraipsl ii iir glaich.

Wou isch die Zaitungspiina
wou iirra Ladele sellm hintrn Plotz
mit di Forbm dia funklan wia a Latearn . . .
»Zeitungen — Kohlenhandlung«:
schwerzr ass dr Kamiin weigatt die Kouln-
berg, unt intmittlt drinn — wia a Schelln unt Laitn! —
hoppma gseechn 's Roat 's Ploob unt 's Grean
vo di Zaitungan se auszwaitn unt aufgean
wia a wundrscheane Au —
oobr die Kouln sain inz gongan pis zaddr Augenprau.

Die Dialektübersetzung ist in der Variante des Dorfes Stilfs geschrieben, einem Dialekt aus dem südlichen Raum der süddeutschen Mundart. Aufgrund geschichtlicher und geographischer Verbindungen zu Graubünden enthält er einige, kaum wahrnehmbare, Anklänge ans Rätoromanische. In einem geographisch näheren und größeren

Andrea Zanzotto
WO SIND SIE

Wo ist die liebste meiner Tanten
die für den Karneval und zu den Festen
die Dialoge schrieb in Versform
sogar mit lateinischen Wörtern darin
viele können sich noch erinnern;
»sie hat sich dem Trinken ergeben«, sagten sie,
um über das Unglück hinwegzukommen.
Was weiß man. Nur sie aber weiß, wie sehr ich
in diesem Geschreibe ihr gleiche.

Wo ist die Pina mit ihren Zeitungen
wo ihr kleiner Laden hinter dem Platz
leuchtend vor Farben wie eine Laterne ...
»Zeitungen — Kohlenhandlung«:
schwärzer als ein Kamin, mit den Kohlen-
haufen, und in der Mitte — was für ein Schellen
und Läuten! —
breitete das Rot das Blau das Grün
der Zeitungen sich aus und gedieh
wie eine wunderbare Wiese —
die Kohlen aber reichten uns bis an die Wimpern.

Umfeld gehört der Dialekt aus Stilfs zu jenen des oberen Vinsch- oder Vintschgau. In eine gedachte Beziehung zum trevisanischen Dialekt von Andrea Zanzotto stellt sich der Stilfser Dialekt als südlicher Ort in einer anderen Sprache.

Anmerkung der Übersetzer

Valentino Zeichen
DE CHIRICO II

Wir von der metaphysischen Mannschaft
besetzen alle strategischen Punkte
des Feldes, die alten Stile stützen
unser Bewachen des Vergangenen.
Obwohl wir nicht die Ausmaße kennen
von dem, was auf dem Spiel steht,
bleiben wir auf der Hut, um den Reifen
zu überraschen, den das Mädchen rollt
und der auf dem Platz erscheinen wird
aus einem der vorhergesagten Zugänge:
ein flüchtiger Schatten, geführt
von einem kleinen Zauberstab,
der die Zeit im Gleichgewicht hält.

Valentino Zeichen
STUDENTINNEN

Zwei farbige Studentinnen
des französischen Gymnasiums »Chateaubriand«
gehen über die konsularische Via Flaminia;
eine der beiden scheint
mit dem gut geformten Busen
durch ein imaginäres Ziel zu gehen
oder vielmehr eine Brücke
zwischen unseren beiden Kulturen zu schlagen.
Ihre Spucke beschreibt in der Luft
den Anfang einer eleganten Parabel,
fliegt zur Hälfte über die Straße: sie müßte
auf dem Gehsteig gegenüber zerschellen.
Ich bewundere den schönen Wurf
dieses feurigen Mundes
und um ein Haar entgehe ich
der weißen Kugel.

György Petri

AN GRAF AUGUST VON PLATEN-HALLERMÜNDE

(ihn übersetzend)

Du warst der Graf, schwul, deutsch und lungenkrank
vielleicht
ein komisch Tier, das räkelt sich in Preußisch-Blau
der Kragen, Eichenblatt mit Gold, die Schulterklappen
des Offiziers,
das paßt zu dir, und so verströmt sich dein Sonett.

Im Arsch der Garnison verkrochen,
hast deinen Hochmut an der Leine ausgeführt, die
deutschen Zu-
stände gehaßt bis auf die Knochen.
Und dachtest jedes Elend nun zu kennen.

An dir quäl ich mich ab, gräflicher Schmerz,
porös und brechbar, hundertfünfzig Jahre alter Scherz
— und meine Zähne werden stumpf an dir bis auf den
Keim,

guter Graf Augustin von Platen-Hallermünde,
der sich gesuhlt, gestreckt in jeder Sünde.
Aus ist das Lied, hier *preußelt* selbst der Reim.

Ivan Wernisch

JOSEF R. ZUM GEDÄCHTNIS

Jener Herr
der in Nr. 246
in den Aufzugschacht springt
ist als Spaßvogel bekannt
egal was er macht
ist es bedenklicherweise
genauso
als wenn er nichts machte
zugedeckt mit Zeitungen
im Souterrain
von Nr. 246

Ja, das ist jenes schöne Haus
aus dessen Fenstern man die Dampfer
die Schleuse passieren sieht

Izet Sarajlić
ZUM ANDENKEN AN DEN SCHÄFERHUND BLONDI

Was für ein Glück, der Hund Ivan Turgenjevs zu sein,
zu seinen Füßen zu wedeln, während er *Moumou*
schreibt,
und zu bellen, wenn ein unbekannter Besucher kommt
oder auch nur eine verdächtige Troika auf der Chaus-
see erscheint.

Was für ein Glück, der Hund eines Polarforschers zu
sein
und mit ihm in der eisigen Nacht der Arktis zu ver-
schwinden.

Was für ein Glück, Ihr Hund zu sein, falls Sie einen
haben,
und mit Ihnen zusammen die Tage des Lebens
und die Stunden der Traurigkeit herunterzuzählen.

Was für ein Glück, auch das noch, der Gummihund in
der Hand meiner Tochter zu sein,
vor dem weder die Katzen noch die Vögel Angst haben,
was für ein Glück!

Dagegen Blondi, der Schäferhund Hitlers ... In Prosa natürlich. Am besten nur einen Zeitungsausschnitt zitieren, irgendwoher: »Die Einheiten der Roten Armee waren nur noch 500 Meter von der Reichskanzlei entfernt, als auf Wunsch Hitlers ein Beamter aus dem Goebbels-Ministerium die Trauung zwischen ihm und

Eva Braun vornahm. Gleichzeitig wurde die Wirkung des Giftes an Blondi, Hitlers Schäferhund, ausprobiert. Der Kadaver wurde in einen Bombentrichter des Gartens geworfen, wo später auch die Leichen von Eva Braun und von Hitler verbrannt wurden . . .«

Unschuldiger Köter, von irgendeiner bayrischen Hündin geworfen!
Eva Braun hat dich gestreichelt,
und dieses Gedicht ist da, dich zu beklagen.

Was für ein Glück, der Hund Ivan Turgenjevs zu sein . . .

Mircea Dinescu
BESCHEIDENE BIOGRAPHIE

Manche können es kaum erwarten
mich wie Ophelia im Wasser liegen zu sehn
mit einem Krönchen aus Zeitungspapier
doch geschwächt von so viel Einbildungskraft
betreten sie gravitätisch meine Biographie
wie eine Leprakolonie
bereit die weißen Flecken einzugrenzen
und zu rufen:
Achtung, Ansteckungsgefahr
musikalisches Virus Tränenbakterie Hund mit Zeitzünder
er glotzt die goldnen Schinken des Westens an
und sagt er sei nicht sehr hungrig
seine Lieder leiert er herunter
wie eine *juke box* die keine Münzen mehr annimmt
sein Vater arbeitet im Eisenbahndepot und schnuppert
insgeheim am Lavendel
seine Mutter schleppt Kisten und wird langsam taub
(wahrscheinlich will sie nicht hören)

Die Schriftsteller aus dem Osten leiden mitunter an unbewußten und eleganten beruflichen Deformierungen, denn in einem totalitären System kann, wer nicht humpelt, anormal scheinen; von der Tatsache mal abgesehen, daß zwischen Schein und Sein nur mit polizeilichem Visum verkehrt werden darf. Die Zensur und, noch widerwärtiger, ihr uneheliches Balg, die Selbstzensur, drängen einen dazu, aus freien Stücken und ohne äußeren Zwang die zugelassenen orthopädischen Schuhe anzuziehen,

seine Schwester ist Erzieherin an einer Schule für
geistig
Behinderte und fühlt sich frei frei
über den Bruder weiß man gar nichts
was noch viel schlimmer ist
die Existenz dieser Familie macht ihn nachgiebig
aber er hat eine besondere eine beunruhigende Art
sein Land zu lieben
wir können die süße Erde aus seinem Mund nicht weg-
schaufeln
sonst stürzen die Kirchen in dieser Gegend ein

die Anormalität zu mimen; und so schreibt man denn, um das Übel wenigstens notdürftig zu benennen, versteckte Botschaften zwischen die Zeilen, schreibt untergründig, chiffriert, gewunden und gequält, die Wahrheit in tausend Zettelchen einwickelnd — und bringt solcherart dem spanischen Stiefel als natürlicher Fußbekleidung des Häretikers eine merkwürdige Huldigung dar.

Mircea Dinescu,
Sommer 1988

Mircea Dinescu

MANUSKRIPT, GEFUNDEN IN EINEM LAMPENGLAS

Im Briefkasten hat sich eine Schere eingenistet
mit der man Finger abschneidet.

Auf dem Hügel der Mitropolie
gibt es Schaufenster aber keine Läden.

In der Straßenbahnhaltestelle wartet ein Zwerg
mit einem Buckel Marke Philips
auf Kundschaft.

Auf dem freien Markt wird der Tod billig verkauft
andrerseits spart man
an Heizmaterial an Papier an Gott.

Wenn auch Idioten eßbar wären
wären die Schlangen vorm Intellektuellenmetzger
nicht mehr so lang.

»Auf dem Hügel der Mitropolie gibt es Schaufenster aber keine Läden«: Der Sitz des Oberhauptes der rumänischen Kirche, des Mitropoliten, befindet sich auf einem Hügel in Bukarest. In dessen Nähe entstanden die Prachtbauten des neuen Regierungsviertels.

». . . wartet ein Zwerg mit einem Buckel Marke Philips«: Mit »Marke Philips« bezeichnet die rumänische Umgangssprache all das, was sich als Versteck für eine Abhörwanze eignet.

Anmerkung des Übersetzers

Jiří Grusa

BABYLON — DER WALD IN ENSKO

für Sabine

So kam ich da in einen wald
der schwamm leicht aufgebauscht
vom wind

es war am himmel zu erkennen
der mondvoll südwärts
zog

ich folgte ihm
mir wurde schwarz vor augen
und fiel ins hohe gras
das trug
wie fruchtwasser

hände auf der brust
und irgendwie schon blindlings
vergaß ich das land
von dem er sich löste
ein meeresufer suchend
an dem man belaubt

Jiří Grusa
KAPITÄN NEMO

Ein fremdstern
als axthieb in dem tisch der kneipe
mit blühenden fischen hinter dem nachtfenster
und du
du tödlich erstaunt
über das deutschwort
zeitmesser

Jirí Gruša schrieb die Gedichte 1988 in deutscher Sprache.

Babylonwald gibt verschiedenen Sinn. Rückt uns die Heimat Grušas vor Augen, den Wald da bei Ensko, bedeutet aber auch Sprachenverwirrung. Die Errettung des Dichters am Ufer der anderen Sprache ist in den Gedichten nun eingeschlossen wie ein besonderes sonst kaum zu bewahrendes Schimmern. Die vorübergehende Sprachlosigkeit aus vielen gleichzeitigen Gründen klingt mit. Die Grammatik der ersten Sprache lebt in der zweiten eine Weile noch fort. Dies gibtn eigenartigen schmerzlichen herzklopfenden Reiz. Man sieht den Gruša auf Rasiermessern gehn.

Sarah Kirsch

György Petri

NUR EINE FRAGE

»Ach wir«, so schriebst du einst, lieber Bert,
»Die wir den Boden bereiten wollten für Freundlichkeit,
konnten selber nicht freundlich sein.« Gelinde gesagt.
Warum aber wolltet ihr *freundlich* sein um jeden Preis?
Ein bißchen *Recht* (bourgeoises, hols der Teufel!) . . .
Lieber Bert!
Weniger wäre mehr gewesen.

Berlin am 19. August 1986

Heiner Müller
SELBSTKRITIK

Meine Herausgeber wühlen in alten Texten
Manchmal wenn ich sie lese überläuft es mich kalt Das
Habe ich geschrieben IM BESITZ DER WAHRHEIT
Sechzig Jahre vor meinem mutmaßlichen Tod
Auf dem Bildschirm sehe ich meine Landsleute
Mit Händen und Füßen abstimmen gegen die Wahrheit
Die vor vierzig Jahren mein Besitz war
Welches Grab schützt mich vor meiner Jugend

(1989)

Volker Braun

DAS EIGENTUM

Da bin ich noch: mein Land geht in den Westen.
KRIEG DEN HÜTTEN FRIEDE DEN PALÄSTEN.
Ich selber habe ihm den Tritt versetzt.
Es wirft sich weg und seine magre Zierde.
Dem Winter folgt der Sommer der Begierde.
Und ich kann *bleiben wo der Pfeffer wächst.*
Und unverständlich wird mein ganzer Text.
Was ich niemals besaß, wird mir entrissen.
Was ich nicht lebte, werd ich ewig missen.
Die Hoffnung lag im Weg wie eine Falle.
Mein Eigentum, jetzt habt ihrs auf der Kralle.
Wann sag ich wieder *mein* und meine alle.

(1990)

Alain Lance

LUMIÈRE à l'est
Aurore
Ou sinistre

Par ici la foule
De gants vides
Que canardent les télex

LICHT im Osten
Morgenrot
Oder Katastrophe

Hier die Menge
Leerer Handschuhe
Die die Telexe aus dem Hinterhalt
beschießen

Göran Sonnevi

Aus: TRAUERMANTEL

Sah heute im Wald
einen Trauermantel, groß, prächtig
auf der dunklen Lichtung
zwischen hohen Bäumen
neben dem großen Ameisenhaufen
Wie ein kleiner Vogel flog er
mit leuchtend hellem Saum
Ich ließ ihn sich setzen
neben mir, dort wo ich
kauerte, bei dem Stein
Die Flügel bräunliches Dunkelrot, geädert
dann das Band von Perlen in leuchtendem
Blau, und ganz außen der Saum, cremegelb
Die Vorderränder der Flügel schwach gebogen, leicht gesprenkelt
hinter jeder Flügelspitze ein kleiner Zacken
der Hinterleib stark behaart
Sah ihn dort an, lange, bis ich
eine Hand ausstreckte
und das trockne Gras berührte
Da flog er schnell auf, hoch, fort

Göran Sonnevi

LEBENSKRONE, Todeskrone, in einem, vermengt?
Oder völlig getrennt? Wie die Berge? Wir
machen den Schritt hinüber, den Schwingenschritt, und
kehren
um, wieder und wiederholt, bis zur
Verzweiflung In vollkommener Freude Die Berge
durchdringen einander Die Musik ist leicht, leicht
schwer, schwer Ich sehe dein Gesicht kommen
Ich sehe deiner zarten Haut Gesicht kommen Zu mir

Zbigniew Herbert
BERICHT AUS EINER BELAGERTEN STADT

Bin zu alt um Waffen zu tragen zu kämpfen wie die
andern

man bestimmte mir gnadenhalber den minderen Part
des Chronisten
ich notiere — wer weiß für wen — die Ereignisse der
Belagerung

genau soll ich sein doch ich weiß nicht wann der Über-
fall anfing
vor zweihundert Jahren Dezember September viel-
leicht gestern früh
alle kranken wir hier am Schwinden des Zeitgefühls

geblieben ist uns nur der Ort und die Anhänglichkeit an
den Ort
noch besitzen wir Tempelruinen Phantome von Gärten
und Häusern
verlieren wir die Ruinen bleibt nichts zurück

ich schreibe wie ich's vermag im Rhythmus endloser
Wochen
Montag: die Lager sind leer zur Umlaufseinheit wurde
die Ratte
Dienstag: der Bürgermeister ermordet die Täter sind
unbekannt

Mittwoch: Waffenstillstandsgespräche der Feind interniert die Gesandten
man weiß nicht wo sie geblieben kennt den Ort ihrer Hinrichtung nicht
Donnerstag: Antrag der Pfeffersäcke bedingungslos zu kapitulieren
nach stürmischer Volksversammlung mehrheitlich abgelehnt
Freitag: Beginn der Pest Samstag: der unbeugsame Verteidiger
N.N. beging Selbstmord Sonntag: kein Wasser wir haben den Sturm
auf das Osttor — genannt das Tor der Allianz — abgewehrt

ich weiß das alles klingt monoton keinen vermag's zu bewegen

ich meide das Kommentieren halte Gefühle im Zaum schreibe Fakten
angeblich sind nur sie auf den fremden Märkten geschätzt
doch mit einigem Stolz will ich der Welt vermelden
wir haben dank dem Krieg eine neue Abart von Kindern gezüchtet
unsre Kinder verachten Märchen sie spielen dafür das Erschlagen
sie träumen im Wachen und Schlaf von Suppe von Brot und Knochen
ganz wie Katzen und Hunde

am Abend wandre ich gern auf den Wällen der Stadt
entlang der Grenzen unsrer unsicheren Freiheit

blicke herab auf die Schwärme der Heere und ihre Lich-
ter
höre den Lärm der Trommeln das barbarische Schreien
wahrlich unfaßbar ist es daß die Stadt sich noch wehrt

die Belagerung dauert lange die Feinde lösen einander
ab
nichts verbindet sie außer dem Trachten nach unsrem
Untergang
Goten Tataren Schweden Rotten des Kaisers das Heer
der Verklärung des Herrn
wer kann sie zählen
Standarten wechseln die Farben wie die Wälder am
Horizont
zart vogelgelb im Frühling dann grün und rot bis zur
Schwärze des Winters

so kann ich am Abend von Fakten entlastet denken
an einstige ferne Dinge zum Beispiel an unsre
Verbündeten hinter dem Meer ich weiß ihr Mitleid mit
uns ist ehrlich
sie schicken Mehl Säcke voll Zuversicht Fette und guten
Rat
und wissen gar nicht daß ihre Väter uns verraten haben
die Unsrigen waren Alliierte zur Zeit der zweiten Apo-
kalypse
die Söhne sind schuldlos verdienen Dank also danken
wir ihnen
eine Belagerung lang wie die Ewigkeit haben sie nicht
erlebt
die vom Unglück Berührten sind immer allein
die Verteidiger des Dalai-Lamas die Kurden das Berg-
volk Afghanistans

jetzt da ich dies hier schreibe haben die Freunde des Kompromisses
ein wenig Übergewicht gegenüber den Unentwegten
das übliche Schwanken der Stimmung das Schicksal ist noch in Schwebe

die Friedhöfe wachsen die Zahl der Verteidiger schmilzt
doch der Widerstand hält und wird bis zum Ende währen
und wenn die Stadt fällt und ein einziger überlebt
wird er die Stadt in sich auf dem Pfad der Verbannung tragen
er wird die Stadt sein

wir schauen ins Antlitz des Hungers ins Antlitz des Feuers des Todes
und ins ärgste Gesicht von allen — in das des Verrats

und nur unsre Träume sind nicht gedemütigt worden

(1982)

Joseph Brodsky

Aus: VERSE VON DER WINTER-KAMPAGNE DES JAHRES 1980

I

Die Geschwindigkeit des Projektils — sie ist
bei großer Kälte stets vom Zielobjekt bestimmt,
vom Drang der Kugel, die sich herzwärts frißt
und im Gewebe Wärme sucht; und weitersingt.
Die Steine lagern wie ein zweites Heer.
Dem Lehmgrund prägen sich die Schatten ein.
Der Himmel blättert ab wie Kalk. Als wär's
'ne Motte taucht ein Flugzeug auf, ganz klein,
und gleich darauf, sprungfederleicht, schnellt Rauch
empor. Das Blut — wie kochende Milch dem Trichter
entquellend — taut den Grund nicht auf, es rauscht
und strömt umsonst; wird Schorf; kann nicht versickern.

III

Des Abends dann die Wehgesänge —
kein Slawe ist in Asien daheim.
Da liegt er, halberfroren, im Gedränge
einer Karawanserei — der Mensch, das Schwein.
Es schwelt der Mist, die Füße sind schon starr;
Klamottengestank, kein Wasser weit und breit.
Die schlimmsten Träume werden wahr.
Gedächtnisschwund. Die Waffen schußbereit.
Der Mund verkrustet vom Hurrageschrei.
Zu loben sind bloß jene andern,

die einst abgetrieben haben — frei
sind sie von Schuld an unsrer Schande.

V

Schale Luft, von keinem mehr benötigt.
Stille, importiert und aufgehäuft
zum Ramschen. Leere, die sich träg verläuft
wie Hefeteig. Wär's erst bestätigt,
daß im Kosmos Leben gedeiht — es drohte
Applaus ... Der Schütze würde in Stellung gehen.
Doch Morde sind nichts anderes als Tode:
naive tautologische Vergehen
— das Handwerk einer Jungmannschaft,
die nach dem Leben jagt und ungestraft
es ins Visier nimmt und ins Jenseits schickt;
wie Blut riecht, weiß die Meute längst — vom Jungfern-
fick.

VII

In der Stratosphäre, von allen vergessen,
bellt eine Hündin, sie starrt aus dem Guckloch.
»Erde! Erde! Hör doch, ich bin's — ein Lebewesen.«
Der Globus da unten, er trägt den Äquator noch
immer als Halsband. Aus Schluchten und hellen Fel-
dern
fügen sich, in dieser Sicht, Gesichter!
Die Schamröte zieht sich zurück in die Flaggenwälder.
Und in schneeverwehten Batterien verrichten
die Hühner — schlaftrunken, zitternd — ihr Geschäft:
sie legen Eier von untadeliger Weiße.
Schwarz bleibt allein die Schrift im Heft:
Lebensspur eines Hasen, wundersame Schneise.

DIE AUTOREN

GENNADIJ AJGI
(*1934)

Der Tschuwasche Gennadij Ajgi, 1934 in einem Dorf an der mittleren Wolga geboren, besuchte ein Lehrerseminar und kam 1953 nach Moskau, wo er am Literarischen Institut u.a. bei Schklowskij studierte. Er übersetzte französische Lyrik ins Russische und arbeitet in Moskau am Majakowskij-Archiv. Er hat eine Reihe von Gedichtbänden in tschuwaschischer Sprache geschrieben und gehört zu den wenigen Lyrikern der Sowjetunion, die freie Rhythmen bevorzugen.

Baudelaire; Glück (Ü: Karl Dedecius). Aus: Gennadij Agji, *Beginn der Lichtung*, Frankfurt/Main: Suhrkamp 1971.

JOHN ASHBERY
(*1927),

in Rochester am Ontario-See geboren, studierte englische und französische Literatur in Harvard und New York, kam durch Frank O'Hara in Kontakt mit den Dichtern und Künstlern der später so genannten *New York School;* u.a. Kenneth Koch und Larry Rivers. Er arbeitete als Kunstkritiker für die *New York Herald Tribune* und für *Art International* in Paris und war Herausgeber von *Art News*. Nach 6 Gedichtbänden seit 1953 gelang ihm ein einmaliger Coup: für *Self Portrait in a Convex Mirror* (1975) erhielt Ashbery gleich drei bedeutende Literaturpreise: den National Book Critics Circle Award, den National Book Award und den Pulitzer Prize for Poetry. — Ashberys Montagetechnik erinnert an die Malerei von Kitaj und Rivers, er liebt das Nebeneinander von Slang und Pathos, Reflexion und Emotion und möchte »Wörter abstrakt verwenden, so wie ein abstrakter Maler malt«.

Bäume; Das Eine, was Amerika retten kann (Ü: Christa Cooper, Joachim Sartorius). Aus: John Ashbery, *Selbstporträt im konvexen Spiegel*. München und Wien: Carl Hanser 1980.

Paradoxa und Oxymora (Ü: Joachim Sartorius). Aus: John Ashbery, *Eine Welle*. München und Wien: Carl Hanser 1988.

WYSTAN HUGH
AUDEN
(1907–1973)

W.H. Auden, der Lyriker, Librettist, Essayist, ist der große Virtuose der modernen englischen Poesie. In den dreißiger Jahren war er der Anführer einer Gruppe junger Autoren (Stephen

Spender, Christopher Isherwood, Louis MacNeice u.a.), die man als *Auden Group* bezeichnete. 1935 heiratete er Erika Mann, um ihr einen englischen Paß zu verschaffen. Für einige Zeit gehörte Auden zur marxistisch inspirierten linken Intelligenz. 1937 ging er als Krankenträger nach Spanien. Das Gedicht *Spain 1937* (Spanien 1937) ist Höhepunkt und Abschluß seines politischen Engagements. Das Dezember 1938 entstandene *Musée des Beaux Arts* lenkt den Blick auf die überzeitliche Condition humaine. Der Dichter kehrte zum anglikanischen Glauben zurück; und statt für Marx und Freud interessierte er sich für die Erlösungsideen Pascals, Kierkegaards und Reinhold Niebuhrs. Die »barocke Ekloge« *The Age of Anxiety* (Das Zeitalter der Angst) von 1947 gestaltet die Erlösungssehnsucht und -bedürftigkeit des modernen Menschen. Gegen die Subsumierung des Werkes als christliche Dichtung hat Gottfried Benn seinerzeit die These gesetzt, über dem Werk liege »eine atheistische Melancholie«.

Auden, der ab 1939 in New York gelebt hatte und amerikanischer Staatsbürger geworden war, kaufte sich 1958 ein Bauernhaus im niederösterreichischen Kirchstetten, um dort bis zu seinem Tode die Sommer zu verbringen — trinkbaren Wein und das Wiener Opernhaus in Reichweite. Dort entstand auch sein Gedicht auf den »next door-neighbour«, den einst von den Nazis protegierten Lyriker Josef Weinheber, der 1945 beim Heranrücken der Roten Armee Selbstmord beging.

Musée des Beaux Arts (Ü: Kurt Heinrich Hansen), © Margot Hansen; *Zum Gedenken an W.B. Yeats* (Ü: Ernst Jandl). Aus: W. H. Auden, Gedichte/Poems. Wien: Europaverlag 1973.

Josef Weinheber (Ü: Herbert Heckmann). Aus: *Neue Rundschau* 3/1965.

INGEBORG BACHMANN
(1926–1973)

Mit Paul Celan las sie 1952 auf der Niendorfer Tagung der Gruppe 47 und erhielt ein Jahr später den Preis der Gruppe für ihren ersten Band *Die gestundete Zeit.* Mit *Anrufung des großen Bären* (1956) begründete die Dreißigjährige ihren Ruhm als Lyrikerin. Ihr erstes Prosabuch *Das dreißigste Jahr* markiert ihre Lebenszäsur: seitdem schrieb sie fast ausschließlich Prosa. In einem der wenigen (aber schönen und wichtigen) Gedichte, die noch entstanden, heißt es: »Soll ich / eine Metapher ausstaffieren / mit einer Mandelblüte? / die Syntax kreuzigen / auf einen Lichteffekt? / (. . .) Mein Teil, es soll verloren gehen.« Ingeborg Bachmann, die in Prosa und Versen so oft das Feuer beschworen hatte, starb an den Folgen eines Brandunfalls (sie war mit einer brennenden Zigarette eingeschlafen) in der Nacht auf den 26. September 1973 in Rom.

Alle Tage. Aus: Ingeborg Bachmann, *Gesammelte Werke.* München: Piper 1978.

JÜRGEN BECKER
(*1932)

hat in Prosa wie Lyrik immer wieder den Versuch gemacht, schreibend mit der momentanen Veränderung der Wirklichkeit Schritt zu halten. Seine auf dem Sprung lebende Sensibilität gilt weniger der Übersetzung des Natureindrucks als der Herstellung eines Textes, der nicht die Abbildung, sondern die Analogie wirklicher Vorgänge meint. Das verweist aufs Sprachexperiment wie auf die Snapshots W.C. Williams'. Becker interessiert sich für Fotografie ebenso wie für die Malerei von Andrew Wyeth oder die Pop Art von Andy Warhol. Das authentische Dictum über Ruhm lautet bei Warhol: »In the future everybody will be world famous for fifteen minutes«. Man beachte, wie Warhols pseudodemokratische Formulierung in Beckers *Gedicht über Schnee im April* durch die Aussparung des »everybody« wieder abendländisch-individualistisch wird.

Gedicht über Schnee im April; In der Nähe von Andy Warhol. Aus: Jürgen Becker, *Gedichte 1965–1980.* Frankfurt/Main: Suhrkamp 1981.

SAMUEL BECKETT
(1906–1989)

Beckett, der Dramatiker an der Grenze des Spielbaren, der Erzähler an der Grenze des Erzählbaren: man vergißt darüber, daß zu seinen frühen Werken auch Lyrik gehörte; etwa das Gedicht *Whoroscope* (etwa: Huroskop), geschrieben am Vorabend des Einsendeschlusses für einen Wettbewerb: 10 Pfund für das beste englische Gedicht zum Thema »Zeit«; ausgeschrieben von der kleinen Hours-Press und von Beckett gewonnen. Nach 1938, als Beckett Französisch zu schreiben begann (»Um ohne Stil zu schreiben«), schrieb er auch einige Gedichte in Französisch. Dazu gehört die kleine Serie *Six poèmes* (1947-1949). *Mort de A.D.* ist eine Elegie für einen Kollegen am Irischen Lazarett in Saint-Lô, wo Beckett 1945 Rotkreuzhelfer war. Von den drei von Beckett selbst ins Englische übersetzten Gedichten erscheint hier *I would like my love to die.* Nach 1949 scheint Beckett keine Gedichte mehr geschrieben zu haben.

bon bon il est un pays; Mort de A.D.; je voudrais que mon amour meure; I would like my love to die. Paris: Les Éditions de Minuit o.J.

gut gut es gibt ein Land; Tod von A.D.; ich möchte daß meine Liebe stürbe (Ü: Elmar Tophoven). Aus: Samuel Beckett, *Gedichte,* Englisch-Deutsch. Französisch-Deutsch. Aus dem Englischen von Eva Hesse. Aus dem Französischen von Elmar Tophoven. München: Limes 1989.

BEI DAO
(*1949)

(»Nördliche Insel«) ist das Pseudonym von Zhao Zhenkai aus

Peking. Trotz seiner »bürgerlichen Herkunft« wurde er während der Kulturrevolution nie aufs Land verschickt. 1978–80 war Bei Dao einer der Herausgeber der Untergrundzeitschrift *Heute,* später Redakteur einer Esperanto-Zeitung. 1986 wurde er wegen seiner Kritik an der Einstellung der Literaturzeitschrift *China* gemaßregelt, seine Gedichte und Prosatexte, die in der Demokratiebewegung eine bedeutende Rolle spielten, können heute in China nicht mehr erscheinen. 1989 war Bei Dao Stipendiat des DAAD in Berlin.

Tradition; Lücken; Sprache (Ü: Wolfgang Kubin). Aus: Bei Dao, *Notizen vom Sonnenstaat.* München und Wien: Carl Hanser 1991.

GOTTFRIED BENN (1886–1956)

geriet 1933 in den Bann des Nationalsozialismus, kokettierte mit dem Begriff der Züchtung und forderte die Aufgabe der Geistesfreiheit »für den Staat«. Spätestens nach dem sogenannten »Röhm-Putsch« konnte Benn die Einsicht in das Wesen des Hitlerismus nicht mehr verdrängen. »Unendliche Trauer über den Verrat, den ich an mir zu begehen plante, warf mich um«, heißt es am 24.1.1936 an den Freund Oelze. Nach Lösung aller literarischen Bindungen ließ er sich als Militärarzt reaktivieren. Der zu Benns 50. Geburtstag erschienene Band *Ausgewählte Gedichte* löste den Angriff der SS-Wochenzeitung *Das Schwarze Korps* aus, dem weitere folgten; Benn wurde als »Kulturbolschewist« und »Rassenschänder« diffamiert. 1938 wurde er aus der Reichsschrifttumskammer ausgeschlossen und erhielt Schreibverbot. 1943 verschickte Benn den illegalen Privatdruck *22 Gedichte,* der auch den 1941 geschriebenen *Monolog* enthielt.

Monolog. Aus: Gottfried Benn, *Sämtliche Werke.* Stuttgarter Ausgabe. Band I: Gedichte 1. Stuttgart: Klett-Cotta 1986.

PAUL BLACKBURN (1926–1971)

aus St. Albans (Vermont), war 1944–1947 in der Armee, studierte in New York und Wisconsin. Nach der Lektüre von Pounds *Cantos* begann er sich für provençalische Lyrik zu interessieren. Blackburn war Lektor in Toulouse, lebte in Spanien und Marokko, kehrte nach New York zurück und arbeitete als Herausgeber und Übersetzer (u.a. des *Cid* und der Prosa von Julio Cortázar). Robert Creeley druckte Blackburns erstes Gedichtbuch *The Dissolving Fabric* 1955 in seiner *Divers Press* (Mallorca). Blackburn starb vierundvierzigjährig an Krebs.

Die prachtvollen Haare; Statement. Aus: *SILVERSCREEN.* Neue amerikanische Lyrik. Hg. Rolf Dieter Brinkmann. Köln: Kiepenheuer & Witsch, 1969.

YVES BONNEFOY (*1923),

Sohn eines Lokomotivmonteurs und einer Lehrerin, begann mit vierzehn Jahren zu schreiben; sein Philosophielehrer hatte ihm eine surrealistische Anthologie geschenkt. Auch Bonnefoy löst sich wie andere seiner Generation vom Surrealismus, mit dem Ziel, dichterisch »eine Ordnung zu errichten, um in ihr das Absolute aufzunehmen, das die Wirklichkeit aufzehren wird«. Nach einem Philosophiestudium an der Sorbonne lebt er als freier Autor in Paris und in der Hoch-Provence. Mit André du Bouchet, Jacques Dupin, Louis-René des Forêts und Gaetan Picon gab er die Zeitschrift *L'Ephémère* heraus, an der auch Paul Celan mitarbeitete.

Das Unvollkommene ist der Gipfel (Ü: Friedhelm Kemp). Aus: *Herrschaft des Gestern: Wüste.* München: Kösel 1969, © Friedhelm Kemp.

JORGE LUIS BORGES (1899–1986)

wurde in Buenos Aires geboren, begründete in den zwanziger Jahren einige Zeitschriften und wurde Bibliothekar. 1938 büßte er bei einem Unfall sein Augenlicht teilweise ein, was später zur fast völligen Erblindung führte. Borges' internationaler Ruhm als Erzähler, Essayist und Lyriker setzt mit den sechziger Jahren ein. 1961 erhielt er mit Beckett den Prix Formentor. Zu seinen vielen Reisen und Auslandsaufenthalten gehört auch eine Reise in die Bundesrepublik (1982) mit einem Besuch bei Ernst Jünger. Borges' weitgespannte Interessen zeigen auch die beiden hier gedruckten Gedichte: sein Kafka-Traum und die japanisch inspirierten *Tankas.*

Ein Traum; *Tankas* (Ü: Curt Meyer-Clason). Aus: Jorge Luis Borges, *Gedichte 1969–1976.* München und Wien: Carl Hanser 1980.

ANDRÉ DU BOUCHET (*1924)

ist in Paris geboren und lebt heute in Truinas (Drôme). Er hat Ende der vierziger Jahre in Harvard gelehrt, Shakespeare, Joyce, Mandelstam und Hölderlin übersetzt. Bei der Stuttgarter Hölderlin-Tagung 1970 trat er mit dem Vortrag *Hölderlin heute* und mit eigenen Texten vor ein deutsches Publikum. Den Bruch mit den sprachlichen Konventionen teilt du Bouchet mit Hölderlin wie mit Celan, mit dem er befreundet war und den er übersetzt hat.

André du Bouchet: *Gebirgsboden; Unebenheiten* (Ü: Paul Celan). Aus: Paul Celan, *Gesammelte Werke,* Band 4. Frankfurt/Main: Suhrkamp 1983.

VOLKER BRAUN (*1939)

wurde mit dem Band *Provokation für mich* (1965) zu einem Vorreiter der sogenannten »Lyrikwelle« in der DDR, die einen menschlicheren Sozialismus wollte: »Der Ungeduldige bin ich unter den Ungeduldigsten / Veränderlich bin ich in den Veränderungen.« Braun hielt zäh, manchmal verzweifelt an seinem sozialistischen *Training des aufrechten Gangs* (1979) fest, länger als die meisten seiner Generationsgenossen.

Das Eigentum. Aus: *Deutsch in einem anderen Land,* Die DDR (1949–1990) in Gedichten. Berlin: Edition Hentrich 1990.

BERTOLT BRECHT
(1898–1956)

1944, als Brecht eine Sammlung *Gedichte im Exil* zusammenstellte, notiert er im *Arbeitsjournal:* »im grund sind die gedichte in einer art ›basic german‹ geschrieben (. . .) beim schreiben (und korrigieren) widerstrebt mir jedes ungewöhnliche wort.« Andererseits betont er an *Vom Sprengen des Gartens* die »neuheit innerhalb der gesamten produktion«. — Die *Buckower Elegien,* benannt nach dem Ort Buckow, eine Autostunde östlich von Berlin, wo Brecht eine kleine Villa besaß, wurden 1953 — nach dem Arbeiteraufstand des 17. Juni — geschrieben: »der 17. juni hat die ganze existenz verfremdet«, heißt es im *Arbeitsjournal.* — *Der Radwechsel* wirkt so einfach wie rätselhaft. Über die Art des Gefährts wird nichts Genaues gesagt, entscheidend ist das Motiv der Ungeduld. Es kann sowohl aufs Exil wie auf die Situation des Jahres 1953 verweisen. *Beim Lesen des Horaz* hat die Interpreten nicht minder beschäftigt. An welches Gedicht hat der Horaz-Kenner Brecht gedacht? Vielleicht an eine Strophe in Ode I, 2, die sich womöglich auf die Sintflut bezieht: »der Fische Geschlecht hing im Wipfel der Ulme, / die doch vertrauter Sitz gewesen den Tauben, / zitternd schwamm in der überspülenden / Flut das Damwild«.

Vom Sprengen des Gartens; Rückkehr; Der Radwechsel; Beim Lesen des Horaz. Aus: Bertolt Brecht, *Gesammelte Werke,* Bd.10. Frankfurt/Main: Suhrkamp 1967.

was ich gern mache . . . Aus: Bertolt Brecht, *Arbeitsjournal.* Frankfurt/Main: Suhrkamp 1974.

ROLF DIETER BRINKMANN
(1940–1975)

schien lange auf der Underground- und Pop-Welle mitzuschwimmen, aber er war ein Außenseiter: gegen den Literaturbetrieb und die Politisierung der Literatur. Als Lyriker gehörte er zur »Neuen Sensibilität«, mit dem filmischen Blick für die Oberfläche, das Nebeneinander: »Ich denke, daß das Gedicht die geeignetste Form ist, spontan erfaßte Vorgänge und Bewegungen, eine nur in einem Augenblick sich deutlich zeigende Empfindlichkeit konkret als snap-shot festzuhalten.« Zu seinen Vorbildern gehörte Frank O'Hara, dessen *Lunch Poems* er übersetzte. »Zudem war O'Hara ein leidenschaftlicher Kinogänger, was mir in jedem Fall sympathisch ist.« So auch Brinkmann, mit seinem Interesse für die Trivialmythen von Film und Comic. Seine Anhologien *ACID* und *SILVERSCREEN* (beide 1969) vermittelten die Texte der amerikanischen Beat- Pop- und Underground-Szene. Brinkmann wurde im April 1975 in London von einem Auto überfahren, als er, angelockt von dem Pub »The Shakespeare«, eine belebte Straße überqueren wollte.

Eine übergroße Photographie von Liz Taylor. Aus: Rolf Dieter Brinkmann, *Die Piloten.* Köln: Kiepenheuer & Witsch 1968.

Die Orangensaftmaschine. Aus: Rolf Dieter Brinkmann, *Westwärts 1 & 2.* Reinbek: Rowohlt 1975.

JOSSIF BRODSKIJ (JOSEPH BRODSKY) (*1940)

Jossif Brodskij, 1940 in Leningrad geboren, hat als russischer Jude und später als Sowjetdissident alle Formen der inneren und äußeren Emigration kennengelernt. Er ging mit fünfzehn von der Schule ab, brachte sich selbst Polnisch und Englisch bei und lebte vom Übersetzen. Seine ersten Gedichte erschienen in der Untergrundzeitschrift *Sintaxis.* Anna Achmatova, die sein Talent erkannte, verglich ihn mit Mandelstam. 1964 wurde Brodskij verhaftet und unter dem Vorwurf des Parasitentums zu fünf Jahren Verbannung verurteilt. Nach anderthalb Jahren Zwangsarbeit im äußersten Norden kam er aufgrund internationaler Interventionen frei und durfte nach Leningrad zurückkehren. 1972 wurde Brodskij aus der Sowjetunion ausgebürgert und lebt seither in den USA. Seit 1977 ist er amerikanischer Staatsbürger. Joseph Brodsky schreibt seine Gedichte weiter in russischer Sprache. 1987 erhielt er den Literatur-Nobelpreis.

Odysseus an Telemachos (Ü: Sylvia List) Aus: Jossif Brodskij, *Einem alten Architekten in Rom.* München: Piper 1978.

Verse von der Winterkampagne des Jahres 1980 (Ü: Felix Philipp Ingold) Aus: Joseph Brodsky, *Römische Elegien und andere Gedichte.* München und Wien: Carl Hanser 1985.

Begegnung mit Auden; Sprache und Ozean. Zitiert aus: Joseph Brodsky, *Flucht aus Byzanz.* Essays. München und Wien: Carl Hanser 1988.

Richterin: Brodskij, erklären Sie uns ... Zitiert aus: Efim Etkind, *Russische Lyrik.* München: C.H. Beck 1984.

PAUL CELAN (1920–1970)

Paul Antschel aus Czernowitz (Bukowina), einziges Kind jüdischer Eltern, hatte beide Eltern 1942 durch Deportation und Ermordung verloren. Er selbst überlebte bei einem rumänischen Straßenbaubataillon. Das Bewußtsein, überlebt zu haben, machte die Toten zur Instanz; vor allem die Mutter: »Und duldest du, Mutter, wie einst, ach, daheim, / den leisen, den deutschen, den schmerzlichen Reim?« Die »Nähe der Gräber« wurde zum dichterischen Ort des späteren Werks. Im Februar 1944 konnte Paul Antschel nach Czernowitz zurückkehren. Eine Freundin legte seine Gedichte Alfred Margul-Sperber, Mentor der deutschsprachigen Literatur in Rumänien, vor, und Jessica Sperber soll das Anagramm *Celan* (zu Antschel, rumänisch Ancel) als Dichternamen vorgeschlagen haben. Mit Margul-Sperbers Empfehlungsbrief, der Celans Poesie als »das einzige lyrische Pendant des Kafkaschen Werkes« rühmte, kam der Dichter nach Wien zu Otto Basil, dem Herausgeber des *Plan*, der Celan weiterhin förderte. In Wien erschien auch Frühjahr 1948 Celans erster Gedichtband *Der Sand aus den Urnen*, den der Autor später wegen zahlreicher Druckfehler zurückzog. Er enthielt die 1944 geschriebene *Todesfuge*. Darin hatte Celan Motive aus Immanuel Weißglas' (erst 1970 veröffentlichtem) Gedicht *Er* aufgenommen und — wie der Vergleich zeigt — völlig verwandelt.

Daß Celans Poesie auf die französische Lyrik gewirkt hat, ist bekannt. Bemerkenswert ist seine Rezeption bei dem Engländer Geoffrey Hill, der die Gedichte *Eis, Eden* und *Kermorvan* aus *Die Niemandsrose* (1963) in freier Übersetzung paraphrasiert hat.

Todesfuge. Aus: Paul Celan, *Mohn und Gedächtnis*. Stuttgart: DVA 1952.

Eis, Eden; Kermorvan. Aus: Paul Celan, *Die Niemandsrose*. Frankfurt/Main: S. Fischer 1963.

AIMÉ CÉSAIRE
(*1913)

entstammt einer schwarzen Familie des Kleinbeamtentums der Insel Martinique. Ein Stipendium brachte ihn 1932 nach Paris und an die École Normale Supérieure. Die Lektüre Rimbauds, Lautréamonts, der Surrealisten, vor allem aber der ethnologischen Schriften Frobenius' führte ihn als Mitbegründer der Zeitschrift *L'Étudiant Noir* (mit Léopold Sédar Senghor u.a.) zum antikolonialistischen Engagement. Der Begriff der *Négritude* gilt als Schöpfung Césaires. Er bestimmt auch seine Poesie: »Ich bin mir meiner Zugehörigkeit zur Grundbestimmung des Negers bewußt geworden. Meine Poesie ist aus dieser Grundstimmung entstanden.« In seinen Gedichten werden die Naturkräfte zu Elementen einer geschichtlich gedachten Dynamik. — Nach seiner Rückkehr nach Martinique arbeitete Césaire an der militanten Kulturzeitschrift *Tropiques* (1941–1945) mit und war maßgeblich an einem Gesetz beteiligt, das Martinique von einer Kolonie in ein Département umwandelte. Césaire war Bürgermeister der Hauptstadt Martiniques Fort-de-France und Abgeordneter der französischen

Nationalversammlung. 1969 schrieb er: »Mit der Unabhängigkeit der afrikanischen Länder sind wir in die Phase der Verantwortung getreten. Die Schwarzen müssen seitdem ihre Geschichte machen. Und die Geschichte der Schwarzen wird wirklich das sein, was sie daraus gemacht haben.«

Höckrige Rückenlinie (Ü: Brigitte Weidmann). Aus: Aimé Césaire, *Gedichte.* München und Wien: Carl Hanser 1987.

RENÉ CHAR
(1907–1988)

stammt aus der Provence, aus der Landschaft am Fuß des Mont Ventoux. Ihr verdankte er, nach eigenem Zeugnis, »die Mittagskraft des Aufstiegs.« Der junge Poet stand in den zwanziger Jahren den Surrealisten nahe (vor allem Breton und Eluard) und veröffentlichte seine frühe Lyrik in Drucken, die von Dalí, Picasso, Matisse und andern Künstlern illustriert wurden. Während der deutschen Besatzung war Char Mitglied der Résistance und unter dem Namen Capitaine Alexandre Kommandant der Partisanen im Département Basses-Alpes. Niederschlag dieser Zeit im Maquis sind die *Feuillets d'Hypnos* (1946), die Paul Celan übertrug. Noch zu Lebzeiten (1983) erschien Chars Gesamtwerk in der Bibliothèque de la Pléiade. Bis zu seinem Tod lebte der Dichter in seinem Geburtsort L'Isle-sur-Sorgue (Vaucluse).

Le Loriot; Crayon du prisonnier. Aus: René Char, *Oeuvres complètes.* Paris: Bibl. de la Pléiade 1983.
Der Pirol; Skizze des Gefangenen (Ü: Johannes Hübner / Lothar Klünner). Aus: René Char, *Dichtungen.* Frankfurt: S. Fischer 1959.

INGER CHRISTENSEN
(*1935)

kommt aus Ost-Jütland (Dänemark). Sie legte die Lehrerprüfung ab, arbeitete an einer Kunsthochschule und lebt in Kopenhagen. 1962 debütierte sie mit dem Gedichtband *Lys* (Licht). Ihm folgten Romane (darunter *Azorno*) und weitere Lyrikbände, so die Großgedichte *det* (Es) und *alfabet* (Alphabet), die von Gustafssons Überlegungen zum langen Gedicht angeregt sind. Inger Christensen organisiert diese Texte nach Aufbaumustern auf zahlenkombinatorischer Grundlage. *alfabet* (1981) basiert auf der Fibonacci-Folge, einer mathematischen Reihe mit der Zahlenfolge 1, 2, 3, 5, 8, 13, 21 usw., in der jedes Glied die Summe der beiden vorangegangenen Glieder darstellt. »Ich vertraue darauf«, sagt die Autorin, »daß, wenn ich etwas schreibe, das teils ich selber bin, teils in der Welt ist — in diesem Fall also Mathematik —, daß diese Kombination aus den Zahlen und meinen Worten so etwas wie ein natürlicher Organismus wird.«

Hvis jeg står / Wenn ich steh; Aus: *Lys*, 1962 (Ü: Gregor Laschen). Aus: Gregor Laschen, Harly Sonne (Hrsg.): *Mein Gedicht ist mein Körper.* Neue Poesie aus Dänemark. Bremerhaven: die horen 1989.

hier stehe ich an der Barentssee. (Ü: Hanns Grössel). Aus: *alfabet / alphabet.* Münster: Kleinheinrich 1988.

ANTONIO CISNEROS (*1912)

ist Peruaner. 1968 erhielt er den Lyrikerpreis der kubanischen Casa de las Américas. Er hat zeitweise in London, Nizza, Budapest und in der peruanischen Provinz gelebt. Cisneros war 1985 als Gast des DAAD in Berlin.

Karl Marx Died 1883 Aged 65 (Ü: Hans Magnus Enzensberger). Aus: *Poesie der Welt. Lateinamerika.* Hg. Hartmut Köhler. Berlin: Propyläen 1986.

ROBERT CREELEY (*1926)

aus Arlington (Massachusetts), studierte in Harvard, wurde 1944 zum Militär eingezogen, übersiedelte 1950 nach Frankreich und von dort nach Mallorca, wo er die *Divers Press* gründete, in der u.a. auch Olsons *Mayan Letters* erschienen. 1954 kehrte Creeley in die USA zurück und unterrichtete, von Olson gerufen, am Black Mountain College, wo er die *Black Mountain Review* edierte. Seitdem lehrte er an verschiedenen amerikanischen Universitäten, u.a. in Buffalo. Neben Olson nennt er W.C. Williams als sein Vorbild: »Er benutzte Sprache auf einer Ebene, die meinen eigenen Sinnen vertraut und lebendig klang, und machte seine Gedichte zu einer äußerst *emotionalen* Wahrnehmung, wie offenkundig auch immer seine Intelligenz sein mochte« — Formulierungen, die auch auf Creeley selbst zutreffen dürften: auf seine kurzzeiligen Verse, die dem Atemduktus folgen, auf ihr rudimentäres Vokabular, das sich auf elementare Modi des Lebens (Liebe, Haß, Bewegung) konzentriert.

I know a Man. Aus: Robert Creeley, *Collectet Poems, 1945 bis 1975,* Berkeley: University of California Press o.J.*; — Bitte; Ich kenne einen* (Ü: Klaus Reichert). Aus: Robert Creeley, *Gedichte.* Salzburg und Wien Residenz 1988.

Was Olson mir klargemacht hat ... Aus: *Ein Gedicht und sein Autor.* Hg. Walter Höllerer. Berlin: Literarisches Colloquium 1967.

JEAN PAUL DE DADELSEN (1913–1957),

in Straßburg als Sohn eines Notars geboren, war von vatersseite her dänisch-friesischer Herkunft. Der junge Elsässer erhielt eine französische Bildung, u.a. am Pariser Lycée Louis Le Grand. Andererseits machte er seine Licence über die Kirchenlieder Paul Gerhardts, schrieb über Friedrich Schlegel und übersetzte Hermann Keyserling und

Rudolf Kassner. Er liebte Bach und Beethoven, den »Vater Ludwig«, von dem er in *Das Ende des Tages* spricht. 1941/42 als Lehrer in Oran schloß er mit Albert Camus Freundschaft und arbeitete an einer algerischen Zeitschrift mit. Nach dem Krieg ging de Dadelsen als Redakteur des *Combat* nach London. 1956 wurde er Direktor des Internationalen Presseinstituts in Zürich und starb dort ein Jahr später, noch nicht 44-jährig, an Krebs. In seinen letzten fünf Jahren entstand der Gedichtzyklus *Jonas*.

Das Ende des Tages (Ü: Oswalt v. Nostitz). Aus: Jean Paul de Dadelsen, *Jonas*. Dichtungen. Köln: Jakob Hegner 1964

FAZÎL HÜSNÜ DAGLARCA
(*1914)

Sohn eines Kavallerieoffiziers, wurde auch Dağlarca Offizier. Nach seinem Abschied von der Armee war er Inspektor im Arbeitsministerium und eröffnete 1959 in der Istanbuler Altstadt eine Buchhandlung. Seit 1970 ist er freier Schriftsteller, Verfasser von mehr als zwanzig Gedichtbänden und gilt als einer der wichtigsten türkischen Autoren der Gegenwart.

Die Deutschen lieben Maschinen (Ü: Barbara Frischmuth). Aus: *Akzente* 2/1967.

MICHEL DEGUY
(*1930),

in Paris geboren, ist heute Professor für französische Literatur an der Pariser Universität. Mitherausgeber der Zeitschrift *Po&esie.*

Sie starben indes (Ü: Eugen Helmlé). Aus: *Résonances.* Französische Lyrik seit 1960. Hg. Eugen Helmlé. München: Peter Kirchheim 1989.

MIRCEA DINESCU
(*1950)

ist gegenwärtig Rumäniens bekanntester Lyriker. Er wurde früh als der »rumänische Majakowski« gerühmt und erhielt für seine Gedichtbücher zahlreiche Preise, u.a. den Eminescu-Preis der Rumänischen Akademie und den holländischen Poetry International Award. Im März 1989 druckte die französische Zeitung *Libération* ein Interview mit Dinescu. Der Autor verlor daraufhin seinen Arbeitsplatz und wurde unter Hausarrest gestellt. Dinescu fiel es zu, den Sturz des »Conducators« Ceauşescu im Fernsehen zu verkünden.

Bescheidene Biographie; Manuskript, gefunden in einem Lampenglas (Ü: Werner Söllner). Aus: Mircea Dinescu, *Exil im Pfefferkorn.* Frankfurt/Main: Suhrkamp 1989.

Die Schriftsteller aus dem Osten ... Aus: *Sprache im technischen Zeitalter,* 113/1990.

RITA DOVE
(*1952)

ist in Ohio geboren und lebt in Charlottesville als Englischprofessorin an der University of Virginia. Für ihre Lyrik erhielt sie 1986 den Pulitzer Preis. Auf deutsch erschienen die Bände *Die morgenländische Tänzerin* (Rowohlt 1988) und *Die gläserne Stirn der Gegenwart* (Heiderhoff 1989).

Ars poetica (Ü: Karin Graf). Aus: *Literatur-Magazin 26*. Reinbek: Rowohlt 1990.

GÜNTER EICH
(1907–1972)

Er habe Sinologie studiert, erklärte er später, weil er »etwas tun wollte, was niemandem besonders nützen könnnte«. Spuren des (abgebrochenen) Sinologie-Studiums ziehen sich durch das ganze spätere Werk Günter Eichs. »Unsere Sprache zerlegt — wir sind geneigt, die Welt zu analysieren, der östliche Mensch bewahrt die Einheit, ihm liegt alles Zergliedern fern.« — heißt es einmal. Der Naturlyriker Eich blieb immer auf der Suche nach dieser »Einheit«: »Ich schreibe Gedichte, um mich in der Wirklichkeit zu orientieren. Erst durch das Schreiben erlangen für mich die Dinge Wirklichkeit.« — Der ursprüngliche Titel von *Wo ich wohne* (1955) war *Fische in der Luft*.

Wo ich wohne; Japanischer Holzschnitt. Aus: Günter Eich, *Botschaften des Regens*. Frankfurt/Main: Suhrkamp 1955.

GUNNAR EKELÖF
(*1907)

ist in Stockholm geboren, studierte in Paris, London und Uppsala Literatur und Orientalistik, war Mitherausgeber der Literaturzeitschriften *Spektrum* und *Karavan* und ist als Übersetzer und Kritiker hervorgetreten. Seit 1958 ist Ekelöf Mitglied der Schwedischen Akademie und lebt zurückgezogen in Sigtuna. — Zu *An Posthumus:* Postumus, ein sonst nicht bekannter Freund des Horaz, wird im zweiten Buch Oden apostrophiert.

An Posthumus (Ü: Nelly Sachs). Aus: Gunnar Ekelöf, *Poesie*. Frankfurt/Main: Suhrkamp 1962. Horaz, *Wehe in eilender Flucht ...* Aus: Quintus Horatius Flaccus, *Oden und Epoden* (Ü: Bernhard Kytzler). Stuttgart: Reclam 1978.

THOMAS STEARNS ELIOT
(1888–1965),

Autor des Jahrhundertgedichts *The Waste Land* (1922) und der von Kennern fast noch höher geschätzten *Four Quartetts* (1944), wollte ein Autor ohne Biographie sein. Pound nannte ihn »Old Possum«. Indem das Opossum sich totstellt, um dem Zugriff zu entgehen, bewahrt es sein Leben. Eliots poetisches Ideal der »Unpersönlichkeit« diente dazu, die Existenz eines weltlichen Märtyrers (oder Selbstquälers?) zu kaschieren. Als Dichter befreite T.S. Eliot die englische Poesie vom Schemen der romantischen Persönlichkeit. Er zeigte, wie leer das moderne Subjekt ist, und erfüllte es mit anderen (geliehenen) Stimmen. Eliot, so hat man gesagt, sei »eine komplette Schauspielertruppe in einer einzigen Person«(V.S.Pritchett). Und doch gab es das Leiden hinter allen Maskierungen: die Geschichte von Eliots erster Ehe (mit Vivien Haigh-Wood) ist die Geschichte eines Gehemmten und einer Hysterikerin. Als der Dichter 1957 Valerie Fletcher heiratete, war sein Werk im wesentlichen abgeschlossen. Und doch sprach Eliot in einem Interview zu seinem 70. Geburtstag von der Möglichkeit, wieder Gedichte zu schreiben: »aber es müßten neue Gedichte in einem neuen Idiom sein«. Eines davon, so scheint es, hat er noch vollenden können: *A Dedication to my Wife.* Er habe endlich einmal, schrieb er an Cyril Connolly, ein Gedicht über Liebe und Glück geschrieben.

A Dedication to my Wife. Aus: T. S. Eliot, *Collected Poems.* London: Faber & Faber o.J. — *Eine Huldigung an meine Frau* (Ü: Hans-Jürgen Heise). Aus: T.S. Eliot, *Gesammelte Gedichte.* Frankfurt/Main: Suhrkamp 1972.

ODYSSEAS ELYTIS (*1911),

Nobelpreisträger von 1979, ist ein Dichter von Natur und Schönheit, worauf auch der Titel seines 1959 erschienenen lyrischen Hauptwerks *To Axion Esti* (Gepriesen sei) verweist — aber auch sein Pseudonym, das er an die Stelle des bürgerlichen Namens Alepudelis setzte: in Elytis klingt Ellada (Griechenland), Elpida (Hoffnung), Elefteria (Freiheit) und Eleni (Helena) an. Sein Begriff der Gräzität ist mythischer als der von Jannis Ritsos und mehr auf Landschaft und Natur als auf geschichtliche Erfahrung bezogen. Elytis, in Herakleieon (Kreta) geboren, Fabrikantensohn, studierte in Athen, wurde Offizier, war nach dem Krieg Programmdirektor des griechischen Rundfunks, Kritiker und Übersetzer. Er übersetzte u.a. Rimbaud, Lautréamont und Ungaretti. — *Palintropon,* altgriechisch: »rückläufig, gegenstrebig«, besonders bei Heraklit und Parmenides.

Palintropon (Ü: Barbara Vierneisel-Schlörb). Aus: Odysseas Elytis, *Neue Gedichte.* Frankfurt/Main: Suhrkamp 1984.

WILLIAM EMPSON (*1906)

ist vor allem als Literaturtheoretiker und Kritiker berühmt. Sein 1930 erschienenes Werk *Seven Types of Ambiguity* (Sieben Arten der Mehrdeutigkeit) hat die Entwicklung des *New Criticism* in England und den USA wesentlich bestimmt — aber auch jenen Teil der modernen Lyrik, der nach einer möglichst komplexen Mehrdeutigkeit strebt. Die *Movement*-Dichter haben Empson auch als Lyriker wieder entdeckt, verehrt und kopiert. Philip Larkin hat zu Empsons *Aubade* (Taglied) ein grimmig-skeptisches Pendant geschaffen.

Taglied (Ü: Thomas Rosenlöcher). Aus: *Englische Lyrik 1900–1980.* Hg. Angus Calder. Leipzig: Reclam 1983.

HANS MAGNUS ENZENSBERGER (*1929),

als Lyriker, Essayist, Übersetzer, Herausgeber etc. einer unserer einflußreichsten und vielseitigsten Autoren, erschreckte die lyrische Szene der fünfziger Jahre durch seine *verteidigung der wölfe* (1957), wurde mit den folgenden Bänden *(landessprache,* 1960; *blindenschrift,* 1964) zu einem der schärfsten Kritiker der Adenauerschen Restauration, irritierte diejenigen, die den »Tod der Literatur« proklamiert hatten, durch seine Rückkehr zum Gedicht (»Schlafen, Luftholen, Dichten: das ist fast kein Verbrechen«), trug in 37 Balladen den Fortschritt zu Grabe (*Mausoleum,* 1975), beantwortete Walter Höllerers Ruf nach dem langen Gedicht durch den *Untergang der Titanic* (1978), beklagte, auf elegante Manier, *Die Furie des Verschwindens* (1980) und kommt uns neuestens mit *Zukunftsmusik* — ein Autor, der konsequent die »Freuden der Inkonsequenz« genießt und seine Leser daran teilhaben läßt: »Eskapismus, ruft ihr mir zu, / vorwurfsvoll. / Was denn sonst, antworte ich, / bei diesem Sauwetter! —, / spanne den Regenschirm auf / und erhebe mich in die Lüfte.«

wortbildungslehre. Aus: H.M. Enzensberger, *landessprache.* Frankfurt/Main: Suhrkamp 1960. *Die Furie.* Aus: H.M. Enzensberger, *Die Furie des Verschwindens.* Frankfurt/Main: Suhrkamp 1980.

LAWRENCE FERLINGHETTI (*1919)

wurde in New York geboren, war als Soldat in Frankreich und gründete 1951 in San Francisco den legendären *Bookshop* und die nicht minder legendäre *City Lights Press* — Ausgangspunkte der »Poetry-« bzw. »San Francisco Renaissance« und der Bewegung der »Beat Generation«. Er förderte und verlegte Ginsberg, Corso, Kerouac, Creeley, Snyder, McClure und viele andere. Auch Jewtuschenko und Wosnessenskij waren bei ihm zu Besuch. Zudem ist ihm die Westküste »nicht länger nur der ›Last Frontier‹, sondern zugleich auch der Ort, wo der Orient beginnt, wo der Ferne Osten wieder beginnt«.

See/it was like this; — Coney Island of the Mind 5, 9, 16 (Ü: Alexander Schmitz). Aus: Lawrence Ferlinghetti, *Ausgewählte Gedichte.* Zürich: Diogenes 1972.

JEAN FOLLAIN (1903–1971),

in der Normandie, dem Dorf Canisy bei Saint-Lô, geboren, studierte in Caen und Paris, war lange Jahre als Rechtsanwalt tätig und lebte dann als freier Schriftsteller in Paris, wo er im Vorstand des PEN-Clubs war. Nach einem Bankett wurde er am Quai des Tuileries überfahren. — Follain ist in Lyrik und lyrischer Prosa ein Protokollant der einfachen Dinge und Zeichen, die er ins Hintergründige zu transponieren weiß. Sein poetisches Credo ist: »Die Welt noch einmal erfahren, noch einmal entdecken, die nackte Schönheit jedes Dings und jenes Verhältnis einfacher Werkzeuge zum ausgestreckten oder erhobenen Arm des Handwerkers wiederfinden.«

Zeichen; Das Feuer (Ü: Walter Helmut Fritz). Aus: Jean Follain, *Gedichte.* Ebenhausen: Langewiesche-Brandt 1962.

FRANCO FORTINI
(*1917)

heißt eigentlich Franco Lattes. Er wurde in Turin geboren und studierte Jura und Kunstgeschichte. Zum Militär einberufen, floh er 1943 aus Mailand in die Schweiz und kämpfte mit den Partisanen des Valdossola. Nach dem Krieg kehrte er nach Mailand zurück, arbeitete als Redakteur an diversen Zeitschriften und lehrt heute in Siena. Fortini übersetzte u.a. Eluard und Brecht.

Valdossola, 16. Oktober 1944 (Ü: H.M. Enzensberger). Aus: *Poesie der Welt. Italien.* Berlin: Propyläen 1985.

ERICH FRIED
(1921–1988)

Der 17jährige Wiener Gymnasiast (einziges Kind einer jüdischen Familie), dessen Vater an den Folgen eines Gestapo-Verhörs starb, floh 1938 nach England — mit dem Vorsatz, »gegen Faschismus, Rassismus und Austreibung unschuldiger Menschen zu schreiben«. Ab 1952 arbeitete der Dichter als Kommentator bei der deutschen Abteilung der BBC und verließ 1968 den Sender wegen politischer Differenzen. Unter Frieds vielen Gedichtbänden ist *und Vietnam und* (1966) der wichtigste; er löste eine heftige literarisch-politische Kontroverse aus. Günter Grass damals, in *Ausgefragt* (1967): »Ich spreche vom Protestgedicht und gegen das Protestgedicht.« Zu Frieds Werk gehören seine Übersetzungen (u.a. Shakespeare, Dylan Thomas, Sylvia Plath).

17.–22. Mai 1966. Aus: Erich Fried, *und Vietnam und.* Berlin: Wagenbach 1966.

PIERRE GARNIER
(*1928)

ist Gymnasiallehrer in seiner Heimatstadt Amiens. Er gab mit seiner Frau Ilse Garnier die Zeitschrift *Les Lettres* (1963 bis 1967) heraus und übersetzte Gottfried Benn. Als Autor gehört er zur experimentellen Literatur. Sein »Spatialismus« »sucht dem Einzelwort und dessen Bestandteilen einen über die jeweils zugeordneten Inhalte hinausreichenden Zeichenwert zu verleihen«.

Der Tod (Ü: Eugen Helmlé). Aus: *Résonances.* Französische Lyrik seit 1960. Hg. Eugen Helmlé. München: Peter Kirchheim 1989.

ALLEN GINSBERG
(*1926)

stammt aus Paterson, New Jersey. 1945 lernte er Jack Kerouac und William S. Burroughs kennen. Mit ihnen bildete er später den Kern der Beat-Generation. »Ich sah die besten Köpfe meiner Generation vom Wahn zerstört / hungrig hysterisch nackt« lautet der Anfang seines 1955 erschienenen Gedichts *The Howl* (Das Geheul), das ihn zum Protagonisten der »San Francisco Renaissance« und der »Beat Generation« machte. Es hatte enormen Erfolg (Auflage inzwischen über 700000) und führte zu einem Prozeß wegen angeblicher Obszönität, der mit Freispruch endete. Ginsbergs Engagement gegen den Vietnam-Krieg, sein Auftreten für die Legalisierung der Drogen und die Akzeptanz der Homosexualität machten ihn zu einem der Wortführer der Protestbewegung. Anfang der siebziger Jahre wurde er Schüler eines tibetanischen Lamas und versuchte in seiner *Jack Kerouac School of Disembodied Poetics* westliche Artistik und östliche Meditation zu verbinden. Seit 1986 ist er Professor am Brooklyn College.

Wieder auf Times Square (Ü: Maria Sporleder). Aus: *Junge Amerikanische Lyrik,* Hg. Gregory Corso, Walter Höllerer. München und Wien: Carl Hanser 1961. — *Todesnachricht* (Ü: Heiner Bastian). Aus: Allen Ginsberg, *Planet News*. München und Wien: Carl Hanser 1969.

GIOVANNI GIUDICI
(*1924)

ist bei La Spezia (Ligurien) geboren und lebt heute in Mailand als Kulturjournalist. Er übersetzte u.a. Ezra Pound und Sylvia Plath sowie Puschkins *Eugen Onegin*. Seine eigene Lyrik umspielt ironisch-kritisch den Lebensstoff einer kleinbürgerlichen Herkunft und die Auflehnung gegen eine katholischen Erziehung. Auf die hermetische Tradition wie die italienische Avantgarde der sechziger Jahre antwortet Giudici mit der List des *Il parlato,* der kunstvollen Brechung der Alltagssprache. Derart stilisiert er seine Biographie, etwa in *L'educazione cattolica* (Katholische Erziehung) und *La vita in versi* (Das Leben in Versen). In *Autobiologia* (1969) sucht er die quasi biologische Notwendigkeit von Biographie zu fassen. Dort heißt es: »Nur wer nicht versucht, sich zu retten, ist nicht verloren.« Der 1984 erschienene Band *Lume dei tuoi misteri* (Licht deiner Geheimnisse) enthält als dritten Zyklus die Folge *Akt* (deutsch betitelt und mit Bezug auf Gerhard Richters Bild *Emma — Akt auf einer Treppe)* und darin neben anderen Gedichten mit deutschen Worten und Bezügen auch *Jawohl.*

Römisches Epigramm (Ü: Lea Ritter-Santini). Aus: *Akzente* 5/1988. — *Jawohl* Aus: Giovanni Giudici, *Lume dei tuoi misteri.* Milano: Mondadori 1984. *Jawohl* (Ü: Harald Hartung).

JIŘÎ GRUŠA
(*1938),

aus Pardubice, studierte in Prag Philosophie und gehörte nach dem Prager Frühling zu jenen Autoren, die Repressalien ausgesetzt waren. Mit Pavel Kohout, Václav Havel und Ludvík Vaculík organisierte Gruša die *Edice Petlice,* in der die Bücher der verbotenen Autoren erschienen. 1978 wurde er wegen seines Romans *Der 16. Fragebogen* verhaftet, jedoch aufgrund westlicher Proteste freigelassen. Dann wurde er zur Ausreise genötigt und 1981 ausgebürgert. Seitdem lebt Gruša in Deutschland, in Meckenheim. 1990 machte ihn die neue Republik zu ihrem ersten Botschafter in Bonn. — 1988, noch unter der pessimistischen Langzeitperspektive (»schwarzsehen über lichtjahre«) schrieb Gruša die Gedichtfolge *Der Babylonwald* in deutscher Sprache.

Babylon — der Wald in Ensko; Kapitän Nemo. Aus: Jiří Gruša, *Der Babylonwald.* Stuttgart: DVA 1991. *Babylonwald gibt verschiedenen Sinn . . .* Aus: ebd., Nachwort von Sarah Kirsch.

GU CHENG (*1956)

Der Pekinger Autor, selbst Sohn eines Lyrikers, gilt als Chinas poète maudit. Er hat nur drei Jahre eine Schule besucht und für wenige Jahre den Beruf eines Zimmermanns ausgeübt. Außer von Whitman und Lorca ist er von dem Insektenforscher Jean-Henri Fabre beeindruckt — in einer entfremdeten Gesellschaft werde der Mensch zum Insekt. Gu Chengs Gedichte werden offiziell der verpönten »Obskuren Lyrik« zugerechnet.

Eine Generation; Zwinkern (Ü: Wolfgang Kubin). Aus: *Nachrichten von der Hauptstadt der Sonne.* Chinesische Lyrik 1919 bis 1984. Frankfurt/Main: Suhrkamp 1985.

EUGÈNE GUILLEVIC (*1907)

Als Kind ins Elsaß verschlagen, wird dem Bretonen Guillevic früh das Alemannische und Deutsche vertraut, so daß er später Brecht und Hermlin übersetzt. 1942 debütiert er mit dem Gedichtband *Terraqué,* bleibt aber bis zu seiner Pensionierung Beamter im Pariser Finanzministerium. Als poetisches Credo formuliert er in *Vivre en poésie* (1980): »In Poesie leben, damit meine ich: das Wirkliche verlängern, nicht durch Phantastisches, Wunderhaftes, Paradiesisches, sondern indem man das Greifbare in seiner tatsächlichen Dimension durchlebt.«

L'armoire. Aus: Eugène Guillevic, *Terraqué.* Paris: Gallimard 1942; *Aus Eiche* (Ü: M. Fahrenbach). Aus: *Französische Dichtung.* Bd. 4. München: C. H. Beck 1990.

THOM GUNN (*1929),

aus London gebürtig, studierte in Cambridge und wurde mit seinen ersten Gedichtbänden *Fighting Terms* (1954) und *The Sense of Movement* (1957) zu einem der Hauptvertreter des

Movement (vgl. Ted Hughes und Philip Larkin). Manche seiner Gedichte sind in einem in der englischen Lyrik unüblichen silbenzählenden Versmaß geschrieben. Gunn verbindet durch seinen langen Aufenthalt in Kalifornien Einflüsse der englischen und der amerikanischen Poesie.

Die Schnecke betrachtend (Ü: Helmut Winter). Aus: *Ensemble 4,* Hg. Clemens Podewils, Heinz Piontek. München: Langen-Müller 1973.

LARS GUSTAFSSON
(*1936)

stammt aus Västerås, Mittelschweden. Er studierte in Oxford und Västerås, promovierte in Philosophie, redigierte etliche Jahre Bonniers *Litterära Magasin* und wurde vor allem durch seine Romane und Erzählungen international bekannt. Hier interessiert der Lyriker und Essayist, der präzis träumende Analytiker. Im Band *Die Maschinen* fasziniert nicht minder als das Titelgedicht Gustafssons Selbstkommentar, der eine kühne Gedankenverbindung zwischen Maschine, Grammatik und Mensch herstellt. Den Menschen als eine kybernetische Vorrichtung aufzufassen, ist ein Versuch, die Perspektive zu verändern. Das läßt sich am knappsten unter dem Begriff des Phantastischen fassen. Von Berkeley ausgehend, für den nur existiert, was wahrgenommen wird, gelangt Gustafsson zur Prämisse, die Welt als undurchsichtig, der Vernunft unzugänglich darzustellen. Eine geheimnisvolle, andere Wirklichkeit wird erahnbar. In Gustafssons späteren Gedichten ist der Mensch keine Maschine, keine Marionette mehr. Die Dinge werden wirklicher, die Gefühle menschlicher, die lyrische Skala erweitert sich. Sie umfaßt nun die »Schlittschuhstille der Welt vor Bach« ebenso wie den »wärmenden Geruch nach Schweinestall« in einem westfälischen Dorf.

Die Maschinen (Ü: Hans Magnus Enzensberger). Aus: Lars Gustafsson, *Die Maschinen.* München und Wien: Carl Hanser 1967. — Daraus zitiert: *Die Maschine beunruhigt uns . . .* — *Das Gedicht vom Revisionismus* (Ü: Verena Reichel). Aus: Lars Gustafsson, *Die Stille der Welt vor Bach.* München und Wien: Carl Hanser 1982.

PAAVO HAAVIKKO
(*1931)

ist einer der Begründer einer modernen finnischen Lyrik; er führte die finnische Poesie aus der Bindung an die mythisch-heroisierende *Kalevala*-Tradition und öffnet sie in seinen spröden, asketischen, gegen alle Metaphorik mißtrauischen Gedichten für die Probleme von Sprache und Gesellschaft. Haavikkos Zyklus *Winterpalast* (1959) gilt als das *Waste Land* der finnischen Lyrik.

Viele Bücher bleiben ungelesen; Ich mag langsame Dinge (Ü: Manfred Peter Hein). Aus: Paavo Haavikko, *Gedichte.* Frankfurt/Main: Suhrkamp 1973.

MICHAEL HAMBURGER (*1924)

Zwischen den Sprachen — der Titel einer deutschen Auswahl kennzeichnet Michael Hamburgers poetische und existentielle Situation deutlich genug. 1933 emigrierte die Familie nach England. Michael Hamburgers erstes Buch war eine im Krieg (1943) erschienene Übersetzung der Gedichte Hölderlins. Später folgten Übersetzungen vieler deutscher Autoren (u.a. Trakl, Brecht, Eich, Huchel, Celan). Sein kritisches Hauptwerk *Truth and Poetry* ist eine Darstellung der modernen Lyrik seit Baudelaire. Hamburgers eigene Lyrik *(Collected Poems 1941–1983,* 1984) ist vielfach ins Deutsche übersetzt worden.

Envoi (Ü: Michael Hamburger). Aus: Michael Hamburger, *Heimgekommen.* München und Wien: Carl Hanser 1984. — *S-Bahn* (Ü: Harald Hartung).

Selbst dem, wofür es noch keine Wörter gab . . . Zitiert aus: Michael Hamburger, *Zwischen den Sprachen.* Frankfurt/Main: S. Fischer 1966.

SEAMUS HEANEY (*1939)

»Omphalos, omphalos«, hört ein frühes Gedicht von Seamus Heaney aus dem Geräusch heraus, das die Pumpe im Hof der Farm im nordirischen Mossbawn machte, wo der Dichter 1939 als ältestes von neun Kindern geboren wurde. Omphalos, ein ovaler Marmorblock im delphischen Heiligtum, galt im Altertum als Nabel der Welt. Das Delphi Seamus Heaneys heißt Mossbawn. Das Wort, ein erster Schlüssel, fügt disparate Elemente zusammen: das englische Wort für *Moos* (moss) und das gälische für *weiß* (bán). In den Silben seines Heimatorts erkennt der Dichter eine Metapher für die gespaltene Kultur von Ulster. Seine Poesie ist der Versuch, das sprachliche und kulturelle Trauma zu heilen, das Irland durch die englische Kolonialisierung zugefügt wurde. — Auf seine Weise setzt der Dichter die Arbeit seiner bäuerlichen Vorfahren fort. Auch er treibt *Field Work* — Feldarbeit und Feldforschung. »Zwischen Finger und Daumen / Halte ich die stämmige Feder. / Damit werde ich graben«, heißt es 1966 in seinem ersten Gedichtband *Death of a Naturalist* (Tod eines Naturforschers). Heaneys Feder fördert Verschüttetes zutage: eine arme katholische Kindheit, ein intaktes, aber schweres ländliches Dasein. Sie stößt auch auf die Archetypen der Vorgeschichte. Seine Leser begriffen, was die Gedichte über Moorleichen und archaische Riten von Opfer und Bestrafung mit den täglichen Gewaltakten im nordirischen Bürgerkrieg zu tun hatten. Der Dichter, der auf explizite politische Stellungnahme verzichtet, entzog sich dem Versuch, ihn für die katholische Sache zu vereinnahmen. Er gab seinen Universitätsposten in Belfast auf und zog in die Republik Irland, »weder Informant noch Internierter, ein innerer Emigrant«. Heaneys Werk zeigt, wie große welthaltige Poesie aus dem Besonderen und Lokalen erwächst. Auf dieses Lokale bezieht sich auch *Station Island,* ein nach einer irischen Wallfahrtsinsel benanntes zwölfteiliges Gedicht, eine Lebensbeichte. Daß das irische Thema Heaney weiter festhält, zeigt *The Haw Lantern* (Die Hagebuttenlaterne) von 1987 mit Parabeln über den geheimen Zusammenhang von Unterdrücktsein und Sprachscham.

Vom Graben (Ü: Henriette Beese). Aus: Seamus Heaney, *Ausgewählte Gedichte.* Stuttgart: Klett-Cotta 1984.

Die gutturale Muse; Ein Schluck Wasser (Ü: Harald Hartung). Aus: *Jahresring 83/84.* Stuttgart: DVA 1983.

ADRIAN HENRI
(*1932)

Adrian Henri, Maler, Sänger und Lyriker, gehört zu den Liverpooler Künstlern, die in den sechziger Jahren Impulse der Pop-Musik-Szene auf Literatur und bildende Kunst übertrugen.

Gedicht zur Erinnerung an T.S.Eliot (Ü: Helmut Winter). Aus: *Ensemble 4.* München: Langen-Müller 1973.

ZBIGNIEW HERBERT
(*1924),

in Lemberg geboren, Sohn eines Bank- und Versicherungsdirektors, überstand Terror und Hunger, die deutsche Besatzung und die Verschleppung nach Rußland. Er absolvierte ein Jurastudium und übte lange nichtliterarische Brotberufe aus, als Redakteur einer kaufmännischen Zeitschrift und Beamter der Nationalbank. Er studierte freilich auch Philosophie. Dem Warschauer Philosophen Hendryk Elzenberg verdankt er den Hinweis auf Descartes und Spinoza, fortan Leitfiguren seiner Poesie. Herbert wurde ein denkender Dichter, weil nur die Dichtung mit jener »alten« und »finsteren« Angst fertig werden konnte, von der das Elzenberg gewidmete Marc-Aurel-Gedicht spricht. — Als im Tauwetterjahr 1956 die Schubladen geöffnet wurden, war Herbert die große poetische Entdeckung. In rascher Folge erschienen die Gedichtbände *Lichtsaite* (1956), *Hermes, Hund und Stern* (1957) und *Studium des Gegenstandes* (1961). Der Kritiker Jerzy Kwiatkowski sprach von Herberts »Poesie der ausgewogenen Waagschalen« und stempelte den Dichter zum Klassiker unter den damals jungen Poeten. Dem Dichter entging freilich nicht, daß — wie es in dem Gedicht *Klassiker* heißt — »die marmoräderchen in Diokletians thermen geplatzte blutgefäße der sklaven aus den steinbrüchen sind«. Der Liebhaber der Antike liebt den Mythos und entzaubert ihn: Antike und biblische Themen werden durchsichtig auf die Prozesse des Jahrhunderts. Herberts Parabeln konnten auf Sklavensprache verzichten. »Mein Traum ist ein anonymes Schaffen«, bekannte Herbert in einem Interview, und so spricht er gern in Masken, in Rollengedichten. Am meisten von sich gab er seinem *Herrn Cogito* (1974) mit, einem lyrischem Monsieur Teste. — Am Gang der polnischen Dinge hat Herbert die Jahre über (teils im Ausland, teils in Warschau) aus engagierter Distanz teilgenommen. Die Erstausgabe des Lyrikbandes *Bericht aus einer belagerten Stadt* mußte 1983 in Paris erscheinen. Darin versteht Herbert sich als jemand, der zu alt ist, »um Waffen zu tragen und zu kämpfen wie die andern«; als jemand, dem man »gnadenhalber den minderen Part des Chronisten« bestimmte.

Der für Naturkunde; Warum Klassiker (Ü: Karl Dedecius). Aus: Zbigniew Herbert, *Inschrift*. Frankfurt/Main: Suhrkamp 1967 (1973). Daraus zitiert: *Gäbe es eine Schule der Literatur* ... — *Bericht aus einer belagerten Stadt* (Ü: Oskar Jan Tauschinsky). Aus: Zbigniew Herbert, *Bericht aus einer belagerten Stadt*. Frankfurt/Main: Suhrkamp 1985.

GEOFFREY HILL (*1932)

stammt aus Kent, studierte in London und Cambridge und ist dort Professor für Englisch. Mit einem schmalen Werk ist er einer der wichtigsten, aber auch schwierigsten englischen Lyriker. Hill schreibt in traditionellen Versmaßen, hat aber auch mit *Mercian Hymns* (1971) eine Folge von Prosagedichten publiziert. Darin wird die Entwicklung Offas, des Königs von Mercien im angelsächsischen England mit den Jugenderinnerungen des Dichters im heutigen Mercien, den Midlands von England, kontrastiert. Der Band *Tenebrae* (1978) enthält schon im Titel eine verdeckte Celan-Allusion, die in den *Two Chorale-Preludes on melodies by Paul Celan* aufgenommen wird. Hill zu diesen Texten: »Ich habe ein paar Wendungen freier Übersetzung mit solchen eigener Erfindung verbunden.«

Two Chorale-Preludes on Melodies by Paul Celan. Aus: Geoffrey Hill, *Collected Poems*. Middlesex: Penguin Books 1985.

MIROSLAV HOLUB (*1923),

in Pilsen geboren, in Prag arbeitend, ist Lyriker, aber auch ein renommierter Immunbiologe mit einer stattlichen Reihe wissenschaftlicher Publikationen. Beide, Wissenschaft und Dichtung, haben für ihn »den Wert erreichter und nicht erreichter Wahrheit, der ganzen Wahrheit in diesem und der armselig-fragmentarischen im nächsten Augenblick«. Poesie ist für Holub ultima ratio: »Poesie entsteht dann, wenn nichts anderes mehr übrigbleibt.«

Oxydation (Ü: Franz Peter Künzel). Aus: Miroslav Holub, *Obwohl* ... München und Wien: Carl Hanser 1969.

Man könnte glauben ... Aus: *Ein Gedicht und sein Autor.* Hg. Walter Höllerer, Berlin: Literarisches Colloquium 1967.

TED HUGHES (*1930)

kommt aus Mytholmroyd, Yorkshire, einer Landschaft, »eng und schwarz wie Geldbeutel«, wie Sylvia Plath formulierte. Er studierte Anglistik, Archäologie und Anthropologie in Cambridge und arbeitete als Gärtner, Nachtwächter, Lehrer und als Lektor in einem Filmstudio, ehe er als freier Autor leben konnte. In Cambridge hatte er seine spätere Frau Sylvia Plath kennengelernt, die 1963 Selbstmord beging. — Obwohl mit seinen Erstveröffentlichungen *The Hawk in the Rain* (Der Habicht im Regen) (1957) und *Lupercal* (1960) zum *Movement* gerechnet, blieb Hughes Einzelgänger. Robert Graves, James Frazer (*The Golden Bow)* und D.H. Lawrence wurden für seine Suche nach dem Irrationalen und Primitiven wichtig. Seine Lyrik, bestimmt von einer Poesie der Gewalt, zeichnet die Grausamkeit der Natur. Selbst das Schneeglöckchen, das durch die gefrorene Erde treibt, ist »brutal wie die Sterne dieses Monats«. Gern operiert Hughes mit der Sinnumkehrung christlicher Bilder und Symbole; vor allem in *Crow* (Krähe) von 1970. Im Mythos von der Krähe wird Gott von einem Alptraum verfolgt, darin seine Schöpfung, deren »Krone« inbegriffen, verspottet wird. *River* (Fluß) von 1983, Hughes' bislang letzter Gedichtband, spielt mit den Vorstellungen einer neuen Natur-Theologie. 1985 wurde Ted Hughes zum »poeta laureatus« ernannt.

Vollmond und Klein Frieda (Ü: Egbert Faas). Aus: Ted Hughes, *Gedanken-Fuchs.* Berlin: Literarisches Colloquium 1971. — *Fuchsjagd* (Ü: Harald Hartung).

INOUE TOSHIO (*1922)

Der Sohn eines Kleinbauern aus der Gegend von Osaka konnte keine höhere Schule besuchen. Er arbeitete als Telefonist, in einer Stadtverwaltung und als Gewerkschaftsführer. An Tuberkulose erkrankt, verbrachte er drei Jahre in einem Sanatorium und begann Gedichte zu schreiben. Er publizierte Romane, Kurzgeschichten und Essays und 1980 die Lyriksammlung *Pianochan* (Piano-Kind).

Chicago (Ü: Barbara Yamanaka-Hiller). Aus: *Mensch auf der Brücke.* Zeitgenössische Lyrik aus Japan. Frankfurt/Main: Insel 1989.

PHILIPPE JACCOTTET (*1925),

im welschschweizer Moudon geboren, wohnt in Grignan in der Drôme unweit des Schlosses, in dem M. de Sévigny ihre letzten Lebensjahre verbrachte. Mit 22 übertrug er Thomas Manns *Tod in Venedig;* später übersetzte er Hölderlin, Novalis, Rilke und Musil, aber auch Mandelstam, Montale und Ungaretti. Peter Handke sprach in seiner Laudatio auf den Petrarca-Preisträger 1988 von Jaccottets Neigung zum »Sich-Nichteinmischen« und nannte den Poeten einen »Diener des Sichtbaren«.

Schreibe dieses Buch rasch; Der Unwissende (Ü: Friedhelm Kemp). Aus: Philippe Jaccottet, *Gedichte.* Stuttgart: Klett-Cotta 1985.

ERNST JANDL
(*1925)

aus Wien, der große Sprachspieler und -experimentator, hat lange gebraucht, um bekannt zu werden. Jetzt ist er Klassiker bei Lebzeiten. Sein Sprachjux war immer schon durchsetzt von Ernst. Jandl über seinen Vornamen: er müsse eigentlich nicht »Ernst«, sondern »Entsetzt« heißen.

calypso; wien: heldenplatz. Aus: Ernst Jandl, *Gesammelte Werke.* Bd. 1 Frankfurt/Main: Luchterhand Literaturverlag 1990.

JIM
JARMUSCH
(*1953)

aus Ohio, studierte Literatur, ging nach Paris, arbeitete als Regieassistent und drehte vier eigene Spielfilme, in denen er sich als eigenwilliger Ethnograph des Vielvölkerstaats USA betätigt.

Split Screen; Die biegsamen Mädchen von Tokio (Ü: Karin Graf). Aus: *Literatur-Magazin 26,* Reinbek: Rowohlt 1990.

ROBINSON JEFFERS
(1887–1962),

in Pittsburg geboren, Sohn eines streng kalvinistischen Theologieprofessors, praktizierte sehr früh seine Abkehr von der westlichen Zivilisation, sein Zurück-zur-Natur: im Gebiet von Carmel (Kalifornien) baute er sich 1919 ein Haus und einen Felsenturm aus rohen Blöcken, die er vom Strand heraufwälzte: »Es ist besser, auf Granit gebettet zu sein als auf Illusionen.« Als Dichter hatte ihn Nietzsches Vorwurf betroffen gemacht, die Dichter lögen zuviel: »Ich nahm mir vor, keine Lügen in dichterischer Form zu erzählen; keine Gefühle vorzutäuschen, wo ich keine hatte: nicht vorzugeben, daß ich an Optimismus oder Pessimismus oder an einen unumkehrbaren Fortschritt glaubte.« Jeffers ist, so Eva Hesse, »der einzige große amerikanische Dichter des Jahrhunderts, der bislang unübersetzt blieb«. Das Gedicht *9. September 1939* stammt aus der Sammlung *Themes in my poems* (1956).

9. September 1939 (Ü: Eva Hesse). Aus: *Akzente 5/1983.*

JEWGENIJ
JEWTUSCHENKO
(*1932),

in Zima, einem Flecken an der Transsibirischen Eisenbahn, geboren, stammt aus einer Bauernfamilie mit ukrainischen, russischen und tatarischen Vorfahren. 14jährig arbeitete er im Kolchos, anschließend in einem Sägewerk. 1948–1950 war er Vorarbeiter bei einer geologischen Expedition nach Kasachstan und in den Altai. Jewtuschenko, als junger Mensch ein passionierter Fußballspieler, erhielt ein Angebot von einem bekannten sowjetischen Fußballclub. 1949 wurde erstmals ein Gedicht in einer Sportzeitung gedruckt. Die Neigung zur Poesie siegte. 1951 erhielt er auf Vorschlag des Autors Sokolov ein Stipendium für das Moskauer Gorki-Institut. Mit dem Verspoem *Bahnhof Zima* (1955) und den nachfolgenden Publikationen (Erstauflagen um die 250000) wurde Jewtuschenko als Lyriker berühmt; mehr noch durch seine öffentlichen Auftritte à la Majakowski. Ab 1960 folgten große Vortragsreisen nach Europa, Nordafrika, Amerika, wo Nixon und Kissinger ihn zu einem Gespräch ins Weiße Haus luden, und Kuba, wo er ein halbes Jahr blieb und ein Filmszenarium schrieb. Lawrence Ferlinghetti widmete Jewtuschenko sein Poem *Moskau in der Wildnis, Segovia im Schnee.*

Babij Jar (Ü: Paul Celan). Aus: Paul Celan, *Gesammelte Werke,* Bd. 5. Frankfurt/Main: Suhrkamp 1983.

KENNETH KOCH
(*1925)

stammt aus Cincinnati (Ohio), studierte an der Harvard- und der Columbia-Universität, lebte drei Jahre in Europa, vor allem in Frankreich und Italien. Entscheidend für sein Schreiben ist seine Zugehörigkeit zur *New York School* der fünfziger Jahre, seine Freundschaft mit Frank O'Hara, John Ashbery und den Malern Jane Freilicher und Larry Rivers. Mit *Thank You and Other Poems* (1962) erzielte er seinen Durchbruch als Lyriker. »Frische Luft«, fordert eines der Gedichte: »Blaue Luft, frische Luft, herein, willkommen, du bist eine Kunststudentin / leg Barett und Talar ab . . .«

Variationen über ein Thema von William Carlos Williams (Ü: Nicolas Born). Aus: Kenneth Koch, *Vielen Dank.* Gedichte und Spiele. Reinbek: Rowohlt 1976.

KARL KROLOW
(*1915)

ist der Proteus unter den deutschen Lyrikern — enorm wandlungsfähig und enorm produktiv. Er begann als Landschaftsdichter und Schüler der deutschen Naturlyrik, kultivierte surrealistische Motive *(Fremde Körper,* 1959), folgte der Tendenz zu Alltag und Realismus *(Alltägliche Gedichte,* 1968) und kehrte zurück zu den »verwegenen Wonnen« der Form: *Herbstsonett mit Hegel* (1981). Wie bei Enzensberger wird »die Furie des Verschwindens« thematisiert.

Herbstsonett mit Hegel. Aus: Karl Krolow, *Herbstsonett mit Hegel.* Frankfurt/Main: Suhrkamp 1981.

GÜNTER KUNERT
(*1929)

wurde in Berlin geboren, »behaftet mit einer staatlich verpfuschten Kindheit«. J.R. Becher hatte den poetischen »Grashüpfer« entdeckt, Brecht lobte und zeigte sich freundlich. Lange Jahre ließ Kunert sich in seinem sozialistischen Geschichtsoptimismus nicht entmutigen, gab er sich als ein hartnäckiger Ikarus, der immer wieder die Arme ausbreitete und einen Anlauf nahm »für das Unmögliche«. Herbst 1979 verließ Kunert die DDR. *Abtötungsverfahren* und *Verspätete Monologe* betitelte er die ersten Bücher nach seiner Übersiedlung. Heute schreibt Kunert Gedichte über die apokalyptische Bedrohung der Menschheit.

Ikarus 64. Aus: Günter Kunert, *Verkündigung des Wetters.* München und Wien: Carl Hanser 1966.

WJATSCHESLAW KUPRIJANOW
(*1939)

ist in Novosibirsk geboren, war Bauarbeiter und studierte in Moskau Germanistik und mathematische Linguistik. Aus dem Deutschen hat er Goethe, Schiller, Hölderlin, Heine, Rilke und Brecht übertragen, von deutschen Nachkriegsautoren Enzensberger, Kunert und Volker Braun. Kuprijanow hat in seinen Essays für den im Russischen immer noch relativ seltenen freien Vers argumentiert.

Einladung (Ü: Richard Pietraß). Aus: Wjatscheslaw Kuprijanow, *Ein nüchternes Echo.* Berlin: Literarisches Colloquium 1985.

KURODA KIO
(1926–1984),

dessen Vater starb, als er noch ganz klein war, konnte keine weiterführenden Schulen besuchen. Als Mitglied der KP engagierte er sich nach 1945 in der Bauernbewegung seiner Heimat (Nordost-Japan). Wie etliche Autoren seiner Generation erkrankte er an Tuberkulose. Im Spital begann Kuroda Lyrik zu schreiben und schloß sich der Rettō-Gruppe an. — *Brennende Giraffe* erschien 1968 in der Sammlung *Shi to hanshi* (Gedicht und Gegengedicht).

Brennende Giraffe (Ü: Cornelius Ouwehand). Aus: *Mensch auf der Brücke.* Zeitgenössische Lyrik aus Japan. Frankfurt/Main: Insel 1989.

ALAIN LANCE
(*1939)

stammt aus der Gegend von Rouen, studierte Germanistik in Paris und Leipzig, übersetzte etliche DDR-Autoren (u.a. Franz Fühmann, Christa Wolf und Volker Braun) und leitet seit 1985 das Französische Kulturinstitut in Frankfurt am Main.

Lumière à l'est; Licht im Osten (Ü: Eugen Helmlé). Aus: *Résonances.* Französische Lyrik seit 1960. Hg. Eugen Helmlé. München: Kirchheim 1989.

PHILIP LARKIN
(1922–1985)

Im Dezember 1985, zur Weihnachtszeit, wie er vorausgesagt hatte, starb Philip Larkin, einer der populärsten englischen Lyriker der Nachkriegszeit. Er hatte, außer zwei Prosabüchern, nur vier sehr schmale Gedichtbände publiziert: *The North Ship* (1945), *The Less Deceived* (1956), *The Whitsun Weddings* (1964), *High Windows* (1974). Larkin, Sohn eines Stadtkämmerers aus Coventry, hätte wie Morandi vom Glück sprechen können, ein ereignisloses Leben geführt zu haben. — Er studierte während des Krieges in Oxford Anglistik und wurde Bibliothekar. Seit 1955 lebte er in Hull, das er so gut wie nie verließ. Das Leben des Junggesellen drehte sich um seine Arbeit als Bibliothekar, ums Schreiben und um sein Interesse für Jazz. Er sagte, er könne zwar eine Woche ohne Lyrik leben, aber keinen Tag ohne Jazz. Er schrieb regelmäßig über neue Jazz-Platten, gesammelt als *All What Jazz. A Record-Diary 1961–68.* Was seine Lyrikerkarriere angeht, verhielt er sich wie manche Figuren seiner Gedichte: er schien den Mißerfolg geradezu zu suchen. So schickte er einen frühen Privatdruck an einflußreiche Kritiker; nur hatte er, als gerade die Gebühren erhöht wurden, die Sendungen mit der alten Frankierung versehen. — Der Band *The Less Deceived* (Die weniger Getäuschten) brachte den Durchbruch. Der Dichter, sehr bald mit Preisen und Ehrungen ausgezeichnet, blieb Außenseiter, er wurde zwar zum *Movement* gerechnet, das gegen Dylan Thomas' Neoromantik und gegen Eliots bildungshochmütigen Avantgardismus die herkömmlichen Versmaße, die alltäglichen Themen und das Mißtrauen gegen Pathos und Rhetorik setzte; aber Larkins Name zierte eine Bewegung, die er nicht begründet hatte. Sein großes Vorbild war Thomas Hardy und dessen nüchterner ironischer Realismus. Schmerz und Frustration des alltäglichen Lebens blieb Larkins Hauptthema. Seine Gedichtschlüsse pointieren die Unausweichlichkeit von Alter und Tod. Sofern Larkin sich überhaupt zu allgemeinen gesellschaftlichen Themen äußert, gibt er sich als grimmiger Chronist des Niedergangs. Er betrauert in *Unter dem Hammer* den Ausverkauf des alten England. Auch das Ökologische hat bei ihm konservative Züge. Das erwähnte Gedicht entstand (eine Ausnahme bei Larkin) 1972 als Auftragsarbeit für das britische Umweltdepartment.

Im Bett zu reden; Trauriger Gang; Unter dem Hammer; Aubade (Ü: Harald Hartung). Aus: *Merkur* 9/1990.

JAMES LAUGHLIN
(*1914)

Dem Zwanzigjährigen und Erben eines großen Vermögens hatte Pound abgeraten, Gedichte zu schreiben. Er solle lieber »etwas unternehmen«. Laughlin tat »etwas« und gründete 1936 den Verlag New Directions, verlegte W.C. Williams, Pound, Faulkner, Henry Miller, Djuna Barnes, Gertrude Stein und viele andere bedeutende Autoren und schrieb, nebenher, weiter Lyrik. Einer seiner Gedichtbände ist übrigens *A Report on a Visit to Germany* (1948). Noch als Student erfand Laughlin seine eigene Metrik nach dem Gesetz der Schreibmaschine: er zählte nicht die Silben, sondern die Anschläge — die erste Zeile bestimmt die Länge aller weiteren. Die scheinbare Künstlichkeit verhilft ihm zum natürlichen Sprechen.

Manche von uns richten ... (Ü: Eva Hesse). Aus: *Akzente* 4/86.

DENISE LEVERTOV
(*1923),

in Essex (England) als Tochter eines konvertierten russischen Juden geboren, wuchs in einer kulturgesättigten Atmosphäre auf: ihre Mutter las ihr die großen Romane des 19. Jahrhunderts und die Lyrik Tennysons vor. Denise besuchte weder die höhere Schule noch die Universität. Mit zwölf sandte sie Gedichte an T.S. Eliot, der ihr in einem langen Brief Ratschläge gab. Seit 1948 lebt Denise Levertov in New York. Sie publizierte in der *Black Mountain Review* und befreundete sich mit Robert Creeley und Paul Duncan. James Laughlin veröffentlichte ihren Band *With Eyes at the Back of Our Heads* (1960) bei New Directions. In dem Band *O Taste and See* (1964) arbeitet sie mit Träumen und Visionen.

O Taste and See (Ü: Christa Langenscheidt). Aus: *Akzente* 5/6/1964.

PRIMO LEVI
(1919–1987)

Der in Turin geborene jüdische Chemiker überlebte als Häftling Nr. 174517 das Konzentrationslager Auschwitz-Monowitz. 1945 wurde er von den Alliierten befreit und kehrte nach einer langen traumatischen Odysee nach Italien zurück. Von 1947–1984 arbeitete Levi wieder in der chemischen Industrie und trat als Erzähler und Lyriker hervor. Seine Erinnerungen aus Auschwitz sind heute in Italien Schullektüre. Levi beging am 11.4.1987 Selbstmord.

Der Überlebende (Ü: Moshe Kahn). Aus: *Akzente* 3/90. © Carl Hanser Verlag, München und Wien 1990.

MICHAEL LONGLEY
(*1939)

ist als Kind englischer Eltern in Belfast geboren, studierte am Trinity College in Dublin und ist heute beim Arts Council tätig. Er lebt — anders als die meisten nordirischen Dichter — weiterhin in Nordirland, in Belfast. Seine Lyrik reflektiert die Ablösung von der Perspektive protestantischer Selbstgewißheiten:

»Ich glaube nicht, daß für das Problem Ulster eine Lösung gefunden werden kann, bevor nicht der einfache Protestant für sich eine Lösung des Identitätsproblems gefunden hat.«

Der Beamte (Ü: Bernhard Robben). Aus: *Schreibheft* 29/ 1987.

ROBERT LOWELL (1917–1977)

Robert Lowells lyrisches Werk kommt aus dem Protest gegen seine Herkunft, die Abstammung aus zwei der angesehensten Familien Neuenglands. Lowells Mutter stammt von Edward Winslow ab, einem der Pilgrim Fathers, die mit der »Mayflower« nach Amerika kamen. Zur Linie seines Vaters gehören der Botschafter und Poet J.R. Lowell, der Präsident von Harvard A.L. Lowell und die exzentrische Lyrikerin Amy Lowell. — Der Bostoner Großbürgersohn revoltierte nicht bloß gegen den schwachen, erfolglosen Vater und die hysterisch-ehrgeizige Mutter, er verließ auch die vorgegebene Harvard-Karriere und studierte am Kenyon College unter dem Einfluß von Allan Tate, John Crowe Random und Randall Jarrell. 1940 konvertierte er und heiratete die katholische Romanautorin Jean Stafford. 1943 verweigerte er den Wehrdienst und saß fünf Monate einer einjährigen Gefängnisstrafe ab. Er gehörte (mit W.H. Auden, T.S. Eliot und anderen) zur Jury, die 1949 den Bollingen Preis an Pound verlieh und damit einen enormen Proteststurm auslöste. 1965 lehnte Lowell Präsident Johnsons Einladung zu einem Kunstfestival im Weißen Haus ab, 1967 nahm er am Anti-Vietnamkrieg-Marsch auf das Pentagon teil. In der Gefängnishaft und bei seinen diversen Aufenthalten in Nervenheilanstalten (ab 1949) lernte er die Welt außerhalb des Großbürgertums bzw. der Universität kennen, an der der Lyriker Lowell creative writing lehrte — Erfahrungen, die in seine Lyrik eingingen. So auch die Geschichte seiner beiden folgenden Ehen: mit der Kritikerin Elizabeth Hardwick und der Schriftstellerin Caroline Blackwood. (»ein Mann, zwei Frauen, gewohnte Fabel von Romanen«). — Dieser Lebensstoff geht, nach den frühen Gedichtbänden (u.a. *Life Studies, For the Union Dead)*, in die frei behandelten, prosanahen Sonette von *Notebook 1967–68* und die folgenden Sammlungen seiner privaten, historischen und politischen Gedichte ein. Lowells Übersiedlung nach England (1970–76) brachte eine Distanzierung von Amerika und amerikanischer Politik; zugleich den an Verzweiflung grenzenden Pessimismus seiner späten Gedichte: »Sehen wir Licht am Tunnelende, ist es das Licht eines Gegenzuges.«

T.S. Eliot; Ezra Pound; Ehe: schwerer Atem; Seit 1939 (Ü: Manfred Pfister). Aus: Robert Lowell, *Gedichte*. Stuttgart: Klett-Cotta 1982.

ARTUR LUNDKVIST
(*1906)

ist in Oderljunga (Skåne) als Sohn eines Bauern geboren und floh, aus Widerwillen gegen die Landarbeit, nach Stockholm. Er wurde dort Kritiker und gründete die literarische Gruppe *Fem Unga*. Lundkvist schrieb Romane und Reiseberichte und übersetzte Federico García Lorca, Pablo Neruda und Octavio Paz. Seit 1968 ist Lundkvist Mitglied der Schwedischen Akademie.

Lebe wie Gras (Ü: Friedrich Ege); *Majakovskij* (Ü: Nelly Sachs) Aus: Artur Lundkvist, *Gedichte*. Köln: Kiepenheuer & Witsch 1963.

IVAN MALINOWSKI
(*1926)

Malinowski lebt in seiner Heimatstadt Kopenhagen und in Hjulvhult/Schweden. Er übersetzte u.a. Pablo Neruda und ist mit einer Reihe von eigenen Lyrikbänden hervorgetreten, darunter *poetomatic* (Poetomatik), 1965, und *Kritik af tavsheden* (Kritik des Schweigens), 1974, *Vinterens hjerte* (Das Herz des Winters), 1980.

Kritik des Schweigens (Ü: Gregor Laschen). Aus: *Mein Gedicht ist mein Körper*. Neue Poesie aus Dänemark. Hg. Gregor Laschen/ Harly Sonne. Bremerhaven: die horen 1989.

YVES MARTIN
(*1936)

stammt aus Villeurbanne bei Lyon und arbeitet in einem Anwaltsbüro. Er ist als Filmpublizist tätig und veröffentlichte mehrere Gedichtbände, u.a. *Poèmes courts suivi d'un long* (1969), *Le marcheur* (1972), *L'enfant démesuré* (1983).

Mitunter habe ich von nie endendem Reichtum geträumt; Sie bückte sich. Schimmerte (Ü: Fritz Rudolf Fries). Aus: *Französische Lyrik der Gegenwart*. Berlin: Volk und Welt 1984.

ROGER MCGOUGH
(*1937)

stammt aus Liverpool und gehört (wie Adrian Henri) zur Liverpooler Szene. Eine Zeitlang war er Mitglied der Pop-Gruppe »The Scaffold«. Er schreibt auch Theaterstücke und Gedichte für Kinder. Die beiden Gedichte sind aus dem Band *Holiday on Death Row* (1979).

Kontaktlinsen; Vegetarier (Ü: Harald Hartung). Aus: *Jahresring 83/84*. Stuttgart: DVA 1983.

EUGENIO MONTALE
(1896–1981),

ist in Genua geboren und hatte ursprünglich Opernsänger werden wollen, gab das Gesangsstudium jedoch nach dem Tode seines verehrten Lehrers auf. Sein erster Gedichtband *Ossi di seppia* (Tintenfischknochen) erschien 1925 im Verlag des antifaschistischen Turiner Radikalen Piero Gobetti. Im gleichen Jahr stand Montales Name unter dem von Benedetto Croce redigierten *Manifest der antifaschi-*

slischen Intellektuellen. Wegen seiner Nichtzugehörigkeit zum Faschismus wurde er 1929 Leiter des Florentiner Literaturinstituts Gabinetto Vieusseux und wegen seiner Weigerung, der faschistischen Partei beizutreten, 1938 aus eben diesem Amt entfernt. — Montale übersetzte u.a. Shakespeare, T.S. Eliot und Jorge Guillén, um der provinziell gewordenen italienischen Literatur aufzuhelfen, und wies — noch vor Joyce — auf die Bedeutung Italo Svevos hin. Reisen in diverse europäische Länder lieferten die »Anlässe«, die »Gelegenheiten« für *Le occasioni* (1939). Der Hermetismus-Vorwurf durch Franco Floras Polemik *La poesia ermetica* 1936 in die Welt gesetzt, hat die Diskussion um Montale allzu lang beschäftigt. Montales Abstinenz gegen Botschaften wurde unterm Faschismus selber als Botschaft, als Verweigerung verstanden. — Als 1956 der dritte große Zyklus *La bufera e altro* (Der Sturmwind und anderes) erschien, rettete die »neue« Literaturkritik Montales von den Linken als »reaktionär« attackierten Pessimismus. Der späte Montale, lange Jahre als Redakteur des *Corriere de la Sera* tätig, erweiterte sein lyrisches Werk um die tagebuchhaften Notate des Alltäglichen: *Satura* (1970), *Diario del '71 e del '72* (1973) und *Quaderno di quattro anni* (1977). Seine früheren Verse — sagte er — habe er »im Frack« geschrieben, seine späteren »im Schlafanzug«. 1975 erhielt der »Dichter ohne Botschaft« den Nobelpreis. Seine Preisrede fragt: »Ist Dichtung noch möglich?«

Der Hitlerfrühling; Der Traum des Gefangenen. (Ü: Hanno Helbling). Aus: Eugenio Montale *Gedichte 1920–1954.* München und Wien: Carl Hanser 1987. — *Hieb und Gegenhieb* (Ü: Helga Böhmer). Aus: *Akzente* 1/1967.

Per Finire. Aus: Eugenio Montale, *Tutte le poesie.* Milano: Arnoldo Mondadori Editore 1977.

Zum Ende (Ü: Michael Marchall v. Bieberstein). Aus: *Satura, Diario.* München: Piper 1988. — *Venezianische Prosa* (Ü: Harald Hartung).

Absichten. Aus: *Theorie der modernen Lyrik.* Hg. Walter Höllerer. Reinbek: Rowohlt 1965.

ANDREW MOTION (*1952)

wurde in London geboren und wuchs in Essex auf. Er war mit Philip Larkin befreundet und schrieb über ihn eine Monographie und ein Gedicht in memoriam.

Die Ausflugsdampfer (Ü: Manfred Allié). Aus: *Schreibheft* 28/1985.

HEINER MÜLLER (*1929),

stammt aus Eppendorf (Sachsen), Sohn einer Textilarbeiterin und eines Angestellten. Sein Vater, SPD-Funktionär, wurde 1933 verhaftet und kam in ein KZ. Heiner Müller wurde zum

Volkssturm eingezogen. Nach kurzer Gefangenschaft ab 1950 als Journalist und Redakteur tätig, ist er seit 1959 freier Schriftsteller. Der »Beckett des Ostens« hat neben seinen Stücken immer wieder auch Lyrik geschrieben.

Selbstkritik. Aus: *Neue Rundschau* 2/1990.

NAKAGIRI MASAO
(1919–1983)

(eigentlich Shirakami Koichi) wurde in einem Bergwerksdorf der japanischen Insel Kyushu geboren und wuchs in Kobe auf. 1937 gründete der Handelsschüler den Dichterkreis *LUNA,* 1939 setzte er sich nach Tokio ab, schrieb sich als Kunststudent an der Universität ein und begann als Journalist zu arbeiten. 1953 veröffentlichte er die erste japanische Übersetzung von Eliots *Waste Land,* das zum Namen der Dichtergruppe *Arechi* (Wüstes Land) wurde.

Vergangenheit; High Noon (Ü: Christoph Langemann). Aus: *Mensch auf der Brücke.* Zeitgenössische Lyrik aus Japan. Frankfurt/Main: Insel 1989.

NISHIWAKI
JUNZABURŌ
(1894–1982),

der ursprünglich westliche Malerei hatte studieren wollen, wechselte zur Nationalökonomie, war Journalist, kam 1923 nach Oxford und erlangte durch Harold E. Munros Bookshop Anschluß an die Bloomsbury-Szene. In Munros *Chapbook,* das auch Eliot druckte, publizierte er Lyrik in englischer Sprache, 1925 sogar einen englischen Gedichtband: *Spectrum.* Als Anglistikprofessor in Tokio propagierte Nishiwaki Eliot, Joyce und den Surrealismus. Aus der Rückbesinnung auf die japanische Kultur entstand nach dem Krieg das eigentliche lyrische Werk.

Junimorgen (Ü: Siegfried Schaarschmidt). Aus: *Akzente* 5/1990.

FRANK O'HARA
(1926–1966)

kam bei einem Autounfall um, knapp einen Monat nach seinem 40. Geburtstag. Anläßlich des von den New Yorker Malerfreunden ausgestatteten posthumen Auswahlbandes *In Memory Of My Feelings* nannte ihn *Newsweek* einen »Kavalier der Großstadt«, für den die Straße das Studio und der Stadtplan das Bild seines Nervensystems gewesen seien. So war O'Hara, im Hauptberuf Assistant Curator am Museum of Modern Art, Flaneur, Kino- und Partygeher, Stückeschreiber, Kunstkritiker und Lyriker; und als Lyriker interessierten ihn in seinen »Ich-mach-dies-ich-mach-das-Gedichten« die Oberflächenreize der City, aber auch die Korrespondenzen von Lyrik und Film, Lyrik und Malerei. John Ashbery bezeichnete O'Hara als den großen Animateur der New Yorker Szene. — Zum Gedicht über Lana Turner: Die Schauspielerin Lana Turner brach im Zeugenstand eines Prozesses zusammen, in dem es darum ging, daß ihre vierzehnjährige Tochter Cheryl den Geliebten der Mutter, den Gangster Jonny Stompanato, in deren rosa Schlafzimmer erstochen hatte.

Masturbation; Poem (Originale); *Gedicht* (Licht Klarheit ...); *Masturbation; Gedicht* (Lana Turner ...) (Ü: Rolf Dieter Brinkmann). Aus: Frank O'Hara: Lunch Poems. Köln: Kiepenheuer & Witsch 1969. — Daraus zitiert: *Ich bin hauptsächlich mit der Welt beschäftigt ...*

CHARLES OLSON
(*1910)

gehört zu jenen Dichtern, deren Einfluß auf die Poesie größer ist als ihr eigener Ruhm. Olson stammt aus Worcester, Mass., studierte Literaturwissenschaft, Linguistik und Archäologie, veröffentlichte eine bedeutende Studie über Melville *(Call Me Ishmael,* 1947) und arbeitete an der Entzifferung von Maya-Hieroglyphen in Yucatán. Erst mit Fünfzig publizierte er seinen ersten Gedichtband *(The Distances).* Seit seinem Essay über den Projektiven Vers, der 1950 in der Zeitschrift *Poetry* erschien, war Olson von starkem Einfluß auf die Generation, die man später als Beat Generation bezeichnete. Von 1951 bis zur Auflösung der von Bauhaus-Leuten begründeten Avantgarde-Schule 1956 lehrte Olson am Black Mountain College und versammelte dort Schüler und Freunde um sich, u.a. Robert Creeley, Robert Duncan und Paul Blackburn.

Ich, Mencius, Schüler des Meisters (Ü: Klaus Reichert). Aus: Charles Olson, *Gedichte.* Frankfurt/Main: Suhrkamp 1965. Daraus auch: *Ein Gedicht ist eine Energiemenge ...*

HEBERTO PADILLA
(*1932)

Der Kubaner Heberto Padilla, in Pinar del Rio geboren, veröffentlichte sechzehnjährig seinen ersten Gedichtband. Padilla studierte in Havanna und in den USA, wo ihn die anglo-amerikanische Lyrik faszinierte. Nach seiner Rückkehr nach Kuba arbeitete er an der Zeitung *Revolución* mit und war in den sechziger Jahren in Moskau, wo er sich mit Jewtuschenko und Wosnessenskij befreundete. 1968 wurde Padilla der Julian de Casal-Preis für sein Gedichtbuch *Fuera de Juego* (Außerhalb des Spiels) zuerkannt. Das Votum der Jury formulierte u.a.: »Padilla zeigt, daß, inmitten der Konflikte unserer Epoche, der Einzelne Stellung beziehen muß. In *Außerhalb des Spiels* stellt er sich an die Seite der Revolution, er artikuliert die essentielle Haltung des Poeten und des Revolutionärs: die des Nonkonformisten, dessen Hoffnungen und Wünsche über die bestehende Realität hinausgehen.« Das Buch kam gar nicht in den Handel. Gegen seinen Autor, dessen Gedichte in Abschriften und Raubdrucken zirkulierten, wurde eine Hetzkampagne betrieben. Padilla, arbeitslos und seiner Publikationsmöglichkeiten beraubt, wurde im März 1971 verhaftet. 61 Intellektuelle (darunter Julio Cortázar, Marguerite Duras, H. M. Enzensberger, Juan Goytisolo, Mario Vargas Llosa, Jean Paul Sartre und Susan Sontag) forderten Fidel Castro auf, entweder Beweise für ein justiziables Verhalten Padillas beizubringen oder ihn freizulassen. Castros Antwort: Einreiseverbot für diese »schamlosen Pseudolinken und Agenten des CIA«. Die »Selbstkritik«, die Padilla nach seiner Ende April 1971 erfolgten Haftentlassung übte, wurde von den mit Kuba sympathisierenden Intellektuellen als Schock empfunden. Günter Maschke, dem ich hier folge, schreibt: »Der Fall Padilla ist keineswegs ein Ausnahmefall, ein ›faux-pas‹ — wie man es im November 1968 noch glauben konnte. Wäre Kuba jene sozialistische Demokratie gewesen, als die man sie ansah, so hätte sie sich befragt. Vielleicht hätte man dann herausgefunden, wieso das ›Element‹ Padilla fähig war, mitten im angeblich blühenden Sozialismus *Außerhalb des Spiels* zu schreiben.«

Außerhalb des Spiels; Die Reisegefährtin; Theodor W. Adorno kehrt vom Tode zurück (Ü: Günther Maschke). Aus: Heberto Padilla, *Außerhalb des Spiels.* Frankfurt/Main: Suhrkamp 1971. Daraus auch: *Erklärung der Union der Schriftsteller.*

NICANOR PARRA
(*1914),

in Chillán (Mittel-Chile) geboren, Sohn eines Lehrers und einer Näherin, war Gymnasiallehrer und wurde 1952 Professor für theoretische Physik an der Universität von Santiago. Als Lyriker bekannt wurde er 1954 durch sein zweites Buch, *Poemas y antipoemas* (Gedichte und Antigedichte). »Antipoesie«, so Parra, »gibt die Poesie ihren Wurzeln zurück«. Seine Antigedichte, die nicht ohne angloamerikanischen Einfluß (T. S. Eliot) zu denken sind, haben schon früh in den USA Resonanz gefunden und sind u.a. von W. C. Williams, Allen Ginsberg und Lawrence Ferlinghetti übersetzt worden. Sein formen- und themenreiches Werk, bis zu *Hojas de Parra* (1985), hat ihn zum wichtigsten neueren Lyriker Chiles gemacht.

Frauen; Hundeleben (Ü: Hans Magnus Enzensberger). *Chiles Grenzen* (Ü: Peter Schultze-Kraft). Aus: Nicanor Parra, *Und Chile ist eine Wüste.* Poesie und Antipoesie. Frankfurt/Main: S. Fischer 1986.

OSKAR PASTIOR
(*1927)

stammt aus Hermannstadt (Siebenbürgen). Nach einigen in Rumänien erschienenen Bänden traditioneller Poesie begab er sich durch seine Übersiedlung nach Berlin *Vom Sichersten ins Tausendste* (1969), um sich in der Diaspora »die Diasporen (zu) verdienen« — ein ebenso witziger wie rigoroser Sprachspieler. *Der krimgotische Fächer* (1978) ist ein Musterbuch seiner Experimente. Der Spannweite des Titels entsprechend wird ein Sprachraum zwischen Ungarisch, Rumänisch, Küchengriechisch und Schullatein, Mittelhochdeutsch und gewöhnlichem Deutsch österreichischer Prägung, Russisch, Französisch und Englisch aufgefächert und in irritierende Schwingung versetzt, so daß in brodelnden Gleichklängen und Ähnlichkeiten die Wörter und ihre Bedeutungen verschwimmen: ein Sprachkatarakt, eine löcherige Botschaft. In der *Ballade vom defekten Kabel* ist das »Kabel« so defekt nicht, daß es nicht die »Fakten« von der Passion des »Kalbs« passieren ließe. Sowohl der Aufruf zur Schlachtung wie die Klage ums Kalb Gottes werden vernehmbar. Oder ist es nicht vielmehr die Klage ums Kabel Gottes, die Sprache?

Ballade vom defekten Kabel. Aus: Oskar Pastior, *Der krimgotische Fächer.* München: Klaus Renner 1978.

CESARE PAVESE
(1908–1950),

Autor von Romanen über Piemont und eines berühmt gewordenen Tagebuchs *(Das Handwerk des Lebens),* schrieb in den dreißiger Jahren die Erzählgedichte *Lavorare stanca* (Arbeiten macht müde). Seine späten Zyklen *La terra e la morte* (1945) und *Verrà la morte e avrà i tuoi occhi* (1950) sind stark autobiographisch bestimmt und stehen im Schatten des Selbstmords, den Pavese im Tagebuch reflekierte und in einem Turiner Hotel ausführte. — »Dies ist endgültig«, schreibt schon der 29jährige in sein Tagebuch, »alles wirst du vom Leben haben können außer dem einen, daß eine Frau dich *ihren Mann* nennt.«

Der Tod wird kommen (Ü: Lea Ritter-Santini, Christoph Meckel); *Last blues, to be read some day. Cesare Pavese an Constance Dowling.* Aus: *Akzente* 4/1983. Cesare Pavese, *Sämtliche Gedichte.* Düsseldorf: Claassen 1988.

OCTAVIO PAZ
(*1914)

»Die Dichter haben keine Biographie«, schreibt Paz in einem Essay über Fernando Pessoa — ein Satz, der nicht so leicht auf die Daten seines eigenen Lebens anzuwenden wäre. Octavio Paz stammt aus einer liberalen spanisch-indianischen Familie in Mexico-City. Der Großvater, General und Journalist, war eine Hauptfigur des mexikanischen Liberalismus, der Vater, Anwalt und ebenfalls Journalist, Mitarbeiter des Sozialrevolutionärs Zapata. Der Sohn ging Mitte der dreißiger Jahre nach Yucatán, um in der armen Maya-Provinz eine Sekundarschule für Landarbeiterkinder zu gründen. Als mexikanischer Delegierter nahm der junge Autor 1937 am Kongreß der antifaschistischen Schriftsteller in Madrid teil, wo er Rafael Alberti, Luis Cernuda, Pablo Neruda und César Vallejo kennenlernte. In den folgenden Jahren beteiligte er sich an der Arbeiterzeitung *El Popular* und an literarischen Zeitschriften. 1946 trat Paz in den auswärtigen Dienst seines Landes ein; war in Paris, wo er Breton kennenlernte, in Indien und dort für sechs Jahre Botschafter Mexikos in Neu-Delhi. 1968 legte er dieses Amt aus Protest gegen das Massaker an demonstrierenden Studenten in Mexico-City nieder. Seit 1971 lebt der Dichter wieder in Mexiko, nimmt aber diverse Gastprofessuren wahr und ist oft auf Reisen. Nach zahlreichen Auszeichnungen (u.a. Cervantes-Preis, Friedenspreis des deutschen Buchhandels) erhielt Paz 1990 den Nobelpreis für Literatur. — Neben wichtigen essayistischen Arbeiten *(Das Labyrinth der Einsamkeit,* 1974) hat Paz ein umfangreiches lyrisches Werk vorgelegt. Erwähnt sei wenigstens *Piedra de sol* (Sonnenstein; 1957), betitelt nach dem (spanischen) Namen des aztekischen Kalendersteins. Mit diesem Poem, das dem Kreis des Venus-Jahrs folgt, begründete der Autor seinen lyrischen Ruhm.

Certeza; — Gewißheit; Dauer (Ü: Fritz Vogelgsang). Aus: Octavio Paz, *Gedichte.* Frankfurt/Main: Suhrkamp 1984.

Obgleich Dichtung weder Religion noch Magie . . . Aus: Octavio Paz, *Die Weihe des Augenblicks. Akzente* 1/1980.

GYÖRGY PETRI
(*1943)

schreibt über sich selbst: »Ich wurde 1943 geboren. Ich kann mich also an die Kriegsfolgen erinnern: Unser Spielplatz war das unkrautüberwachsene Grundstück eines durch Bomben vernichteten Hauses. Ich lebte in einem alten Budapester Stadtbezirk — so bekam ich den Bulldozer-Mechanismus der urbanen Umgestaltung auch selbst zu spüren. In der Zeit des Rajk-Prozesses konnte ich bereits Zeitung lesen und tat das auch. Zur Zeit der ungarischen Revolution von 1956 war ich ein fanatischer Junge. Die Invasion vom 4. November löste in mir eine lang andauernde Depression aus. Damals beschloß ich, Dichter zu werden. Weshalb, das weiß ich eigentlich bis zum heutigen Tag nicht. Vielleicht meinte ich, das bisher Erlebte so aufarbeiten zu können. Mein ›Privatleben‹ im engeren Wortsinn mag aus meinen Gedichten hervorgehen. Seit 1976, also von den Anfängen an, nehme ich aktiv an der demokratischen Opposition teil, die diesen Namen in Ermangelung eines besseren trägt. Ich halte mich im eigentlichen Wortsinn nicht für einen ›engagierten‹ Künstler. Die Politik ist ein ebenso organischer Bestandteil meines Lebens wie Frauen, gute Zigaretten, Alkohol und wie meine Privatleidenschaft, das Kochen.«

An Graf August von Platen-Hallermünde (Ü: Gregor Laschen). Aus: *Inzwischen fallen die Reiche.* Poesie aus Ungarn.

Hg. Gregor Laschen, Zsuzsanna Gahse. Bremerhaven: die horen 1990. — *Nur eine Frage* (Ü: Hans-Henning Paetzke). Aus: György Petri, *Schöner und unerbittlicher Mummenschanz.* Frankfurt/Main: Suhrkamp 1989.

SYLVIA PLATH
(1932–1963)

wurde in Boston geboren. Sie fühlte sich als Kind einer alleinlebenden Mutter, als Tochter eines früh gestorbenen Vaters zur Tüchtigkeit, zum Erfolg verurteilt. Die Studentin machte 1953 ihren ersten Selbstmordversuch. »Ich habe es wieder gekonnt«, schreibt sie später in dem Gedicht *Lady Lazarus,* »einmal jedes Jahrzehnt bring ich es fertig.« Die Ehe mit Ted Hughes hat, wie Gabriele Wohmann sagt, »von zu viel Glückswut etwas Berstendes«. Sylvia Plath schien auch die Trennung von ihrem Mann zu verkraften; aber dann genügte wohl eine Verkettung von (für sich betrachtet) wenig gravierenden Umständen, um die Beziehung zum Leben abreißen zu lassen. Robert Lowell, in dessen Bostoner Lyrik-Seminar Sylvia Plath gelegentlich gekommen war, schreibt über *Ariel,* den Band ihrer nachgelassenen Gedichte: »In diesen Gedichten, geschrieben in den letzten Monaten ihres Lebens und oft zu zweit oder dritt an einem Tag hervorgebracht, wird Sylvia Plath ganz sie selbst: ein imaginäres, neues, wildes und subtiles Geschöpf — kaum eigentlich eine Person, oder eine Frau, und gewiß keine weitere ›Poetin‹, sondern eine jener überwirklichen hypnotischen klassischen Heroinen. Ihre Stimme ist bald kühl amüsiert, bald herb und bitter, bald schwärmerisch, mädchenhaft, bezaubernd, bald sinkt sie ab zur reibeisenhaften Rauheit eines Vampirs — eine Dido, Phädra oder Medea, die sich selbst auslacht als ›kuhschwer und blumig in meinem viktorianischen Nachthemd‹.«

Die Münchner Mannequins (Ü: Erich Fried). Aus: Sylvia Plath, *Ariel.* Frankfurt/Main: Suhrkamp 1974.

FELIX POLLAK
(1909–1987)

war österreichischer Emigrant. In Wien geboren, emigrierte er nach dem »Anschluß« in die USA, studierte dort Bibliothekswissenschaften und leitete die Spezialsammlungen diverser Universitätsbibliotheken. Pollak wurde ein amerikanischer Autor mit sieben Bänden eigener Lyrik. Die Themen seiner unpathetischen Gedichte waren immer wieder die Heimatstadt Wien und seine fortschreitende Erblindung. Das Erscheinen des ersten Buches in seiner Muttersprache hat Felix Pollak nicht mehr erlebt. Er starb im November 1987 in Madison/Wisconsin. — Rilkes *Archaischer Torso Apollos,* auf den Pollaks Gedicht anspielt, wurde im Frühsommer 1908 in Paris geschrieben.

Du mußt dein Leben ändern (Ü: durch den Autor selbst). Aus: Felix Pollak, *Vom Nutzen des Zweifels.* Hg. Reinhold Grimm. Frankfurt/Main: S. Fischer 1989. — R. M. Rilke, *Archaischer Torso Apollos.* Aus: R. M. Rilke, *Sämtliche Werke.* Bd. 2. Frankfurt/Main: Insel 1975.

VASKO POPA
(1922–1991),

im Banat geboren, nahm als junger Mann am Partisanenkrieg teil und studierte nach dem Krieg in Bukarest, Wien und Belgrad Romanistik. Er arbeitete als Journalist und Lektor und übersetzte französische Lyrik ins Serbokroatische. Seit 1979 war er Vizepräsident der Akademie der Wissenschaften und Künste in Vojvodina. Bereits sein erster Gedichtband *Rinde* (1953) setzte dem Dogma des Sozialistischen Realismus die Zeichenhaftigkeit der Dinge entgegen. Später operiert Popas Lyrik gern mit Sprachgesten und gnomischen Ausdrücken.

Die kleine Schachtel (Ü: Karl Dedecius); *Mala kutjia.* Aus: *Ein Gedicht und sein Autor.* Hg. Walter Höllerer. Berlin: Literarisches Colloquium 1967. Daraus zitiert: *Du wirst gefragt ...*

EZRA POUND
(1885–1972)

In dem Münzamt, wo sein Vater staatlicher Münzprüfer war, sah der kleine Ezra eine Goldwaage im Glashaus. Auf ihr wog der Vater sogar den Namen eines Mannes auf der Visitenkarte: »Ganz einfach. Erst wiegt man die Karte, dann läßt man den Betreffenden seinen Namen mit Bleistift darauf schreiben; dann wiegt man die Karte mit dem Namenszug.« Wo ist die Waage für Ezra Loomis Pound, geboren 1895 in Hailey/Idaho? Was könnte sie meinen? Pounds Leidenschaft für Reinheit und Gewicht poetischer Sprache? Oder, unmetaphorisch, sein lebenslanges Affiziertsein vom Geldproblem, den manischen Kampf gegen Wucher, »Usura«? — Pound war ein amerikanischer Homer, er mußte sich seine Tradition wie seinen Avantgardismus selber zimmern. Er betrieb seine »Selbstmodernisierung« in London, Paris oder Rapallo jedoch nicht für sich allein. Seine Maieutik machte ihn zum Ziehvater einer ganzen Generation. Er propagierte Joyces *Ulysses* und machte durch seinen »Kaiserschnitt« Eliots *Waste Land* zum Jahrhundertgedicht. Pound ging es um die »Erfindung eines zeitgenössischen Ausdrucks für die Dichtung«. Er wurde nicht müde, seinen *Leseplan (How to Read)* und seine Didaktik von *Wort und Weise (motz el son)* zu propagieren. Für angehende Dichter sind seine Definitionen noch heute hilfreich: so die Unterscheidung von »Melopoeia«, »Phanopoeia« und »Logopoeia« als den drei Arten, die Sprache zu laden und zu spannen. In der Trias »Image«, »Persona«, »Ideogramm« liefert uns Pound die Schlüsselbegriffe für sein eigenes Werk. Er meinte, es sei besser, ein einziges »Image«

dargestellt zu haben, als dicke Bände zu verfassen, und doch suchte Pound den Weg, nach der imagistischen Methode lange Gedichte zu schreiben. Er fand die Antwort in der »Persona«, der Maske, und im »Ideogramm«, dem chinesischen Schriftzeichen. Das Subjekt als Schauspieler-Maske ermöglichte ein lyrisches Epos, das Lebensunternehmen der *Cantos*. In den besten Passagen bestehen sie aus vielschichtigen Konstellationen, aus der Allbezüglichkeit der Gestalten wie der Zeichen. Pound hat das Unmögliche versucht: Mythos und Geschichte zusammenzubiegen. »Ich bin kein Halbgott. Es will sich mir nicht einfügen«, lautet die Bilanz des Gescheiterten. Hier liegt auch der Grund für Pounds politisches Versagen: der Dichter der Metamorphose verfiel einer fixen Idee: daß die Welt von Usura beherrscht und von Usura zu heilen sei — durch Botschaften an Politiker, an Roosevelt oder Mussolini, oder die Rundfunktiraden in Radio Roma. Er bezahlte seinen Irrtum mit der Gefangenschaft im Gorilla-Käfig des Pisaner Straflagers und dem langjährigen Aufenthalt in St. Elisabeth's, einer Anstalt für geistesgestörte Kriminelle. Nach seiner Entlassung verstummte Pound für die 13 Jahre, die ihm noch blieben. Sein letztes Wort in *Canto CXX* war die Bitte um Nachsicht: »Let those I love try to forgive / what I have made.«

Aus: *Pisan Cantos LXXXI* (Ü: Eva Hesse). Aus: Ezra Pound, *Pisaner Cantos*. Zürich: Arche 1985. — Notiz zu *Canto CXX: I have tried to write Paradise; Ich versuchte, ein Paradiso zu schreiben* (Ü: Eva Hesse). Aus: Canto CXV (Ü: Eva Hesse). Aus: Ezra Pound, *Letzte Texte*. Cantos CX-CXX Entwürfe und Fragmente. Zürich: Arche 1975.

SALVATORE QUASIMODO
(1901–1968)

stammte aus Modica in Sizilien und war Geometer bei der Straßenbauabteilung von Reggio di Calabria, später in der Lombardei. Elio Vittorini, mit einer Schwester Quasimodos verheiratet, führte ihn ins Florentiner Literatenmilieu ein. Der Band *Acque e terre* (1930) bedeutete für den jungen Lyriker den Durchbruch. Sehnsucht nach der »verlorenen« Heimatinsel, dem »Paradies der homerischen Kindheit«, ist ein Hauptmotiv seiner frühen Lyrik, die mit einem Muster lyrischer Urworte suggestive musikalische Effekte anstrebt. Quasimodos Hermetismus erschien als Ausdruck der Verweigerung gegenüber dem Faschismus. Nach Ausscheiden aus dem »genio civile« war Quasimodo im Verlagswesen tätig und erhielt 1941 »wegen seines glanzvollen Rufes« einen Lehrstuhl für italienische Literatur in Mailand. Später wurde er überwacht und mußte zeitweise im Untergrund leben. 1945 wurde er Mitglied der PCI, war aber nur wenige Jahre aktiv. 1959 erhielt Quasimodo den Nobelpreis. Die Entscheidung war in Italien heftig umstritten; immerhin waren Ungaretti und Montale übergangen worden. Die Polemik muß Quasimodo sehr verbittert haben. Er schrieb in seinen letzten Jahren nur noch wenig. — *Mailand, August 1943* bezieht sich auf das anglo-amerikanische Bombardement der Stadt. *Milano, Agosto 1943* erschien in dem Band *Giorno dopo giorno* (Tag um Tag) 1947.

Mailand, August 1943 (Ü: Harald Hartung).

Heute, nach zwei Kriegen ... Aus: *Italienische Literatur der Gegenwart.* Hg. J. Hösle/W. Eitel. Stuttgart: Alfred Kröner 1974.

RAYMOND QUENEAU
(1903–1976)

Queneau ist bei uns vor allem bekannt durch seinen (auch verfilmten) Bestseller *Zazie dans le métro* (1959); den literarisch Interessierten auch durch seine *Exercices du style* (endgültige Fassung 1963). Der studierte Mathematiker und Philosoph hat ein ungemein vielseitiges Werk vorgelegt und die Nachwelt mit einem intimen Tagebuch überrascht, aus dem hervorging, daß der Bürgerschreck und Sprachexperimentator ein tief religiöser Mensch war. Im Kontext Lyrik interessiert, daß Queneau 1960 Mitbegründer der experimentellen Gruppe *Oulipo* (Ouvroir de littérature potentielle) war.

La Chair chaude des mots. Aus: Raymond Queneau, *Le chien à la mandoline.* Paris: Gallimard 1965.

Das heiße Fleisch der Wörter (Ü: Ludwig Harig). Aus: Ludwig Harig, *Hundert Gedichte.* München und Wien: Carl Hanser 1988.

GRAIG RAINE
(*1944)

aus dem County Durham ist Begründer der jüngsten englischen Dichterschule, der *Martian-School,* benannt nach seinem 1979 erschienenen Gedichtband *A Martian Sends a Postcard Home* (Ein Marsmensch schickt seinen Leuten eine Postkarte). Drastischer, aber intellektueller Humor und die Lust an ungewohnten Bildkombinationen gelten als Kennzeichen der »Martians«; sie nehmen, was sie verwenden können, aus der Tradition. Auch James Fenton und Andrew Motion werden ihnen zugerechnet. Raine ist heute Lyrik-Lektor im Verlag Faber & Faber.

Ein Marsmensch schickt seinen Leuten eine Postkarte (Ü: Manfred Allié. Aus: *Schreibheft* 28/1985.

JANNIS RITSOS
(1909–1990)

Im Mai 1936 ging ein Foto durch die griechische Presse; es zeigt den Ausdruck reiner Klage: Eine Frau weint mitten auf der Straße um ihren getöteten Sohn. Die

Polizei des Generals Metaxas hatte in Saloniki auf streikende Tabakarbeiter geschossen. Der damals 27jährige Lyriker Jannis Ritsos brachte das grobgerasterte Foto zum Sprechen. Der Gedichtzyklus *Epitaphios* machte ihn über Nacht berühmt. Ritsos wurde für Jahrzehnte zur Symbolfigur eines gewaltlosen Widerstands. — Nach dem deutschen Einmarsch von 1941 engagierte er sich im Widerstand, mußte aber 1942–1944 (wie schon Ende der zwanziger Jahre) erneut Lungensanatorien aufsuchen. In den bürgerkriegsähnlichen Nachkriegsjahren wurde er antinationaler Umtriebe verdächtigt und 1948 nach Limnos, dann nach Makronissos deportiert. Seine Gedichte schrieb er heimlich, ein Holzbrett auf den Knien, in winziger Schrift auf das Papier von Zigarettenpackungen. Die ihm abverlangten Reueerklärungen unterschrieb er nicht. Er revozierte auch später nicht, als die Obristenjunta den inzwischen hochrenommierten Dichter nach Jaros und Leros verbannte. Erst 1974, nach dem Sturz der Junta, kam Ritsos endgültig frei. Die Orte der Verbannung, die kargen Inseln mit den Gefangenentrakten, prägten die Szenerie seiner Lyrik: die urtümliche Landschaft wird durch die Signale der Gewalt verfremdet. Das ist Ritsos' »Gräzität«.

Gräzität; Durchsuchung (Ü: Armin Kerker). Aus: Jannis Ritsos, *Unter den Augen der Wächter*. Gedichte. München und Wien: Carl Hanser 1989.

DENIS ROCHE
(*1937)

wurde in Paris geboren, publizierte Anfang der sechziger Jahre seine ersten Gedichte, trat 1963 in die Redaktion von *Tel Quel* ein und verließ 1969 die Zeitschrift. Im g eichen Jahr erschien *Mécrit,* sein letzter Gedichtband. Seitdem wandte Roche sich dem Essayismus und der Photographie zu und schreibt keine Lyrik mehr, da die Poesie »unmöglich« geworden sei.

Erzählen Sie mir rasch, Madame (Ü: Eugen Helmlé). Aus: *Résonances*. Französische Lyrik seit 1960. München: Peter Kirchheim 1989.

DAVID ROKEAH
(1916–1985)

Seine Anrufe waren berühmt. Hatte man eine Zeitlang nicht an ihn gedacht, so kamen sie: aus Zürich, München, aus Tel Aviv oder Jerusalem, wo Rokeah seit 1934 lebte und sein Brot als Elektroingenieur verdiente. Eine rauhe kehlige Stimme; nach der Frage nach dem Ergehen war die Rede von seinen Gedichten. Für sie lebte er, und sie lebten für ihn. Für sie tat er alles und freute sich, wenn andere etwas dazu taten: die Rezensenten, vor allem seine Übersetzer, darunter Nelly Sachs, Paul Celan, H. M. Enzensberger und Erich Fried. Er war so bescheiden wie monoman. Auch wer ihn über Jahre kannte, wird ihn kaum über seine Biographie haben sprechen hören. Daß er 1916 in Lemberg geboren wurde und 1934 nach Palästina emigrierte, mußte man seinen Büchern entnehmen. Sie erschienen seit Anfang der sechziger Jahre auch in Deutschland. Rokeahs Poesie ist weder sentimental noch exotisch, sie ist mythisch und real zugleich, sie zeigt die Topographie Israels: Funktürme, Stacheldraht und »Große Panzer / Rohre auf ihnen«. Jerusalem war für Rokeah die Stadt des Kampfes und der Hoffnung: »Eigentlich bin ich hier geboren.« Gestorben ist Rokeah in Deutschland, in Duisburg, nach einer Lesung.

Vita; Herbst 1971 (Ü: Erich Fried). Aus: David Rokeah, *Wo Stachelrosen wachsen.* Frankfurt/Main: S. Fischer 1976.

JACQUES ROUBAUD
(*1930)

ist Mathematiker wie Raymond Queneau, doch vielleicht noch mehr darauf versessen, mathematische Prinzipien poetisch durchzuspielen. Er hat mit Queneau und anderen an *Oulipo,* der Werkstatt für potentielle Literatur, teilgenommen; ferner schrieb er mit Octavio Paz, Edoardo Sanguineti und Charles Tomlinson in einem Pariser Hotel das erste europäische Ketten-Gedicht *(Renga,* 1971). Roubauds erster Lyrikband erschien 1967: ε (Epsilon; verstanden als »Zugehörigkeit«, »Element von . . .«); ein Werk aus 361 Texten (überwiegend Sonetten), entsprechend den 180 weißen und 181 schwarzen Steinen des Go-Spiels. *O glib o liebe* fungiert unter GO 69.

O glib o liebe; — O Glib o Liebe (Ü: Ludwig Harig). Aus: *Résonances.* Französische Lyrik seit 1960. München: Peter Kirchheim 1989.

TADEUSZ RÓŻEWICZ
(*1921)

wurde in Radomsko (bei Tschenstochau) geboren. Er überlebte die deutsche Besatzung, erst als Arbeiter, dann als Partisan. Nach dem Krieg studierte er in Krakau Kunstgeschichte. Mit dem Band *Unruhe* (1947) wurde er zum Sprecher der Überlebenden, zum Begründer einer neuen Poetik. Überzeugt, daß das frühere »ästhetische Erlebnis« tot sei, forderte er ein »direktes« Sprechen, das auch der Banalität ihr Recht wiedergeben sollte. Er rebellierte dagegen, daß die Poesie, als wäre nichts geschehen, das »Ende der Welt« überlebt hatte, und schuf eine »Poesie für Entsetzte«, »für Überlebende«; eine prosanahe Lyrik ohne Metaphern. Różewicz zeigt ostentative Distanz zu literarischen Gruppierungen und zur politischen Ideologie. Der Autor wohnt seit 1968 in Wrocław (Breslau) und reist viel ins Ausland.

Kleiner Zopf; An den Verstorbenen; Entwurf eines zeitgenössischen Liebesgedichts (Ü: Karl Dedecius). Aus: Tadeusz Różewicz, *Gedichte, Stücke.* Frankfurt/Main: Suhrkamp 1983.

Ich kann nicht begreifen ... Aus: Theorie der modernen Lyrik. Hg. Walter Höllerer, Reinbek: Rowohlt 1965.

NELLY SACHS
(1891–1970)

Als Nelly Sachs 1966, zusammen mit Samuel Josef Agnon, den Nobelpreis für Literatur erhielt, verfaßte sie aus diesem Anlaß den folgenden lapidaren Lebenslauf: »N.S., geb. am 12.10.1891 in Berlin. Am 16. Mai 1940 als Flüchtling mit meiner Mutter nach Schweden gekommen. Seit 1940 in Stockholm wohnhaft, als Schriftstellerin und Übersetzerin tätig.« — Ihr Briefwechsel mit Selma Lagerlöf, den die fünfzehnjährige Berlinerin aus großbürgerlichem jüdischem Hause aufgenommen hatte, sollte für Nelly Sachs und ihre Mutter zur Rettung vor dem Tod im KZ werden. Die eigene Lyrik, grundiert von dieser Erfahrung, vor allem auch vom Schicksal ihres im KZ umgebrachten Bräutigams, half ihr weiterzuleben: »Ich schrieb, um zu überleben. Ich schrieb wie in Flammen.« Freilich zwang die immer wieder aufbrechende Todesangst die Dichterin zur zeitweiligen Zuflucht in Kliniken und Sanatorien. Der Aufbau-Verlag veröffentlichte 1947 ihren ersten Band *In den Wohnungen des Todes,* der auch *O die Schornsteine* enthält. Peter Huchel druckte sie in *Sinn und Form.* H. M. Enzensberger warb für ihre Lyrik in einem Essay, in dem es heißt: »Ihr Werk enthält kein einziges Wort des Hasses. Den Henkern und allem, was uns zu ihren Mitwissern und Helfershelfern macht, wird nicht verziehen und nicht gedroht. Ihnen gilt kein Fluch und keine Rache. Es gibt keine Sprache für sie. Die Gedichte sprechen von dem, was Menschengesicht hat: von den Opfern. Das macht ihre rätselhafte Reinheit aus.«

O die Schornsteine. Aus: Nelly Sachs, *Die Fahrt ins Staublose.* Frankfurt/Main: Suhrkamp 1961.

EDOARDO
SANGUINETI
(*1930)

ist in Genua geboren, lebte in Turin und lehrt in Salerno und in Genua italienische Literatur. Er gehört mit Nanni Balestrini, Elio Pagliarani und Alfredo Giulani zur avantgardistischen *Gruppe 63* und der ihr nahestehenden Zeitschrift *Il Verri,* in der wichtige Beiträge zur modernen Poetik erschienen (u.a. Charles Olsons Essay über den Projektiven Vers). Sanguineti versucht in Prosa und Theaterarbeit (etwa der Bearbeitung von Ariosts *Orlando Furioso)* Poesie und Engagement zu vereinigen. Das gilt auch für seine Lyrik, in der Linguistik, Soziologie und Psychoanalyse zusammenkommen. Sie arbeitet mit (oft mehrsprachigen) Zitaten, Anspielungen und Fragmentierungen. Die wichtigsten Titel sind: *Laborintus* (1956), *Opus metricum* (1960), *Triperuno* (1964), *Wirrwar* (1972), *Bisbidis* (1987).

Aus: *Fegfeuer der Hölle* (Ü: Arianna Giachi). Aus: *Ein Gedicht und sein Autor,* Hg. Walter Höllerer. Berlin: Literarisches Colloquium 1969. Daraus zitiert: *Man tut so . . .*

IZET SARAJLIĆ
(*1930)

stammt aus Doboj (Bosnien). Er studierte an der philosophischen Fakultät in Sarajevo und arbeitete an der Zeitschrift *Zora* mit, in der seine ersten Gedichte erschienen. Sarajlic lebt als Verlagslektor in Sarajevo und ist als Reiseschriftsteller und als Übersetzer aus dem Russischen hervorgetreten.

Zum Andenken an den Schäferhund Blondi (Ü: H. M. Enzensberger).

LÉOPOLD SÉDAR SENGHOR
(*1906),

Staatsmann und Dichter, Senegalese, der französisch schreibt und den Begriff der »négritude« konzipierte, entstammt der französisch-senegalesischen Doppelkultur. In der katholischen Mission erzogen, weigerte er sich auch später, Christentum und Kolonialismus gleichzusetzen. Mitschüler von Georges Pompidou am Lycée Louis-Le-Grand, bestand er als erster Schwarzer die Agrégation. 1941 geriet er in Gefangenschaft. 1945 erschien sein erster Gedichtband *Chants d'ombre* (Schattengesänge). Seine politische Karriere führte ihn zur Präsidentschaft der Republik Senegal. 1968 erhielt er den Friedenspreis des deutschen Buchhandels, 1983 wurde Senghor Mitglied der Académie française.

Dem Guélowâr (Ü: Jahnheinz Jahn). Aus: Léopold Sédar Senghor, *Wir werden schwelgen, Freundin.* Berlin: Volk und Welt 1984.

ANNE SEXTON
(1928–1974),

geboren in Newton (Massachusetts), arbeitete als Mannequin und war mehrfach in Nervenheilanstalten. Nach dem ersten von mehreren Selbstmordversuchen ermutigte ein Psychiater sie, Gedichte zu schreiben. Wie Sylvia Plath nahm sie an Lowells Bostoner Poesie-Seminar teil. Für *Live or Die* (1966) erhielt sie den Pulitzer Preis. Mehrere Ehrendokrate folgten. Auf dem Höhepunkt ihrer Karriere vergiftete sie sich mit Autoabgasen.

Die schwarze Kunst (Ü: Barbara von Bechtolsheim). Aus: *Akzente* 4/1986.

BORIS SLUZKI
(*1919)

studierte Jura in Moskau und wurde im Krieg schwer verwundet. Nach dem Krieg übersetzte er Chamisso, Heine, Keller und Brecht: »Die Wurzeln dafür führen zurück in jenen ersten Kriegswinter bei Moskau, in die trokkene, windstille Frostluft von vierzig Grad, die die Laute aus dem Blechtrichter so gut weitertrug, wenn ich hineinschrie: Es lebe Goethe!« Sein erster Gedichtband *Gedächtnis* erschien erst 1957, durch die Vermittlung von Ilja Ehrenburg. Eine Reihe seiner Gedichte konnte jahrelang nicht publiziert werden: »Meine besten Gedichte / macht mir niemand kaputt, / die bewahrt die Geschichte / unter all ihrem Schutt.«

Ich übertrage Brecht (Ü: Heinz Czechowski). Aus: Boris Sluzki, *All das Welteneis zu schmelzen.* Berlin: Volk & Welt 1977.

GÖRAN SONNEVI
(*1939)

stammt aus der südschwedischen Universitätsstadt Lund und ist ein überaus produktiver Lyriker mit bemerkenswert hohen Auflagen. Sein Gedicht *Über den Krieg in Vietnam* (1965) löste in Schweden eine breite Debatte aus. Ein späteres Gegenstück heißt *Über den Krieg in Afghanistan* (1983). In einem Gedicht von 1972 heißt es in eigener Sache: »Und meine Sprache? Analytisch / und synthetisch zugleich / leer und voll zugleich / vollendet und unvollendet / vernünftig und unvernünftig / eingeschlossen in die / kristallene Zwangsjacke dieser Gesellschaft / hineintastend in die / Finsternis meines Lebens«.

Trauermantel; Lebenskrone, Todeskrone (Ü: Klaus-Jürgen Liedtke). Aus: Göran Sonnevi, *Sprache; Werkzeug; Feuer.* Gedichte 1975–87. Münster: Kleinheinrich 1989.

MARIN SORESCU
(*1936)

ist in Bulzesti geboren und lebt in Bukarest; er gilt als wichtigster rumänischer Lyriker der Gegenwart. Oskar Pastior, sein Übersetzer, schreibt über ihn: »Seine Gedichtbände erscheinen in hohen Auflagen und sind ungewöhnlich beliebt, auch beim kleinen Mann in Stadt und Land. Man könnte fast sagen, dieser brave und bedachtsame, schüchterne und sensible, nie sich zornig oder pathetisch gebende Volkspoet hat wie keiner seiner ernsthermetischen (oder visionär beschwörenden) Kollegen bei seinen Lesern jene Tugend gefördert, die offiziell ›Liebe zur Poesie‹, sonst aber ›zwischen den Zeilen lesen‹ heißt.«

Ozean, von Schiffen unterbrochen; Auf der Suche nach einem Bild von Hegel (Ü: Oskar Pastior). Aus: Marin Sorescu, *Abendrot Nr. 15.* München: Piper 1985. Daraus zitiert: *Der Dichter ist ein Denker . . .*

WALLACE STEVENS
(1879–1955)

Er galt lange als der große Unbekannte der modernen Dichtung, als Autor ohne Biographie. In Reading (Pensylvania) geboren, studierte Stevens in Harvard, arbeitete kurze Zeit als Reporter, dann bis an sein Lebensende in einer Großversicherung, ab 1934 als ihr Vizepräsident. Er erhielt die großen amerikanischen Lyrik-Preise und wirkte auf die nachfolgenden Dichter (John Ashbery, Elizabeth Bishop u.a.) wie auf die akademische Kritik (vor allem auf die Vertreter des Dekonstruktivismus). Für Stevens war Dichtung Leben, Dichtungstheorie Lebenstheorie. Seine Lyrik — *Harmonium* (1923), *Ideas of Order* (1935), *The Man With the Blue Guitar* (1937), *The Collected Poems* (1954) — folgt dem Konzept einer großen Utopie, dem Entwurf einer lyrischen Gegenwelt, niedergelegt in dem 1942 erschienenen Langgedicht *Notes Toward a Supreme Fiction* (Aufzeichnungen für eine höchste Fiktion). Zentral ist für ihn der Glaube, »daß das Sichtbare das Äquivalent des Unsichtbaren ist«. Poesie erscheint als Mittel der Erkenntnis. Sie ist — mit einem Gedicht und dem Titel einer deutschen Auswahl — *Der Planet auf dem Tisch.*

Kadenzen im Krieg (Ü: Kurt Heinrich Hansen). Aus: Wallace Stevens, *Der Planet auf dem Tisch.* Gedichte und Adagia. Übertragung und Nachwort von Kurt Heinrich Hansen. Stuttgart: Klett-Cotta 1983.

SUGAWARA KATSUMI (*1911)

ist auf der japanischen Insel Honshu geboren. Er wurde mit neunzehn von der Schule verwiesen, weil er sich an Aktivitäten kommunistischer Studenten beteiligt hatte. 1935 wurde er wegen »illegalen Verhaltens« inhaftiert — worauf das zwanzig Jahre später publizierte Gedicht *Der Stuhl* anspielt. 1947 trat Katsumi offen der kommunistischen Partei bei und verließ sie 1961, als der Dichter Kuroda Kio ausgestoßen wurde.

Der Stuhl (Ü: Christoph Langemann). Aus: *Mensch auf der Brücke.* Zeitgenössische Lyrik aus Japan. Frankfurt/Main: Insel 1989.

JULES SUPERVIELLE (1884–1960)

In Montevideo als Kind französischer E tern geboren, wurde Supervielle zu einem Vermittler zwischen französischer und südamerikanischer Literatur. Im ersten Weltkrieg war er bei der französischen Spionageabwehr tätig und entdeckte in einem Brief eine Mitteilung mit unsichtbarer Tinte, die zur Enttarnung der Spionin Mata Hari führte. Supervielle korrespondierte mit Rilke und war mit Thomas und Heinrich Mann bekannt. Pau Celan hat 35 seiner Gedichte ins Deutsche gebracht. Das Klagegedicht *Paris* wurde 1940 in Uruguay geschrieben — zur Zeit der militärischen Niederlage Frankreichs und während eines faschistischen Putschversuchs in Uruguay.

Paris (Ü: Paul Celan). Aus: Paul Celan, *Gesammelte Werke,* Bd.4. Frankfurt/Main: Suhrkamp 1983.

Paris. Aus: *Choix de Poèmes.* Paris: Gallimard 1947.

WISŁAWA SZYMBORSKA (*1923)

wurde in Kórnik bei Posen geboren und studierte in Krakau, wo sie auch heute lebt, polnische Philologie und Soziologie. Sie debütierte 1952 mit *Deshalb leben wir*. Ihr zentraler Gedichtband ist *Salz* (1962), »ein lyrisch geschriebenes Lehrbuch der Verhaltensforschung« (Karl Dedecius). Sie scheut poetische Manifeste in eigener Sache: »Ich würde mir vorkommen wie ein Insekt, das aus unbegreiflichen Gründen sich selbst in eine Gablotte treibt und auf eine Nadel aufspießt.«

Die zwei Affen von Breughel; Vietnam; Eindrücke aus dem Theater (Ü: Karl Dedecius). Aus: Wisława Szymborska, *Deshalb leben wir*. Frankfurt/Main: Suhrkamp 1980.

TAMURA RYŪICHI (*1923)

stammt aus Tokio und begründete schon 1938 mit einem Freund eine Zeitschrift, trat 1941 in die Literaturabteilung der Meji-Universität ein, leistete Kriegsdienst in der Kaiserlichen Marine und veröffentlichte bis in die sechziger Jahre vor allem Lyrik, seitdem auch eine Reihe essayistischer und theoretischer Texte. Er gehört zu der 1947 gegründeten Dichtergruppe *Arechi* (Das wüste Land). *Hoshinos Wink* erschien erstmals in der *Arechi-Anthologie* 1957.

Hoshinos Wink (Ü: Peter Ackermann). Aus: *Mensch auf der Brücke*. Zeitgenössische Lyrik aus Japan. Frankfurt/Main: Insel 1989.

Meine Botschaft an einen dichtenden Oberschüler ... (Ü: Siegfried Schaarschmidt). Aus: *Akzente* 5/1990. © Carl Hanser Verlag, München und Wien 1990.

TANIKAWA SHUNTARŌ (*1931)

ist einer der produktivsten und erfolgreichsten Lyriker Japans. Schon der 34jährige bekam eine Gesamtausgabe seiner Arbeiten. Tanikawa wurde in Tokio geboren, wo er noch heute lebt. Als Sohn eines Kritikers und Philosophen in einem privilegierten intellektuellen Ambiente aufgewachsen, verzichtete er auf eine Universitätsausbildung und betrieb seine literarische Karriere. Er debütierte 1952 mit dem Gedichtband *Die Einsamkeit von zwei Milliarden Lichtjahren*. Sein zweiter Band *62 Sonette* überträgt die europäische Form auf sehr freie Weise (unter Verzicht auf den Reim) ins Japanische. Spätere Sammlungen orientieren sich an Jacques Prévert, den Tanikawa ins Japanische übersetzte. Tanikawa schrieb auch Kinderlieder, Lautgedichte und Nonsense-Verse. In *Pseudo-Fragmente* dichtet er die Mythen und Gesänge eines fiktiven Volkes; im *Katalog der japanischen Sprache* greift er die Collage-Techniken der experimentellen

Literatur auf. Andererseits schrieb Tanikawa eine Zeitlang für eine Wochenzeitung Gedichte über Tagesereignisse.

Die Einsamkeit von zwei Milliarden Lichtjahren; 15. August; Geschrieben in der 14. E. 28th Street New York (Ü: Eduard Klopfenstein). Aus: *Picknick auf der Erdkugel.* Frankfurt/Main: Insel 1980. Daraus zitiert: *Es ist mir jetzt nicht mehr gegenwärtig . . .*

D. M. THOMAS
(*1935),

genauer Donald Michael Thomas, stammt aus Redruth (Cornwall), studierte Anglistik in Oxford, unterrichtete an Universitäten und ist jetzt freier Autor, Verfasser von mehreren Romanen und Gedichtbänden, in denen das erzählerische Moment unverkennbar ist. *Wien. Zürich. Konstanz* erschien in dem Band *The Honeymoon Voyage* (1978).

Wien. Zürich. Konstanz (Ü: Harald Hartung). Aus: *Jahresring 83/84.* Stuttgart: DVA 1983.

TOMAS
TRANSTRÖMER
(*1931)

ist in Stockholm geboren, studierte Psychologie, arbeitete in einer Anstalt für kriminelle Jugendliche und war als Berufsberater tätig. Seit 1954 hat er eine Reihe von Gedichtbänden vorgelegt, sich aber mit theoretischen Verlautbarungen sehr zurückgehalten. In einer Äußerung von 1968 vergleicht er das Gedicht mit einem »Bahnknotenpunkt, wo sich Züge aus allen Richtungen treffen«. So ergebe das Gedicht einen neuen Kommunikationspunkt, von dem aus die Wirklichkeit zwar nicht erklärt, aber in einer neuen Beobachtungsweise gezeigt werden könne. Schon in seinen frühen Gedichten gab es so frappierende Bilder wie »Die Zeitung, großer schmutziger Schmetterling« oder »Schweden ist ein abgetakeltes Schiff« — eine Formulierung, in der Peter Szondi neben den beiden verknüpften Begriffen »(Schweden«, »abgetakeltes Schiff«) ein Drittes zu erkennen glaubte, für das es kein Wort gibt. In diesem »Dritten« liegt Tranströmers eigentümliche Leistung: es ist ein imaginärer Raum, aus dem ein kühles, aber intensives Licht auf Menschen und Dinge fällt. Lars Gustafsson sieht in Tranströmers Gedichten die Intention, den »Zustand vor dem Sündenfall« wiederherzustellen, einen Zustand, in dem die Wahrnehmungen *sinnvoller* erscheinen als jetzt.

Offene und geschlossene Räume; Das Paar (Ü: Pierre Zekeli). Aus: Tomas Tranströmer, *Formeln der Reise.* Berlin: Volk und Welt 1983.

Ich sehe ein Gedicht . . . Aus: *Sprache im technischen Zeitalter* 31/1969.

HONE TUWHARE
(*1922),

Maori von der Nordinsel Neuseelands, ist von Beruf Kesselschmied und arbeitete bei New Zealand Railways in Dunedin (Südinsel). Seine Gedichtsammlung *No Ordinary Sun* (1964) war das erste Buch eines Maori-Gegenwartsautors und bildete den Auftakt einer Maori-Renaissance in der Literatur. Ein Sammelband von Tuwhares Lyrik erschien bei Penguin: *Mihi. Collected Poems* (1987). 1985 war der Autor Gast des DAAD in Berlin.

Nicht von Wind verwüstet (Ü: Axel Vieregg). Aus: *Akzente* 1/1971.

Liebende (Ü: Hone Tuwhare, Irmela Brender). Aus: Straelener Manuskript 3, o.J.

GIUSEPPE UNGARETTI (1888–1970)

wurde 1888 in Alexandria in Ägypten als Sohn italienischer Emigranten geboren. 1912 bis 1914 studierte er in Paris (u.a. bei Bergson) und lernte Apollinaire, Max Jacob, Bracque und Picasso kennen. Im Ersten Weltkrieg war Ungaretti Soldat an der österreichischen Front und ließ in Udine seine ersten Gedichte erscheinen. Ab 1921 lebte er in Rom als Mitarbeiter im Pressebüro des Außenministeriums und stand politisch dem Faschismus nahe. 1936 ging Ungaretti nach Brasilien und lehrte in São Paulo italienische Literatur. Nach dem frühen Tod seines Sohnes Antonio kehrte der Dichter nach Italien zurück. 1942 wurde er Professor in Rom und unterrichtete bis ins hohe Alter italienische Literatur. Zwar will Ungaretti eine »poesia pura«, aber nicht im bloß ästhetischen, sondern auch im moralischen Sinne. Er betitelt sein Lebenswerk *Vita d'un uomo* (Ein Menschenleben) und bekennt im Vorwort zur zweiten Ausgabe von *L'Allegria* (1931): »Dieses alte Buch ist ein Tagebuch. Der Autor hat keine andere Ambition und glaubt, daß auch die großen Dichter keine andere gehabt haben, als eine schöne Biographie zu hinterlassen.« Oft datiert er seine Gedichte, so die im Ersten Weltkrieg entstandenen Verse von der Front. Äußerste Sparsamkeit der sprachlichen Mittel läßt dennoch viele Texte hermetisch, ja kryptisch erscheinen. Noch der zweiundachtzigjährige Dichter verteidigte temperamentvoll den Hermetismus.

Finale; Per sempre. Aus: Giuseppe Ungaretti, *Vita d'un uomo.* Milano: Arnoldo Mondadori Editore, 1966. — *Finale; Für immer* (Ü: Ingeborg Bachmann). Aus: Giuseppe Ungaretti, *Gedichte.* Frankfurt/Main: Suhrkamp 1961. — *Finale; Für allezeit* (Ü: Paul Celan). Aus: Giuseppe Ungaretti, *Das verheißene Land. Das Merkbuch des Alten.* Frankfurt/Main: Suhrkamp 1968.

Auf immer (Ü: Hilde Domin). Aus: *Gesammelte Gedichte.* Frankfurt/Main: S. Fischer 1987.

Hat der Hermetismus ... Aus: *Das literarische Profil von Rom.* Hg. G. Bisinger/W. Höllerer. Berlin: Literarisches Colloquium 1970.

MIROSLAV VÁLEK
(*1927)

Der slowakische Lyriker Miroslav Válek ist in Trnava geboren, er studierte Literatur, war Redakteur verschiedener Kulturzeitschriften, schrieb einige Kinderbücher und übersetzte Wosnessenskij und Gennadij Ajgi. Seine eigene Lyrik ist vom Symbolismus und Surrealismus beeinflußt, wahrt aber Distanz durch Ironie.

Die Empfindlichen (Ü: Michael Arndt). Aus: Miroslav Válek, *Gedichte*. Frankfurt/Main: Suhrkamp 1969.

JOSÉ ÁNGEL VALENTE
(*1929)

aus Orense (Galizien), studierte Jura und Romanistik, war Spanischlektor in Oxford, Übersetzer für die World Health Organisation in Genf und lebt heute in Almería. Er übertrug Lyrik von Celan, Montale, Kavafis und veröffentlichte eine Reihe von Gedichtbüchern, u.a. *A modo de esperanza* (1955) und *Mandorla* (1982), das schon im Titel auf Celan verweist, den Valente sehr schätzt.

Kriegszeit (Ü: Gustav Siebenmann, José Manuel López). Aus: *Spanische Lyrik des 20. Jahrhunderts*. Stuttgart: Reclam 1985.

DEREK WALCOTT
(*1930),

auf der karibischen Insel St. Lucia geboren, entstammt einer Mischkultur aus afrikanischen, englischen, französischen, kreolischen und spanischen Elementen, die er in seinem poetischen Werk zu einer faszinierenden Synthese führt. Walcott ist seit den fünfziger Jahren mit Dramen hervorgetreten (darunter *Dream on Monkey Mountain*, 1967), die, wie die Stücke Eliots, von den Möglichkeiten der Lyrik profitieren. Der Lyriker Walcott — so sein deutscher Übersetzer Klaus Martens — »schreibt die innere und äußere Geographie seines Archipels neu und setzt sie auf die poetische Landkarte. Er schreibt ihren Ort in die Realität des tatsächlich Vorhandenen ein, in das tatsächliche Chaos aus Wellblechhütten und Touristenhotels und die Unruhe hinter den pastoralen Fassaden auf Bildern der Werbung, die in Frankfurt, London und New York gedruckt werden«.

Karte der neuen Welt (Ü: Klaus Martens). Aus: Derek Walcott, *Das Königreich des Sternapfels*. München und Wien: Carl Hanser o. J. Zitiert aus dem Vorwort: *Sprache und Ozean* (Joseph Brodsky).

IMMANUEL WEISSGLAS
(1920–1979)

war Mitschüler von Paul Celan am Czernowitzer Gymnasium. Er muß sich wohl bemüht haben, Ce an für eine Dichterfreundschaft zu gewinnen. Rose Ausländer bezeugt dagegen: »Es gab keine Gemeinsamkeit zwischen Paul Antschel und Immanuel Weißglas. Ein jeder las bei mir eigene

Gedichte vor. Ich hörte niemals von einer Zusammenarbeit.« Weißglas hatte das KZ am Bug überlebt und veröffentlichte in Bukarest den Gedichtband *Kariera am Bug* (1947). Heinrich Stiehler hat auf einige motivische Parallelen zwischen den frühen Gedichten Ce ans und Weißglas' aufmerksam gemacht *(Akzente* 1/1972). Sie tun freilich der Bedeutung und Originalität Celans keinen Abbruch. Weißglas' auf 1944 datiertes Gedicht *Er* erschien erst 1970 im Druck.

Er. Aus: *Neue Literatur* (Bukarest) 2/1970.

IVAN WERNISCH
(*1942)

Der Prager Ivan Wernisch konnte bis 1970 fünf Bände Lyrik publizieren. Die Jahre der sogenannten Normalisierung überstand er als Hilfsarbeiter, zuletzt als Nachtwächter. Seit 1990 ist er Redakteur der Wochenzeitung »Literarní Noviny«.

Josef Ř. zum Gedächtnis (Ü: Konrad Balder Schäuffelen). Aus: Ivan Wernisch, *Es beginnt der gestrige Tag.* Berlin: Friedenauer Presse 1990.

WILLIAM CARLOS WILLIAMS
(1883–1963)

figuriert in dieser Sammlung als einer der Erzväter der modernen Poesie, Vorbild und Anreger für mehrere Generationen von Dichtern, und nicht bloß amerikanischen. — Der Student begegnete Ezra Pound und Hilda Doolittle. Der junge Arzt veröffentlichte seinen ersten Gedichtband im Selbstverlag und verkaufte 4 Exemplare. Der Dichter aus Rutherford blieb an seinem Geburtsort und ging seinem Arztberuf nach: »Ein derartig zurückgezogenes Dasein hat einen großen Vorzug. Man behält den halbwegs klaren Kopf und kann nachdenken. Meine Art nachzudenken, ist in erster Linie mein Gekritzel (. . .) Fünf Minuten, zehn Minuten lassen sich immer erübrigen. Die Schreibmaschine stand im Schreibtisch meiner Praxis bereit. Ich brauchte nur die Platte herauszuziehen, auf der sie befestigt war, und schon konnte ich mich an die Arbeit machen (. . .) Mitten im Satz kam oft ein Patient zur Tür herein.« Was Williams sein »Gekritzel« nannte, führte zu den snapshots, den glimpses, den Epiphanien seiner Gedichte, zum lakonischen Raffinement seiner lyrischen Miniaturen (etwa der von den Pflaumen im Eisschrank), aber auch zu dem langen Gedicht *Paterson,* kurz: zu Texten, von denen die verschiedensten Talente lernen konnten. Allen Ginsberg, dem Williams das Vorwort zu *The Howl* schrieb: »Und so ist Williams eigentlich der wahre Held der ersten Hälfte des amerikanischen Jahrhunderts, der das Werk Whitmans fortführt.« Und Robert Lowell ergänzt: »*Paterson* ist unser *Leaves of Grass.*«

This is Just to Say; — Nur damit du Bescheid weißt; Suzanne (Ü: H.M. Enzensberger). Aus:

William Carlos Williams, *Gedichte.* Frankfurt/Main: Suhrkamp 1962.

ANDREJ WOSNESSENSKIJ (*1933)

stammt aus Moskau, studierte Architektur und begann nach der ersten Entstalinisierungswelle zu veröffentlichen. Sein erstes wichtiges lyrisches Werk sind die *Vierzig Abschweifungen vom Poem Dreieckige Birne* (1962). Dessen Titel erklärt sich aus Wosnessenskijs USA-Reise 1961, aus der Faszination durch die Beleuchtungskörper der New Yorker Metro. »Abschweifungen« sind es im doppelten Sinne: einmal als Divagationen und Assoziationen zu heimatlichen Zuständen, zum andern als Abschweifungen vom noch ungeschriebenen Hauptwerk.

Striptease; Abschweifung über Abschweifungen; Selbstabschweifung (Ü: Eckhart Schmidt, Alexander Kaempfe). Aus: Andrej Wosnessenskij, *Dreieckige Birne.* Dreißig lyrische Abschweifungen. Frankfurt/Main: Suhrkamp 1963.

Ich denke, die Menschen fühlen . . . Aus: *Ein Gedicht und sein Autor.* Hg. Walter Höllerer. Berlin: Literarisches Colloquium 1967.

YASUSHI INOUE (1907–1991)

wurde auf Hokkaido, der nördlichen Insel Japans, geboren. Er verlebte seine Kindheit bei der Großmutter auf einem Dorf in den Bergen südlich Tokios, studierte in Fukuoka und Kyoto und schrieb seine Abschlußarbeit über die Lyrik Paul Valérys. 1936 trat er in die Redaktion der *Osaka Manichi-shimbun* ein und war dort bis 1951 im Kulturteil tätig. Inoue, der mit Lyrik begann, wurde vor allem als Erzähler berühmt; eine Gesamtausgabe seiner Romane und Erzählungen umfaßt 32 Bände. Viele Reisen führten ihn nach Europa, Amerika, in die Sowjetunion, den Orient und immer wieder nach China.

Der Truppentransporter; Vor Tagesanbruch (Ü: Siegfried Schaarschmidt). Aus: Yasushi Inoue, *Eroberungszüge.* Frankfurt/Main: Suhrkamp 1979.

ADAM ZAGAJEWSKI (*1945)

ist in Lemberg geboren und studierte in Krakau. Er gehört als Mitbegründer der Gruppe *Teraz* (Jetzt) zur jüngeren Generation der polnischen Lyrik, die von den politischen Ereignissen der Epoche nach 1968 geprägt wurde. Nach 1976 schloß Zagajewski sich der Bürgerrechtsbewegung KOR an und war Mitunterzeichner des *Briefes der 59.* 1979 hatte er ein DAAD-Stipendium für Berlin, seit Dezember 1982 lebt er in Paris.

Kierkegaard über Hegel; Niederlage (Ü: Karl Dedecius). Aus: Adam Zagajewski, *Gedichte.*

München und Wien: Carl Hanser 1989.

ANDREA ZANZOTTO (*1921)

Andrea Zanzottos vierter Gedichtband *La beltà* (etwa »Überprüfung der Schönheit«) wurde von keinem geringeren als Montale begrüßt: »Seine Dichtung ist eine höchst gelehrte und zugleich ein wahrer Kopfsprung in jenen Vor-Ausdrucksbereich, der dem artikulierten Wort vorausgeht und sich mit Litaneien von Synonymen zufriedengibt, die sich nur dank lautlicher Affinitäten zusammenschließen, die nicht mehr sind als ein Stammeln und Lallen, in Ausrufen und vor allem in Wiederholungsmustern.« Der solcherart charakterisierte Avantgardist ist zugleich ein Regionalist: Zanzotto, im venetischen Ort Pieve di Soligo geboren, Mittelschullehrer bis zu seiner frühzeitigen Pensionierung, hat seine Heimat nur zu wenigen Reisen verlassen. Die heimatliche Lokalität, dazu der Dialekt des Veneto inspirieren seine Dichtung; doch weder im Sinne eines veristischen Regionalismus noch einer folkloristischen Diatektpoesie. Sein erster Lyrikband ist *Dietro il paessagio* (Hinter der Landschaft) betitelt: die trevisanische Ebene wird zu einer mythischen Landschaft transformiert. Nach den für Fellinis Casanova-Film geschriebenen Dialektgedichten *Filò* (1976) erschien Zanzottos bisheriges Hauptwerk, eine lyrische Trilogie, bestehend aus *Il Galateo in bosco* (1978), *Fosfeni* (1983) und *Idioma* (1986). Die deutsche Auswahl *Lichtbrechung* ist ein ehrgeiziger Versuch, zu den experimentellen »Hypersonetten« und den Dialektgedichten deutsche Entsprechungen in Hochsprache und Dialekt zu finden.

Sonetto del che fare e che pensare; Aus: Andrea Zanzotto, *Il galateo in bosco.* Milano: Arnoldo Mondadori Editore 1978.

Sonett über was? Onde éli; Wou saintze; Wo sind sie (Ü: Donatella Capaldi, Ludwig Paulmichl, Peter Waterhouse). Aus: Andrea Zanzotto, *Lichtbrechung.* Graz: Droschl 1987.

In dem Gedicht »Botta e risposta« ... Aus: *Akzente* 1/1967.

VALENTINO ZEICHEN (*1938),

in Fiume, dem heutigen Rijeka geboren, lebt seit 1950 in Rom. Er veröffentlichte einen Roman und vier Gedichtbände, zuletzt *Musea interiore* (1987). »Seine Erzählungen in Versen überzeugen gerade im schwierigsten Moment, nämlich jenem des Schlusses, für den er eine einprägsame, ironische Moral findet« (Antonio Porta).

De Chirico II; Studentinnen (Ü: Karin Fleischanderl, Gerhard Kofler). Aus: *Akzente* 5/1988.

INHALT

MAGAZIN II: DIE FÜNFZIGER JAHRE

MAGAZIN III: DIE SECHZIGER JAHRE

MAGAZIN IV: DIE SIEBZIGER JAHRE

MAGAZIN V: DIE ACHTZIGER JAHRE

Für die freundliche Abdruckgenehmigung danken wir allen Rechteinhabern. Leider konnten einige nicht ermittelt werden. Wir bitten sie, sich gegebenenfalls beim Eichborn Verlag zu melden.

Harald Hartung, geboren 1932 in Herne/Westfalen, lebt in Berlin. Er hat fünf Gedichtbände veröffentlicht, zuletzt *Traum im Deutschen Museum. Gedichte 1965 bis 1985.* München: Piper 1986; ferner: *Experimentelle Literatur und konkrete Poesie.* Göttingen: Vandenhoeck & Ruprecht 1975 und *Deutsche Lyrik seit 1965. Tendenzen, Beispiele, Porträts.* München: Piper 1987.

Luftfracht. Internationale Poesie 1940 bis 1990, ausgewählt von Harald Hartung, ist im August 1991 als achtzigster Band der Anderen Bibliothek im Eichborn Verlag, Frankfurt am Main, erschienen.

Dieses Buch wurde in der Buchdruckerei Greno in Nördlingen aus der Korpus Neo Didot Monotype gesetzt und auf einer Condor-Schnellpresse gedruckt. Das holz- und säurefreie mattgeglättete 100 g/qm Bücherpapier stammt aus der Papierfabrik Niefern. Den Einband besorgte die Buchbinderei G. Lachenmaier in Reutlingen.

1. bis 8. Tausend, August 1991. Einmalige, limitierte Ausgabe im Buchdruck vom Bleisatz.

ISBN 3-8218-4080-3. Printed in Germany.

Von jedem Band der Anderen Bibliothek gibt es eine Vorzugsausgabe mit den Nummern 1–999.